회복력과 성장을 위한

리질리언스 워크북

스트레스, 트라우마, 역경을 극복하는 회복력 기술 훈련

This work was supported by the Ministry of Education of the Republic of Korea
and the National Research Foundation of Korea (NRF−2020S1A3A2A02103411)

한국아동청소년상담학회 연구총서 9

회복력과 성장을 위한

리질리언스 워크북

스트레스, 트라우마, 역경을 극복하는 회복력 기술 훈련

Glenn R. Schiraldi 저 | 김동일 역

The Resilience Workbook

Essential Skills to Recover from Stress, Trauma, and Adversity

학지사

역자 서문

어려운 가정환경, 신체적 기능의 상실, 빈곤 등 역경을 겪었음에도 불구하고, 그렇지 않은 사람들과 유사하거나 그 이상으로 자신의 역할을 충실히 하고 삶을 성공적으로 살아가는 이들이 우리 주변에 존재합니다. 최근 이에 대한 관심이 증가하였고, 긍정적인 측면을 개념화하는 다양한 용어가 등장하였으며, 그중 가장 각광을 받고 있는 것이 '리질리언스' 개념입니다.

리질리언스(resilience)는 라틴어 'resiliens'에서 유래된 말로, 본래 물체의 신축적이며 유연한 성질을 가리킬 때 사용되며, 사전적으로 '다시 돌아오는 경향' '회복력' '탄성' 등을 의미합니다. 우리나라에서는 리질리언스를 '회복탄력성' '적응유연성' '회복력' 등으로 번역하여 사용하고 있습니다. 그러나 각 단어가 리질리언스의 개념을 충분히 반영하여 설명하는 데 한계를 보이므로, 이 책에서는 별도의 번역 없이 그대로 리질리언스로 사용하고자 합니다. 긍정적으로 보면 리질리언스는 병리나 위험의 부재를 뜻하는 것이 아니며, 오히려 역경, 스트레스, 트라우마에 대처하는 능력이라고 볼 수 있습니다. 리질리언스는 역경 이후에 수행 수준을 되찾는 것으로 설명되며, 스트레스 이전에 개인이 가지고 있던 적응력과 역량을 다시 회복할 수 있는 능력에 강조점을 두고 있습니다.

이 책에서는 제1부 '리질리언스의 기초', 제2부 '성상지향: 행복과 긍정성 키우기', 제3부 '잘 살아 내기: 최상의 기능 발휘 및 적응적 대처'로 나누어 기본 개념과 기술 훈련을 할 수 있도록 자기 도움 지침을 제시하고 있습니다. 역경을 새롭게, 창의적으로 바라보며 외상 후 성장을 기대하면서 이 책의 내용을 확인하기 바랍니다.

이 책을 내놓기까지 매우 많은 분의 도움이 있었습니다. 2021년 한국상담학회 아동청소년상담학회 발표 및 워크숍 집단 프로그램에 직접 참여하며 운영해 준 서울대학교 WITH Lab. 연구원들, 그리고 정성 어린 손길로 책을 만들어 준 학지사 임직원 여러분께 진심으로 고마운 마음을 전합니다. 특히 워크숍에 참여하여 우리에게 귀한 배움의 기회를 제공해 준 여러 상담사를 기억하고자 합니다. 마지막으로, 지속적으로 동참해 준 독자 여러분께 깊은 감사를 드립니다.

2022년 관악산 연구실에서

오름 김동일

powered by WITH Lab. (Widening InTellectual Horizon):

Education and Counseling for Children-Adolescents with Diverse Needs

저자 서문

Sarah의 남편은 여섯 명의 아이를 남겨 두고 세상을 떠났다. 적절한 기간 동안 애도의 시간을 보내고 나서, 그녀는 직장으로 돌아가 더욱 존경받는 회사원이자 더 효율적인 가족의 리더가 되었다. 반면, Sarah의 걷기 동호회 친구는 비슷한 고통을 경험하면서 영혼 없고 우울한 모습이 되어 갔다.

Cal은 미국 해군 엘리트 특수부대(NAVY SEAL) 소속이다. 그의 아내는 그가 떠나기 전과 마찬가지로 낙관적이고, 소통을 잘하고, 사랑스러운 남자로 군 작전에서 돌아왔다고 말했다. 반면, Cal의 팀 동료는 알코올 중독의 냉소적인 사람으로 변해 갔다.

직장에서 구조조정이 임박하면서, Wendy는 그녀의 업무 수행을 증진하는 방법을 스스로 터득하였고 상사에게 없어서는 안 될 존재가 되었다. 반면, 그녀의 직장 동료는 불안으로 인해 정신이 마비되어 갔고, 직장에서 멀어져 갔다.

아프리카에는 "비가 오기 전까지는 지붕이 튼튼한지 알 길이 없다."라는 속담이 있다. 사람의 일도 크게 다르지 않다. 우리는 위대한 역경을 겪은 사람들을 알고 있다. 첫 번째 집단의 사람들은 스트레스를 받으면서도 잘 이겨 낸다. 두 번째 집단의 사람들은 심리적으로 걸려 넘어지기는 하지만, 어느 순간 회복한다. 세 번째 집단의 사람들은 넘어지고 다시는 일어나지 못한다. 첫 번째 집단과 두 번째 집단의 사람들이 세 번째 집단의 사람들과 다른 점이 무엇일까? 바로 리질리언스이다! 리질리언스는 스트레스를 버텨 내고, 스트레스로부터 당신을 일으키고, 당신이 최선을 수행할 수 있도록 하는 열쇠이다. 이 워크북은 당신의 리질리언스를 기를 수 있는 방법을 알려 줄 것이다.

리질리언스는 무엇인가

많은 사람은 리질리언스가 무엇인지에 대해서 짐작하고 있을 것이다. 나는 작업을 수행하기 위해서 다양한 환경에 소속된 사람들에게 '리질리언스'를 떠올렸을 때 무엇이 생각나는지를 말해 보게 하였다. 그들이 말한 것은 다음과 같다.

- 새로운 기술을 가지고 다시 일어설 수 있는 능력
- 어려운 상황을 항해하고, 적응하고, 높은 수준으로 기능할 수 있는 힘
- 스트레스와 충격에 저항하고 형태를 유지하는 성질(이것은 엔지니어가 말한 것이다!)
- 스트레스를 흡수하고 **자신**을 유지하는 능력
- 부딪히더라도 멈추지 않고 계속 똑딱거릴 수 있는 능력(TIMEX라는 시계의 예전 광고에서 나온 말이다!)
- 높게 안쪽으로 파고드는 야구공을 두려워하지 않고 칠 수 있는 능력
- 기상 상황과 관계없이 습한 날씨에도 더 오래 버틸 수 있는 특성(Resilient Paint 광고; Stoltz, 2014)

상담 관련 서적에는 '리질리언스'와 관련하여 수백 개의 정의가 있다. 우리는 다음의 정의를 활용할 것이다.

> 리질리언스는 선천적 또는 후천적으로 발달된 마음과 성격 같은 내면의 정신 역량으로 구성되어 있으며, 우울증이나 불안, 심리적 고통의 재발과 같은 스트레스 관련 어려움을 예방하는 능력을 포함하고 개인이 역경을 이겨

낼 수 있게 해 준다. 스트레스 상황에서 더 빠르고 완벽하게 회복하며, 삶의
다양한 영역에서 정신건강과 기능을 최적화한다.

　이와 같은 정의가 제안하듯, 리질리언스는 기본적인 역량이다. 다시 말해, 우리 모
두는 이미 성장할 수 있는 씨앗처럼 정신과 품성의 기본적 힘을 가지고 있다는 것을
의미한다. 당신은 리질리언스가 없었더라면 이 오랜 세월 동안 생존할 수 없었을 것
이다. 그리고 당신은 그 리질리언스를 더 성장시킬 힘을 가지고 있다.
　역경에 잘 대응한다는 뜻은 바뀌어 가는 환경에 침착하고 유능하게 적응한다는 뜻
이며, 사용 가능한 힘[정신적 힘, 영적 힘, 정서적 힘, 신체적 힘, 재정적 힘, 사회적 힘(예:
멘토, 가족이나 친구)]을 잘 끌어당기는 것을 의미한다.
　리질리언스는 과정이자 계단이다. 당신은 계단 4층 위에 올라가 있을 수 있고, 나는
계단 1층 위에 올라가 있을 수 있다. 하지만 우리 모두 우리의 리질리언스를 활용하
여 계단을 올라갈 수 있다. 우리가 올라간 계단 층이 스트레스의 파고보다 더 높기를
바라고 있다. 리질리언스 기술들을 연습하면 리질리언스의 최대치를 늘릴 수 있다.
리질리언스를 잘 향상시키면, 건강과 삶이 더 나아질 것이다.

리질리언스가 왜 중요한가

　리질리언스의 유익은 엄청나고 생존에 필수적이다! 첫째, 리질리언스는 우리에게
많은 고민을 불러일으키는 **심리적인** 문제에 대처할 수 있다. 미국 성인 인구의 대략
50%(Kessler et al., 1994, 2005) 정도가 스트레스와 관련된 상태를 경험할 것이다(〈표
1〉 참조). 그리고 그러한 스트레스와 연관된 상태에 대한 유병률은 점점 더 전 세계적
으로 증가하고 있다. 이 고통의 대부분은 불필요하다. 리질리언스는 이러한 상태가
발생하거나 재발하는 것을 크게 방지할 수 있다. 이러한 정신건강 문제 상태가 발생
하면 리질리언스는 증상의 심각성을 줄이고 회복을 촉진할 수 있다.
　둘째, 리질리언스는 많은 **의료적** 및 **기능적** 문제를 해결한다. 스트레스와 연관된 상

태의 감정적 피해는 충분히 나쁘다. 중요한 것은 몸과 마음이 연결되어 있다는 것이다. 정서적 스트레스가 너무 과하거나 이를 해소하지 못하면 우리는 다양한 질병, 조기 사망, 직장, 가정, 여가 상황에서 역기능에 더 취약해진다.

셋째, 리질리언스는 숙달과 성장에 관한 것이다. 리질리언스는 문제와 싸우는 것 이상의 역할을 한다. 리질리언스는 우리가 삶을 정신적으로, 정서적으로, 신체적으로, 사회적으로, 영적으로 잘 누릴 수 있게 한다. 또한 우리가 최상으로 기능할 수 있게 하는데, 특히 우리가 힘든 시기에 있을 때 그러하다. 리질리언스가 높은 사람은 더 차분하고, 더 생산적이며, 인생을 더 즐길 수 있다. 반대로, 리질리언스가 낮은 사람들은 직장에 잘 적응하지 못하고 조기에 직장을 떠나는 경향이 있다.

〈표 1〉 스트레스는 부정적 심리 상태가 시작, 지속, 악화하는 데 심각하게 영향을 미칠 수 있으며, 리질리언스는 이를 다루는 데 도움이 될 수 있다.

외상 후 스트레스 장애 우울증 불안장애 물질(약물) 남용 장애 자살 사고와 행동 일반적인 스트레스와 걱정	과도하거나 만성적 분노(가정폭력이나 냉소주의로 표현) 수면장애, 피로 식이장애 ADHD 관계 문제

이러한 '스트레스 상황들'과 관련해 두 가지 중요한 점이 있다. 첫째, 사람들이 다양한 방식으로 스트레스를 보인다는 점이다. 예를 들어, 매우 압도되는 상황이나 연속으로 스트레스를 받는 사건들에 노출되면, 외상 후 스트레스 장애(PTSD)를 겪게 될 수도 있다. 또 어떤 사람은 우울이나 불안, 혹은 자살 사고를 가지게 될 수도 있다. 어떤 이는 스트레스를 유발하는 상황 두세 가지를 동시에 경험하거나 각각 다른 시간대에 경험할 수도 있다. 또 다른 사람들은 심리적 진단이 없는 경우에도 수면장애로 인한 어려움이나 피로에 시달리더라도 합리적으로 잘 기능할 수도 있다. 둘째, 이러한 스트레스 관련 상황들은 건강하지 않은 자아상, 미해결된 감정적 격동, 과도하게 높

은 신체적 스트레스 수준 등 위험 요인들을 초래한다는 것이다. 리질리언스를 구축하는 것은 이 같은 위험요인을 포함하여 매일매일의 스트레스를 포함한 넓은 범위의 위험에서 당신을 보호할 수 있을 것이다.

리질리언스 증진으로 누가 유익을 얻는가

이 워크북은 현재의 정서적 건강 수준이나 기능에 관계없이 누구나 사용할 수 있으며, 다음과 같은 경우 유익을 얻을 수 있을 것이다.

- 단순히 가정, 직장, 관계 또는 삶의 중요한 영역에서 웰빙 감각이나 기능을 향상시키고자 할 때
- 〈표 1〉에 제시된 스트레스 상태에 대한 경험이 있거나 경험할 위험이 있을 때
- 스트레스 상태에서 회복하고 있을 때
- 테러, 학대, 전쟁, 기타 트라우마 또는 이혼과 같은 잠재적으로 압도적인 스트레스를 겪고 생존했거나 그에 직면할 가능성이 있을 때. 트라우마 사건의 생존자들은 심리적 장애를 일으키지 않을 수 있지만, 대부분은 나중에 문제가 되는 증상을 보인다.
- 많은 스트레스 관련 질병을 경험했거나 위험에 처해 있을 때. 여기에는 심장병, 고혈압, 과민 대장 증후군, 만성 통증, 섬유 근육통, 류머티스 관절염, 갑상선 질환, 건선, 비만, 대사증후군, 부인과 질환 및 암이 포함된다.
- 일어난 일은 과거로 넘기고 이제 넘어가고 발전하고 싶을 때
- 군인, 경찰관, 소방관 또는 기타 응급상황 대응 인력 혹은 유사한 고위험 직업군에 종사하는 사람은 〈표 1〉에 나열된 스트레스 상태의 평균 비율보다 이혼율이 더 높아짐과 함께 현재 직업에서 중도퇴직률이 높아지게 된다. 이러한 응급 상황 대응 직업군의 훈련은 일반적으로는 비교적 스트레스 사건에 잘 대응하도록 설계되어 있지만, 여전히 많은 사람이 스트레스 사건 후에 발생하는 감정적 충격에

대비하기 어렵다고 밝히고 있다.
- 자기 자신과 타인의 웰빙을 최적화하고자 하는 정신건강 전문가, 목사, 부모, 지도자 또는 교사인 경우

즉, 리질리언스 증진을 통해 우리 모두가 유익을 얻을 수 있다.

우리는 회복탄력적인 사람들에 대해서 무엇을 알고 있는가

나는 무엇이 개인을 리질리언스가 높고 회복탄력적으로 만드는가가 진정으로 궁금했고, 그것을 이해하고 싶었기 때문에, 5년 동안 세계 각국을 여행하면서 '역경을 겪은 위대한 세대(Greatest Generation)'의 사람들을 인터뷰하였다. 이들은 경제 불황, 고된 과업, 세계대전, 가족 해체와 같은 극심한 역경을 견디고 살아남은 평범한 사람들이었다. 나는 잘 적응하고, 결혼생활을 유지하고, 풍요로운 삶을 살았던 제1차 세계대전의 생존자 41명을 인터뷰하였다. 인터뷰를 했을 때 평균 80세였던 이들은 공유할 지혜가 많았다. 대부분의 사람들은 전투를 경험하지 않을 것이지만, 일상생활에서의 정신 유지와 높은 수준의 기능에 대해 배울 수 있는 것이 많은 사람들이었다. 이 연구(Schiraldi, 2007b)와 회복탄력적인 성인 및 아동에 대한 다른 연구(예: Werner, 1992)에서 매우 선명하게 나타난 것은, 일부 회복탄력적인 사람들은 역경을 헤쳐 나갈 수 있는 것처럼 보이는 반면, 다른 사람들은 한동안은 비록 흔들리지만 나중에라도 다시 회복하게 된다는 점이다. 내적 역량과 대처 메커니즘이라는 변수는 외부 상황이라는 변수보다 누가 역경을 이길 수 있을지를 더 잘 예측하는 듯하다. 여러분은 이 워크북을 통해서 소위 '보호 요인'이라고도 하는 이러한 역량과 대처 메커니즘을 성장시킬 수 있을 것이다.

- 자율성(가족 내에서의 기능적 장애로부터의 적절한 분리 또는 독립성, 자급자족, 남들과 다를 수 있음을 결정하는 것, 학대하는 집을 떠나는 것, 자기 보호, 더 나은 삶을 구축하

려는 목표가 있는 것 등)

- 심리적 압박하에서도 차분한 것(평정, 스트레스 레벨을 조절하는 능력)
- 합리적인 사고 과정
- 자아존중감
- 낙관주의
- 행복과 정서 지능
- 의미와 목표(당신의 삶이 중요하다고 믿는 것)
- 유머
- 이타주의(남을 도와주는 학습된 태도), 사랑, 연민
- 성격(통합성, 도덕성)
- 호기심(집중력과 흥미 몰입과 관련된)
- 균형(취미, 교육 활동, 직업, 사회 및 문화 오락과 같은 다양한 활동에 참여)
- 사회성 및 사회적 능력(친화력, 유대감 사용, 관계를 찾고 헌신할 의지, 상호의존성 즐기기)
- 적응성(지속성과 자신감과 유연성, 통제할 수 없는 것을 수용, 창의적 문제해결과 능동적인 적응 전략 사용)
- 내면의 종교적 신념
- 고통에 대한 장기적인 안목
- 건강 습관(충분한 수면 · 식사 · 운동, 술이나 다른 약물을 절제하는 것, 금연, 외모를 가꾸고 개인 위생을 유지하는 것)

리질리언스가 유연하고 상대적인 개념임을 기억해야 한다. 이진법으로 모두 또는 전무(all-or-none)의 방식으로 생기는 것이 아니라, 연속선상에 존재하는 개념이다.

완전한 무력감과 취약성	생존	리질리언스 (최적의 대처)	완벽, 취약성 없음

모든 사람에게는 어느 정도로 리질리언스가 있지만, 어느 누구도 완벽하지 않으며, 모든 상황에서 리질리언스가 구축되는 것도 아니다. 리질리언스는 '취약성 없음'을 의미하는 것이 아니다. 왜냐하면 누구라도 매우 심각한 위기 상황에서는 압도당하기 마련이기 때문이다. 리질리언스는 일반적으로 일하고, 놀이하고, 사랑하고, 주어진 환경에서 최대한으로 적절하게 기능하는 것과 관련된다(Werner, 1992). 전설적인 코치였던 John Wooden이 뛰어난 농구 선수들에게 가르쳤던 것처럼, 성공이란 각자가 개인적으로 최선을 다하는 것이다. 상대팀이 이긴다면 그들이 경기가 벌어진 그날에 더 잘했던 것으로 이해해야 한다.

리질리언스는 개인이 얼마나 휴식을 취하고 영양식을 먹는지, 훈련과 경험, 처한 상황과 같은 많은 내부 및 외부 요인에 따라 개인 내에서 수준이 달라질 수 있다. 기능 훈련 세션에서 당신의 목표는 직면하게 될 도전보다 더 높은 수준으로 리질리언스를 증진하는 것이다.

거의 모든 사람이 모든 시기에 리질리언스를 배울 수 있으며, 이상적으로는 위기가 닥치기 전에 리질리언스를 개발할 수 있다. 때때로 역경을 겪으면 우리가 가지고 있었는지조차도 알지 못했던 적응력을 소환해 활용할 수 있게 된다. 때로 뒤돌아보면서 어려운 경험을 통해 배우고 나중에 인생에서 갈무리해서 활용할 수 있다. 이는 달리 말해 약점을 인식하고 거기에서 강점을 발견하고 만드는 것이다.

PTSD에 대한 한마디

PTSD는 스트레스와 관련된 심리적 상태의 가장 복잡한 개념이다. 일반적으로 〈표 1〉에 나열된 하나 이상의 다른 상태에서 발생하며 많은 공통 위험 요소가 있다. 이 책을 읽는 모든 사람이 PTSD를 경험하지는 않을 것이다. 그러나 PTSD의 특징과 치료법을 이해한다면 스트레스 관련 상태의 성격, 예방 및 증세에 대해 많이 이해하게 될 것이다. 이것이 내가 이 워크북에서 PTSD를 자주 언급하는 이유이다.

현재 당신은 어디쯤 와 있는가: 리질리언스 체크업

리질리언스가 높은 사람들은 자신의 강점을 알고 사용한다. 이 리질리언스 체크업 (Resilience Checkup)은 리질리언스 기술을 연습할 때 진행 상황을 위한 시작점을 측정하고 제공하여 강점을 평가한다. 체크업을 하는 과정은 또한 리질리언스 훈련의 목표 중 일부를 성취할 수 있을 것이다. 척도의 각 항목은 리질리언스의 강도를 제시하므로 훈련의 목표가 된다. 그리고 당신이 이미 어느 정도의 리질리언스를 가지고 있다는 것을 알게 되면 안심이 될 것이다. 이 평가는 까다롭지 않으며, 당신의 점수를 다른 사람과 비교할 필요도 없다. 그러니 긴장을 풀고 가능한 한 솔직하게 하라.

다음의 각 문장에 얼마나 동의하는지 0점에서 10점까지 평가하라. 0점은 전혀 동의하지 않는다는 의미이고, 10점은 완전히 동의한다는 의미이다.

〈표 2〉 리질리언스 체크리스트

문항	점수
1. 나는 일반적으로 강인하다고 느끼며, 내 문제를 극복할 수 있다고 느낀다.	
2. 스트레스를 받을 때, 나는 꽤 빠르게 회복하는 편이다.	
3. 나는 일반적으로 직장이나 학교, 대인관계 및 여가와 같은 다양한 삶의 영역에서 잘 지내고 있다.	
4. 나는 일반적으로 힘들어질 때에도 침착하고 안정을 유지할 수 있다.	
5. 나는 일반적으로 융통성이 있다. 평소의 방법이 잘 작동하지 않으면 쉽게 다른 것을 시도한다.	
6. 나는 대체적으로 기분이 좋은 상태이다.	
7. 나는 나 자신에 대해서 좋게 생각한다.	
8. 어려운 상황에서도 내가 나 자신에 대해 생각하는 바를 바꾸지 않는다.	
9. 나는 내가 최선을 다한다면, 결과가 좋을 것이라고 믿는다.	
10. 나는 다른 사람들에게 도움을 청하거나 연락을 잘하는 편이다.	
11. 나는 거의 대부분 나의 문제들을 해결하려고 노력하고, 어떤 것이 나의 통제 범위를 넘어서면 언제 그만두어야 할지를 안다.	

12. 나는 어려운 상황들을 예상하고, 계획하고, 그 계획을 실천한다.	
13. 나는 인생을 즐기고, 내가 세상에 기여하는 것에 만족한다.	
14. 나는 심한 부정적인 감정들에 대처하는 능력이 뛰어나다.	
15. 나의 기분을 처지게 하거나 나를 실망시키는 사람들과 나를 분리하는 것을 잘한다.	
16. 나는 목표가 있고 나의 미래에 낙관적이다.	
17. 나는 내가 즐겨 하는 다양한 활동에 참여하고 있다.	
18. 나는 스스로를 파괴하는 나쁜 습관들을 가지고 있지 않다.	
19. 나는 나 자신과 나의 과거를 잘 수용한다. 나는 내가 경험한 것을 통해 더 강해졌다.	
20. 나는 나의 최선의 노력이 성공하지 않을 때 자책하지 않는다.	
21. 나는 언제 도움을 청해야 할지를 알고 있으며, 어디서 찾을 수 있는지 알고 있다.	
22. 나는 압박을 받을 때에도 집중력을 유지하고 명확하게 생각할 수 있다. 나는 끈기 있고, 단호하며, 결정력이 있는 사람이다.	
총점(1~22번 문항의 점수 합계)	

다음으로 일반적으로 느끼는 리질리언스에 따라 전반적인 리질리언스를 평가해 보라.

0
리질리언스가 전혀 없음

100
리질리언스가 매우 높음

당신의 대답은: _____

리질리언스의 어려움 때문에 일상 활동에 얼마나 자주 제한을 느끼는가?

1   2   3   4   5
항상   종종   가끔   거의 아님   전혀 아님

당신의 대답은: _____

활동 리질리언스 인식 활동

리질리언스에 대한 인식을 높이고 다른 사람과 자신의 강점을 인식하기 위해 다음과 같이 해 보라.

- 이틀 동안 다른 사람들의 리질리언스 특성을 확인해 보자.
- 그 이후 이틀 동안 자기 자신의 리질리언스를 확인해 보자.

리질리언스가 바뀔 수 있는가

리질리언스는 증진될 수 있다. 메릴랜드 대학교의 연구(Schiraldi et al., 2010; Sullivan, Brown, & Schiraldi, 2013)에 의하면, 리질리언스 기술을 연습하면 리질리언스가 크게 향상되고 행복, 낙관주의, 자아존중감 및 호기심이 증가하고 우울증, 불안, 분노 증상이 크게 감소한다는 사실을 발견하였다. 이것은 참으로 좋은 소식이다.

당신이 배울 기술에 관한 것

이 워크북은 경험중심적이다. 리질리언스를 증진하는가의 여부는 당신이 얼마나 연습을 하고 우리가 탐구한 원리와 기술을 적용하느냐에 따라 달라질 것이다.

우리는 리질리언스를 증진할 많은 기술을 탐구하였다. 이러한 기술들은 기존 심리학과 긍정심리학에서 도출해 낸 것이다. 기존 심리학 문헌들은 심리적 문제를 다루고, 기분과 성과 측면의 부정적인 위치에서 중립적인 위치로 이동하는 데 도움이 된다. 부정적인 생각 패턴을 제거하고 고통스러운 감정을 관리하는 것은 기존 심리학 접근의 예이다. 긍정심리학은 강점과 성장에 초점을 맞추고 우리를 중립에서 긍정적인 감정 상태로, 최고 기능에 가깝게 이동시킨다. 흥미롭게도 긍정심리학의 행복 기술은 스트레스 관련 상태를 예방하고 치료하는 데 도움이 된다.

이 워크북은 논리적 순서를 지니고 있다. 대부분의 사람들은 처음부터 끝까지 순서 대로 진행하는 것이 유익하다는 것을 알고 있다. 어떤 사람들은 건너뛸 수 있다. 여기 소개된 기술 훈련 중에서 적절하게 활용해 본 기술에만 가치를 느끼는 사람들도 있을 수 있다. 자신에게 적합하지 않은 기술은 그냥 다루지 않고 넘어갈 수 있다. 여기에 소개된 어떤 기술들은 시작하자마자 성과를 볼 수 있을 것이다. 여전히 다른 기술들 은 반복 훈련을 해야만 제대로 활용될 수 있지만, 이렇게 초기에 성과를 거둔 기술들 은 당신의 성공 기술 툴박스에 차곡차곡 쌓이게 될 것이다.

태도가 중요하다. 열린 마음을 유지하도록 한다. 리질리언스 기술이 모든 문제를 신속하고 완벽하게 해결할 것이라고 맹신하면 실망할 수 있다. 반면에 냉소적인 태 도는 기술 훈련에 도움이 되지 않을 것이다. "연습과 숙달을 하게 되면 이러한 리질리 언스 기술은 도움이 될 수 있을 것입니다."라고 다소 중립적으로 초심자의 태도를 유 지한다. 그런 다음 그 성과를 잘 살펴보기를 바란다.

리질리언스 모델

리질리언스 모델은 다음과 같은 개념에 기반한다.

두뇌 하드웨어를 최적화하라. 먼저, 리질리언스 모델을 이해하기 위해 뇌와 컴퓨터 를 비교해 보자. 뇌의 하드웨어는 뇌의 뉴런과 신경세포 조직의 건강 및 기능을 나타 낸다. 소프트웨어 복원 기술은 하드웨어가 느리면 제대로 작동하지 않는다. 따라서 건강한 두뇌 하드웨어는 리질리언스 소프트웨어가 시작되는 곳이다. 뇌를 돌보는 것 은 몸과 마음과 정신도 돌보는 것이다.

두뇌 소프트웨어를 최적화하라. 리질리언스 기술은 우리가 삶의 역경을 치유하고 대처하는 데 도움이 되는 소프트웨어 또는 프로그래밍과 같다. 이러한 기술은 다섯 가지 범주로 나뉜다.

1. 각성 조절(스트레스에 대한 신체의 반응)
2. 심각하고 고통스러운 감정 관리
3. 긍정성과 행복 증진
4. 잘 살아 내기: 최상의 기능 및 적응적 대처
5. 역경에 대한 정서적인 대처

리질리언스를 기르기 위하여 얼마나 시간이 필요할까

자신의 진도에 맞추어 리질리언스 기술 훈련을 다양한 방식으로 진행한다. 먼저, 마음에 와닿는 기술 몇 가지를 골라 며칠 동안 충분히 연습하거나, 모든 기술을 하나씩 신경 써서 배울 수도 있으며, 집단 내에서 다른 사람들과 혹은 상담사와 함께 진행할 수 있다. 이 워크북을 모두 읽고 난 이후에는 자신이 가장 마음에 드는 기술 몇 가지를 골라 연습 계획을 세워서 능숙해지도록 연습하면 좋을 것이다.

모든 사람은 리질리언스를 품고 있다

어디에서나 리질리언스가 높은 사람들을 발견할 수 있다. Christopher Reeve, Mother Teresa, Arthur Ashe와 같은 일부 사람들은 매우 유명한 인물이기도 하지만, 대부분은 우리 이웃에 사는 평범한 사람들이다.

많은 사람은 Rick Rescorla(Stewart, 2002)라는 인물을 잘 알지 못할 것이다. 제2차 세계대전을 겪은 젊은 영국인 Rescorla는 미국을 좋아하게 되어, 이후 미군과 함께 베트남에서 근무하였다. 이 시기에 그는 비상한 전술적 운영 능력뿐만 아니라 높은 관계지향 사회적 지능(social intelligence)을 보여 주었다. Rescorla는 노래, 재담, 격려로 자신의 부대의 사기를 돋우는 데 선천적인 능력이 있었다.

전역 후에 Rescorla는 9·11 사건 당시 세계무역센터에 위치한 모건 스탠리 딘 위터 회사의 보안책임자로 근무하고 있었다. 그는 이미 1988년 팬앰항공 103의 스코틀랜드 래커비 지역의 폭발 사건을 예견하기도 하였고, 1993년 세계무역센터의 폭탄 공격을 예견했었다. 그렇기 때문에 모건 스탠리 딘 위터 회사의 임원들은 Rescorla가 제안한 테러리스트 공격에 대한 대응 방안 마련에 동의했었다. Rescorla는 평범한 사람들도 제대로 된 안내 지침만 제공된다면 능률적으로 서로를 돌볼 것이며 대응 방안에 따라서 구조 행동을 해 줄 것이라고 생각하였다. Rescorla는 일하는 중 불편해하는 많은 직원의 불만에도 불구하고, 비난을 감수하면서 그의 위기 대응 계획을 실행하였다. 그는 필요 이상으로 회사 전체 직원들을 훈련시켰고, 자주 그리고 예고 없이 효율적으로 위기 대응을 수행할 때까지 반복하였다.

첫 번째 비행기가 세계무역센터를 강타하였을 때, Rescorla는 자신의 확성기와 무전기, 핸드폰을 들고 자신이 계획하고 혹독하게 연습시켰던 테러공격 대응 계획을 실행하였고, 이는 실전으로 이어졌다. 모건 스탠리 딘 위터 회사가 속해 있던 큰 빌딩에 충격이 왔을 때, 그는 대응 지침을 내리고 있었다. "조용히 하십시오. 침착하십시오. …… 파트너를 잘 살피십시오."(pp. 257-258) 그는 확성기에 대고 노래를 불렀다. 베트남에서 자신의 부대원들에게 불러 주던 영국 전통 노래(Conrish songs)였다. 약 2,700명에 달하는 회사의 직원들 중 7명만을 제외하고 모두 안전하게 건물에서 대피할 수 있었다. 안타깝게도 그는 희생자 중에 포함되었다. 마지막까지 남아서 직원들의 안전을 책임졌기 때문이었다. 1993년에 그가 그랬던 것처럼 말이다. 그는 마지막 통화에서 부인과 다음과 같이 이야기를 나누었다고 한다. "내게 최후의 순간이 오게 될 수 있어요. 그래도 지금까지 나는 정말 행복했었다고 당신에게 이야기해 줄 수 있어요. 당신은 내 인생의 전부였어요."(p. 259)

우리의 평범한 이웃인 Rescorla가 어렸을 때부터는 아니었지만 이후에 중요한 경험을 통해서 리질리언스를 경험한 것을 알 수 있다.

시작하기 전에

이 워크북의 내용을 더욱 성공적으로 체험하기 위해서 몇 가지 알아 두어야 할 것이 있다.

우선, 자신에게 해결하지 못한 정신질환들이 있다면 이를 인지하고 치료받을 것을 권한다. 예를 들어, 해결하지 못한 트라우마가 있을 때 행복을 느낀다는 것은 결코 쉬운 일이 아니기 때문이다. 우리는 해결하지 못한 감정적 격앙이 다양한 정신적, 의료적, 기능적 결손에 이르게 된다는 것도 이미 알고 있다. 다행히도, 우리는 트라우마와 스트레스 증상들을 다양한 기법을 통해 효과적으로 치료할 수 있다는 점 역시 알고 있다.

둘째, 자신을 가족의 역기능(dysfunction)에서 분리할 수 있어야 한다. 일반적으로 회복 과정에서 가족의 지지가 필수불가결한 조건이다. 하지만 리질리언스가 높은 사람들은 논리적으로 그리고 실질적으로 자신과 자신의 삶을 가족의 역기능에서 분리할 수 있다. 일례로, 누군가는 이전에 몰랐지만 자신의 어머니가 우울증에 시달렸다는 사실을 마주하게 될 수도 있다. 또 다른 누군가는 자신의 아버지의 계속된 지적을 받아들이지 않아도 된다는 것과 아버지의 성격을 고칠 수 없다는 것과 동시에 성격을 바꾸지 않는 아버지의 인정을 받을 필요가 없다는 것을 깨달을 수도 있다. 다른 사람들은 최소한 90분의 시간을 자신의 가족 구성원들과 떨어져 혼자 보내는 것을 실천하는데, 이것도 한 가지 예일 수 있다(Wolin & Wolin, 1993).

참여 동기 높이기

리질리언스 기술을 마스터하는 것은 하룻밤 사이에 될 일이 아니다. 노력이 필요하다. 성공적으로 프로그램을 이수하기 위해 필요한 시간과 노력을 투자하기 이전에, 매니저가 새로운 계획을 도입하기 전에 하듯이 비용 대비 이익 분석을 하는 것이 도움이 될 수 있다. 다음의 표에 리질리언스 훈련이 가져올 수 있는 장점과 단점을 기록해 보자. 당신의 편의를 위해 몇 가지 예시를 표에 먼저 작성해 두었다.

〈표 3〉 리질리언스 훈련의 장점과 단점

반대: 리질리언스 훈련의 어려운 점	찬성: 리질리언스 훈련의 좋은 점
• 정기적인 연습을 위해서 시간을 투자해야 한다. • 사람들이 나를 리더로 생각하고 기대하는 바가 생길 수 있다. • 책임감 있게 행동해야 한다. • 무기력감을 극복하고, 소극적으로 행동하는 것을 정당화하지 않는다. • _____ • _____ • _____	• 감정에 더 잘 대응할 수 있다. • 정신적·육체적으로 더 좋아질 것이다. • 인생과 가정생활과 직업생활을 더 즐길 수 있을 것이다. • 최선을 다하는 스스로에게 만족감이 생길 것이다. • _____ • _____ • _____

또 다른 동기화 전략으로는 다음의 주어진 문장 일부를 최대한 다양한 방법으로 스스로 완성해 보는 활동이 있다.

리질리언스 증진의 장점으로는

_____

_____

_____

_____

_____

_____

글을 마치며

리질리언스 기술 훈련을 통해 누구라도 도움을 받을 수 있다. 당신은 마치 자라날 준비가 다 된 씨앗처럼 리질리언스를 익힐 수 있는 힘을 이미 당신 안에 갖추고 있다. 이 워크북의 기술 훈련을 적용한다면, 당신의 이러한 강인함이 더욱 증진될 것이다.

리질리언스 증진을 위한 준비가 되었는가? 책은 제1장부터 순서대로 읽는 것을 추천한다. 제1장은 뇌와 리질리언스에 대한 내용으로 시작한다.

감사의 글

리질리언스 증진에 대한 이 안내서는 나의 가장 도전적이고 만족스러운 글쓰기 노력의 결과이다. 리질리언스는 매우 광범위하고 깊은 주제이기 때문에 도전적이었으며, 리질리언스 증진으로 인한 유익은 매우 크기 때문에 만족스럽다. 많은 사람의 도움이 없었다면 이것은 여전히 꿈에 지나지 않을 일이었을 것이다.

먼저, 메릴랜드 대학교의 학생들에게 감사의 말을 전하고 싶다. 내가 개발하고 개설한 리질리언스 강좌에 인내심과 결단력을 가지고 참여함으로써, 사람들이 리질리언스를 실제로 어떻게 길러 나가는지 더 잘 이해하도록 도와준 친구들이다. 마찬가지로, 나의 리질리언스 훈련 워크숍을 수강한 지도자들, 직원, 가족, 응급 대응 전문가, 동료 상담사, 정신건강 전문가 등 많은 분에게 감사를 전한다. 여러분은 여러분이 알고 있는 것 이상으로 나에게 더 많은 영감을 주었고, 인간의 정신이 갖는 용기와 리질리언스에 대해 감사하는 마음이 여러분을 통해 더 커지고 깊어졌다.

리질리언스의 복잡성을 명확히 해 준 지칠 줄 모르는 연구원들에게도 진심으로 감사를 표한다. 리질리언스 연구의 선구자들로는 Emmy E. Werner, Emory L. Cowen, George E. Vaillant, Norman Garmezy, Michael Rutter, William R. Beardslee, Ann S. Masten이 있다. 긍정심리학자들을 포함해 특히 감사한 연구자들에는 Martin Seligman, Christopher Petersen, Ed Diener, Sonja Lyubomirsky, Barbara L. Fredrickson이 있다.

각성 조절에 대한 신체 지향적인 접근은 명의인 Patricia Ogden, Peter Levine, Bessel van der Kolk, Elaine Miller-Karas가 개발하였다. 트라우마와 리질리언스를

이해하는 데 있어서 퍼즐의 빠진 부분을 제공해 준 그들에게 감사하다.

이 책을 읽고, 피드백을 제공하고, 도움이 되는 개선점을 제안하는 데에 아낌없이 시간을 내어 준 많은 분에게 가장 큰 감사를 전한다. —Greg Baer, Alan D. Boss, George S. Everly Jr., Charles R. Figley, Edward Tick, Mary Neal Vieten, Spencer Wood, Chaplain Glenn Calkins, Captain William J. Donaldson, 탐정 Robert B. Dwyer, Sergio Falzi 중사, Thomas W. Garrett 소령, Mrs. Janet Harkness, Colby Jenkins 소령, Peter Jonsson 감독, Monica Kleinman 대위, Peter Volkmann 경찰서장, 그리고 나의 소중한 가족들.

마지막으로, 결단력과 의지로 역경에 맞설 수 있다는 것을 사례를 통해 보여 준 많은 회복탄력적인 사람들에게 감사를 전한다. Mother Teresa, Arthur Ashe, Christopher Reeve, Viktor Frankl처럼 유명한 사람들도 있고, 대부분은 평범한 사람들, 즉 가족, 이웃, 친구들이다. 명예와 용기를 가지고 상처로부터 되돌아와서 우리 모두에게 영감을 준 모든 이에게 이 책을 바친다. 모든 이에게 감사를 전한다.

이 책의 일부는『World War II Survivors: Lessons in Resilience』『The Post-traumatic Stress Disorder Sourcebook』『The Self-Esteem Workbook』『10 Simple Solutioins for Building Self-Esteem』『The Resilient Warrior Before, During, and After War』『The Anger Management Sourcebook』『The Complete Guide to Resilience』를 각색한 것이다.

차례

제1부

리질리언스의 기초

| 제1장 | 경이롭고 회복탄력적인 두뇌를 만들어 가기 |

리질리언스는 뇌에서 시작된다. 대부분의 사람들은 뇌의 물리적 상태가 정신건강과 기능에 얼마나 큰 영향을 미치는지 완전히 이해하지 못한다. 이 장에서는 뉴런(신경세포)과 보조 조직의 크기, 건강, 기능을 뜻하는 뇌 하드웨어를 최적화하는 방법을 탐구한다. 이후 나오는 장들에서는 소프트웨어, 즉 프로그래밍 또는 회복탄력성 기술 학습에 초점을 맞출 것이다. 우리가 어떻게 뇌 하드웨어를 최적화할 수 있는지 더 잘 이해하기 위해, 뇌라는 놀라운 구조를 아는 것부터 시작해 보자.

📖 뇌의 개요

회복탄력적인 뇌는 최적의 효율로 기능한다. 회복탄력적인 뇌는 학습, 기억, 문제 조정, 지시 준수, 계획, 결정 실행, 분위기 조절 등을 한다. 그리고 이 모든 것을 압박감이 있을 때조차도 비교적 빠르게 수행한다. 또한 회복탄력적인 뇌는 인지력 저하와 뇌세포 죽음에 저항하고 되살린다.

신경세포는 다른 수천 개의 신경세포로부터 입력을 받아 점화된다. 뇌는 젤리나 두부의 강도를 가지고 있기 때문에 신체적 외상으로부터 뇌를 보호할 필요가 있다. 리질리언스와 관련된 네 가지 핵심 영역을 살펴보겠다([그림 1-1] 참조).

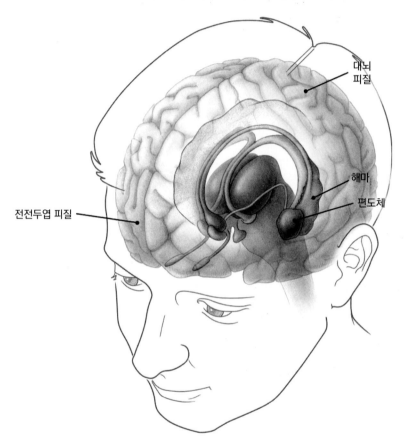

대뇌
피질

해마

편도체

전전두엽 피질

[그림 1-1] 회복탄력적인 뇌(Harderer & Müller, 2004)

뇌의 바깥쪽 껍질에 해당하는 대뇌피질(cerebral cortex)은 의식, 논리, 사고를 담당한다. 뇌 전반에 퍼져 있는 신경망에 저장되어 있던 기억들 중 의식적으로 회상한 것들은 주로 이 영역에 존재한다.

전전두엽 피질(Prefrontal Cortex: PFC)은 이마 바로 뒤에 위치한다. 뇌가 기업이라면, PFC가 대표이사(CEO)이다. PFC는 심신 활동을 조직하고 모든 집행 기능을 제정한다. PFC는 두뇌의 다른 곳에 저장되어 있는 사실과 기억, 그리고 주변에서 일어나고 있는 일들을 함께 엮어 내어 문제를 판단하고, 예측하고, 계획하고, 해결하고, 행동을 개시하며, 충동과 감정을 조절한다. PFC는 과도한 감정을 억제하여 당신이 잘 기능할 수 있도록 도와준다. PFC는 일반적으로 결정이 옳다고 느껴질 때까지, 즉 사실과 감정이 합쳐질 때까지 의사결정을 지연한다. 감정적 입력은 두 가지 구조인 편도체와 해마에서 온다.

'아몬드'를 뜻하는 그리스어에서 이름을 따온 **편도체**(amygdala)는 비언어적인 단서, 특히 부정적이고 무서운 단서들을 골라 즉시 스트레스 반응과 감정 반응을 일으킨다. 그러므로 다른 사람의 표정, 자세 또는 목소리 톤, 혹은 심지어 우리 자신의 부정적인 기억, 감각 또는 생각까지도 강렬하고 괴로운 감정을 불러일으키며 스트레스의 육체적 변화를 일으킬 수 있다. 이 모든 것은 의식적인 생각이나 말이 없이 일어난다. 따라서 우리는 두려운 상황에서 고민하기 전에 당장 뛰어내리거나 도망칠 수 있다. 편도체는 PFC에게 감정과 신체 감정에 대해 알려 주고, 만약 그러지 못하면 PFC의 의사결정이 중단된다. 또 비슷한 감정적 내용이 담긴 기억을 골라 PFC에 보내 의사결정을 더 자세히 알려 준다. 이러한 감정들은 차례로 새로운 기억으로 엮여 기억을 이어 가는 데 도움이 된다.

해마(hippocampus)는 학습과 기억에 중요한 역할을 한다. 더 큰 해마는 리질리언스와 관련이 있다. 이는 해마의 역할을 생각해 본다면 쉽게 이해할 수 있다. 해마는 편도체를 보완하고 균형을 맞춘다. 편도체는 강한 감정을 다루고 빠르고 무의식적인 반응을 촉진하는 반면, 해마는 확실한 사실들을 다루고 냉철하고 합리적인 사고를 촉진한다.

해마는 PFC와 장기기억망을 연결한다. 길을 걷고 있는데 큰 뱀을 보았다고 하자. 만약 편도체가 혼자 활성화되면, 편도체는 자동으로 공황 버튼을 눌러 당신을 뛰게 할 것이다. 그러나 해마는 침착하게 뱀에 대한 기억을 떠올려 PFC가 이 뱀이 과거에 당신이 보았던 쥐들과는 다르다는 것을 깨닫게 해 준다. 사실, 그것은 더 무해한 정원 뱀처럼 보인다. 마치 해마가 '점프하기 전에 전체 사진을 보자.'고 말하는 것 같다. 일단 상황이 안전하다고 여기면, 해마는 편도체와 그것이 시작한 스트레스 반응을 약화한다.

문제에 대처하는 방법을 터득하면, 해마는 이 학습을 장기기억에 적절한 감정과 함께 저장되도록 보내고, 이 새로운 기억을 이미 저장되어 있는 관련 기억과 신념에 연결해 준다. 따라서 당신이 탈출 계획을 연습한다면, 테러 공격을 당할 때 어떤 출구로 계획적이고 침착하게 이동해야 하는지를 배울 수 있다. 집중력과 약간의 감정(다시 말해, 편도체의 너무 많지 않고 적당한 활성화 상태)을 가지고 연습하는 것은 이 기억을 최적으로 저장하고 회복하는 데 도움을 준다.

해마는 학습하는 과정에서 맥락과 현실감을 더해 준다. 이것은 우리가 어디에서, 어떻게, 언제 일어났는지 알 수 있게 해 주며, 트라우마 기억의 적절한 저장을 위해 매우 중요하다. 해마가 제 기능을 할 때 기억의 파편들이 이치에 맞는 방식으로 잘 들어맞게 된다. 따라서 강간 생존자는 '10년 전'에 강간 사건이 일어났다는 것을 인식할 수 있다. 기억 속에 시작과 끝이 존재한다. 강간은 기억할 수 있지만, 그 기억은 지금 강간 사건이 일어나고 있는 것처럼 과도한 감정을 개입시키지 않는다. 가해자는 'Joe'라는 사람이었지만, 'Joe'라는 이름의 모든 사람이 다 믿을 수 없는 사람인 것은 아니었다. 즉, 해마는 우리가 기억을 저장하고, 생각하고, 감정적으로 냉정하고 이성적인 방법으로 이야기할 수 있게 해 준다.

📖 문제가 발생했을 때

편도체는 우리를 빠르게, 자동적으로, 강한 감정을 가지고 움직이게 해 준다. 이것은 생명을 구할 수 있도록 하지만, 대개는 냉정한 사고에 의해 강한 감정을 체크하고 지시할 때 리질리언스가 더 잘 제공된다. 해마와 PFC는 편도체의 강렬한 감정을 조절하여 사려 깊고 이성적인 의사결정이 우세하도록 만든다. 이 세 구조물은 함께 작용해야 한다. 그러나 이 섬세한 균형이 흐트러지면 뇌는 리질리언스가 떨어진다.

과도한 스트레스는 이러한 균형을 깨뜨릴 수 있는 한 요인이다. 스트레스를 받으면 분비되는 호르몬 중 하나가 코르티솔(cortisol)이다. 적당한 양의 코르티솔은 단기적으로 사고를 날카롭게 한다. 하지만 과도한 양이 분비되면 몇 가지 중요한 방법으로 뇌 기능을 방해한다.

편도체의 과잉활성화   이는 학습을 방해하고 사고를 더욱 감정적이고 부정적으로 만드는 지나친 불안으로 이어질 수 있다. 과잉활성화가 된 편도체는 상세하지 않고 과도하고 강렬한 감정으로 기억을 각인한다. 따라서 괴로운 기억을 불러일으키는 위협은 과도한 공포나 동결 반응으로 과잉반응을 일으킬 수 있다. 편도체는 일반적으로 PTSD를 가진 사람들에게 과민반응을 보인다. 이러한 과잉활동은 트라우마 기억에 의한 그들의 강한 감정적 충동에서 비롯된다.

해마 기능의 위축 또는 손상   해마가 편도체의 스트레스에 대한 반응을 누그러뜨리고, 필요할 때 침착하게 기존의 기억을 떠올리며(예: 그 비상구는 어디에 있었을까?) 트라우마 기억을 통합적으로 저장한다는 것을 상기하라.

PFC 기능의 중단   이렇게 되면 창의적인 사고, 문제 해결, 정서적 조절, 집중력, 빠르고 효과적으로 주의를 전환하는 능력이 저하될 것이다.

이 이야기는 과도한 스트레스가 어떻게 정상적인 기억 저장을 방해할 수 있는지를 보여 준다.

> Marco는 중앙아메리카를 여행할 때 지진에서 살아남았다. 지진 때 공포를 느꼈지만 집에 돌아오니 괜찮은 듯했다. 그러나 2년 후, 회사에서 스트레스를 많이 받는 하루를 보내고 나서 기차를 타고 시내에 연극을 보러 가는 동안 기차의 우르릉거리는 소리에 그는 식은땀을 흘렸다. 그는 공포가 되살아나면서 지진 경험이 되풀이되고 있다는 것을 느꼈다.

편도체가 과잉활성화되면서 최초의 극도로 감정적인 기억의 부적절한 침투를 야기하고 기차의 우르릉거리는 소리와 지진을 혼동되게 했다. 해마가 손상되지 않았다면 Marco는 '오늘 일은 완전히 다른 시간, 장소, 사건이다.'라고 생각할 수 있었을 것이다.

노화는 뇌의 최적화된 기능을 방해하는 두 번째 요인이다. 뇌는 30세가 되면 크기와 기능이 저하되기 시작하고, 30세 이후에는 노화가 진행되면서 대개 해마에서 시작하여 PFC로 퍼지는 수축 현상이 나타난다. 알츠하이머병도 이와 유사하게 해마에서부터 기억, 언어, 의사결정을 담당하는 다른 영역들의 수축 및 손상이 나타난다(National Institute on Aging). 하지만 노화로 인한 뇌의 쇠퇴는 늦출 수 있고 되돌릴 수 있다. 노화와 관련된 쇠퇴로부터 뇌를 보호하는 건강한 생활방식 전략은 또한 뇌의 기능을 최적화하며 알츠하이머병의 위험을 낮출 수 있다.

📖 두 가지 중요한 발견

뇌에 대한 최근 두 가지 흥미로운 발견은 우리에게 리질리언스 향상에 대한 큰 희망을 준다. 첫째, 뇌 가소성이다(Doidge, 2007). 이것은 리질리언스를 향상할 수 있는 방법으로 개인의 수명 전반에 걸쳐 새로운 경험에 대응하여 뇌의 구조와 기능을 변화시킨다는 것을 의미한다. 우리는 이제 새로운 뉴런들이 해마와 다른 주요 지역에서 오래된 뉴런이나 스트레스로 손상된 뉴런을 대체하여 자랄 수 있다는 것을 알고 있다. 이 성장률은 뉴런의 크기와 건강뿐만 아니라 우리가 곧 논의할 주요 요인에 의해 영향을 받을 수 있다. 알다시피 뉴런들은 서로 연결될 수 있으며, 우리가 적응하는 대처 기술을 배울 때 새로운 신경 경로를 형성한다. 우리가 이러한 기술을 연습할수록, 이러한 신경 연결은 더 강하고 더 효율적이 된다. 반대로, 신경 연결은 사용하지 않으면 악화될 수 있고, 부족한 대처 기술을 연습하면 부적응 경로가 강화된다.

둘째, 심장의 건강은 곧 뇌의 건강이다(Gardener et al., 2016). 육체를 상하게 하는 것은 뇌를 상하게 한다. 심장을 건강하게 하는 것은 뇌를 건강하게 한다. 그러므로 다음의 것들을 하는 것이 중요하다.

- 날씬한 상태를 유지하라(과체중이 치매의 위험을 두 배로 증가시킨다. 복부 지방은 특히 위험하다).
- 혈압, 혈당, 총콜레스테롤 및 트라이글리세라이드(혈중지방의 일종)를 낮게 유지하라.
- 좋은 콜레스테롤(HDL)의 높은 수준을 유지하라.

최적의 뇌 건강을 위한 여덟 가지 열쇠

최적의 뇌 건강을 위한 여덟 가지 열쇠, 즉 규칙적인 운동, 뇌 건강에 좋은 영양, 수면, 중독물질 사용 최소화, 의료 상태 관리, 항콜린제(anticholinergic medications) 제한, 살충제와 방부제와 대기오염물질의 최소화, 스트레스 관리는 함께 작용한다. 이 절에서 각 항목을 살펴보겠지만, 먼저 이러한 열쇠들이 무엇을 달성하는지 살펴보도록 하자.

- 뇌(특히 해마와 전전두엽 피질의 지지조직)의 부피, 신경세포의 수를 증가시킨다.
- 뉴런의 건강 및 기능을 향상한다.
- 뇌의 손상을 일으키는 염증과 산화 스트레스를 줄인다.
- 알츠하이머병에서 발견되는 유해 단백질을 제거한다.
- 독소와 염증성 물질로부터 뇌를 보호하는 혈액뇌장벽을 강화한다.
- 기분을 증진한다.
- 인지 기능(집중력, 학습, 기억 및 이성, 창의력, 생산성, 사고 속도, 한 상황에서 다른 상황으로 초점을 전환하는 능력)을 향상한다.

규칙적인 운동

많은 연구가 운동 방식들, 특히 유산소 운동이 기분을 나아지게 하고 뇌 기능을 향상시킨다고 보고한다. 모든 연령에서 운동하는 사람들은 더 예리한 두뇌를 가진다. 운동은 대개 스트레스를 줄이고 노화를 늦추는 뇌에 있는 최상위 분자(master molecule)를 생산한다. 이러한 최상위 분자는 뇌에 혈류를 증가시키고, 뉴런을 강화하고 성장시키고, 항산화 물질을 늘리며, 뉴런들이 새로운 대처 기술을 학습하도록 준비시킨다. 특히 운동은 전두엽과 해마를 발달시키는 것으로 보인다. 운동은 긴장, 불안과 우울을 완화하고, 때때로 처방된 약처럼 그리고 부작용 없이 기능하며, 수면의 질을 향상하고 에너지를 증진한다. 점진적으로 시작하고 알맞은 강도로 하는 규칙적인 운동은 보통 관절을 강화하고 고통을 완화한다. 심지어 외상 후 스트레스 장애(PTSD) 증상까지 완화하는 것으로 알려져 왔다.

이 주제에 대한 많은 연구는 점진적으로 유산소 운동의 기초를 쌓으면서 운동을 시작하는 것이 가장 좋다고 알려 준다. 합리적인 목표는 일주일에 최소 150분 이상의 적당한 유산소 운동일 것이다. 이는 아마도 30분 동안 활기찬 걷기, 자전거 타기, 수영 혹은 느린 조깅을 일주일에 5회 혹은 그 이상으로 하는 것을 의미할 것이다. '적당한 강도(moderate intensity)'란 운동하는 동안 그냥 대화를 할 수 있는 정도의 강도를 의미한다. 만약 운동을 하면서 말을 전혀 할 수 없다면, 아마 과도하게 운동을 하고 있을 것이다. 좌절하지 않도록 운동을 더 천천히, 할 수 있다고 생각하는 것보다 적게 시작하고, 목표에 도달할 때까지 매주 10%씩 운동 시간을 늘려라.

아침에 하는 실외 운동은 굉장히 도움이 될 것이다. 아침 운동은 사람들이 지속적으로 운동을 하도록 도우며, 일주일에 여러 번 10~15분 정도 햇빛을 받으면 비타민 D 수준이 증가한다. 비타민 D는 여러 측면에서 뇌 기능을 향상시킨다.

기초 유산소 운동에 가벼운 중량기구, 고무 밴드 사용, 팔굽혀펴기 등 유연성과 근력 운동을 추가하여 유익을 끌어올릴 수 있다. 합리적인 근력 운동의 목표는 일주일에 2~3일 정도, 각 운동을 10회 반복하는 것이다. 스트레칭 같은 유연성 운동은 유연함을 유지하기 위하여 거의 매일 시행할 수 있다. 한번 신체적인 건강이 향상되면 고강도 인터벌 운동(high-intensity interval training)을 고려해 볼 수 있을 것이다. 이러한 종류의 운동은 수월하게 운동하는 와중에 폭발적으로 격렬한 운동과 번갈아 가면서 하는 것이다. 인터벌 운동은 지속적인 운동(continuous exercise)보다 더 빠른 시간에 많은 심장 건강 및 뇌 기능 지표들을 향상한다.

복합운동활동(complex motor movements)은 두뇌에 추가적인 유익을 준다. 요가, 태극권, 춤, 라켓을 사용하는 게임, 저글링, 암벽등반, 혹은 도구를 사용하는 운동은 모두 유익한 신경 연결 통로(neural pathways)를 형성한다. 새로운 도전들, 예를 들어 언어 배우기, 취미 개발, 좋은 책 읽기, 퍼즐 완성하기, 미술 수업 듣기 혹은 여행 가기 등은 또한 두뇌를 예리하게 만든다.

뇌 건강에 좋은 영양소

점점 많은 연구가 지중해식 식단이 수명을 많이 연장하고, 뇌 건강을 크게 증진하며, 뇌 기능을 보다 예리하게 향상한다는 것을 보여 주었다. 이러한 종류의 식단은 (신선 혹은 냉동) 과일과 야채, 생선, 통곡물, 견과류 및 씨앗, 콩류 그리고 올리브 오일, 적절한 양의 가금류, 달걀, 저지방 유제품과 같은 식재료를 강조한다. 반면에, 붉은 살코기 및 가공된 고기(소고기, 양고기, 돼지고기, 핫도그, 소시지, 살라미, 얇은 햄), 버터, 마가린 스틱, 치즈, 페이스트리 및 당류, 튀김 혹은 패스트푸드를 지양한다.

또 다른 유용한 영양 지침으로는 다음과 같은 것들이 있다.

두뇌에 좋은 항산화물질 섭취를 극대화하라.   이러한 물질들은 스트레스 및 노화로 인한 손상으로부터 뉴런을 보호한다. 항산화물질은 다채로운 색상의 과일과 채소들에 함유되어 있다. 예를 들어, 초록 잎사귀 채소들, 베리류, 토마토, 사과, 오렌지나 칸탈로프 멜론에 들어 있다. 그리고 심지어는 하얀색 식물(pale plants)인 배, 하얀콩, 청포도, 콜리플라워와 대두(콩)에서도 찾을 수 있다. 식단에 신선 혹은 냉동으로 된 곡물

(plant foods)을 중요하게 포함하라. 또한 항산화물질은 강황, 계피, 오레가노, 생강, 고추, 마늘과 바질 같은 거의 모든 향신료에 풍부하게 들어 있다. 향신료들을 서늘하고 어두운 곳에 보관하고 구매 후 2년 이내에 사용하라. 초콜릿도 항산화물질을 함유하고 있으며, 적당하게 먹는다면 초콜릿 또한 유익할 것이다.

생선을 일주일에 최소 2~3번 정도, 총합하여 최소 8온스(226g)를 먹으려고 노력하라. 생선에 함유된 오메가-3 지방산은 뉴런의 중요한 구성 요소이다. 이러한 지방산은 뇌 건강과 기능을 향상하는 동시에 우울을 줄이고, 심지어는 트라우마가 있는 사람들의 스트레스도 줄여 줄 수 있다. 생선 튀김의 양은 제한하라. 튀긴 생선은 건강하지 않은 지방을 섭취하도록 하고 오메가-3 지방산의 유익함을 상쇄하기 때문이다. 생선오일 보조제는 도움이 될 수 있다. 생선오일의 총 밀리그램이 아니라 하루에 500~1,000밀리그램의 오메가-3 DHA와 EPA를 제공하는 보조제를 찾아보라.

좋은 탄수화물을 선택하라. 뇌는 혈당이 꾸준히 유지될 때 최상의 기능을 한다. 가공하지 않은 곡류들은 섬유질을 함유하는데, 이러한 섬유질은 당 흡수를 느리게 하며 당을 꾸준히 공급해 준다. 반대로, (밀가루, 당류, 탄산음료, 백미 혹은 가공된 시리얼 같은) 가공된 탄수화물은 혈당을 치솟게 하고, 이후에는 급격히 떨어뜨린다. 아마 초코바를 먹으면 에너지가 갑작스럽게 높아지고, 그 뒤에 피로, 허기, 우울한 정서가 느껴지는 것도 이 때문일 것이다. 또한 가공된 탄수화물은 항산화물질과 다른 영양소들을 분해한다. 따라서 통곡물, 신선 혹은 냉동으로 된 곡물을 중요시하는 것은 날씬한 체형을 유지하도록 도와줄 것이다.

좋은 지방을 선택하라. 특히 정제된 탄수화물과 함께 섭취하는 포화된 지방은 뇌 건강과 기능을 손상한다. 심지어는 한 끼만 먹어도 그렇다. 정제된 밀가루 빵으로 만든 햄버거와 탄산음료 그리고 디저트를 생각해 보라. 이러한 한 끼 식사는 뇌 기능을 손상할 수 있다. 포화된 지방들과 가공된 음식 및 패스트푸드에서 발견되는 트랜스지방을 곡물에 함유된 건강한 지방으로 대체하라. 건강한 지방은 올리브 오일, 아보카도, 견과류, 카놀라 오일에 함유되어 있다. 또한 지방을 제거하지 않은 유제품 대신에 저지방 혹은 무지방 유제품을 선택하라.

수분을 공급하라. 뉴런은 대부분 물이다. 너무 적은 양의 수분을 섭취하면 기분과 정신적 기능은 손상될 수 있다. 일반적인 식사를 생각해 보았을 때, 적절하게 수분을 섭취하기 위해서는 하루에 9~16잔을 마셔야 할 것이다. 심지어 체구가 크거나 활동적이라면, 더 추운 환경일지라도 더 많은 수분이 필요할 것이다. 하루 내내 마시라. 물은 좋은 선택이다. 식사 30분 전에 물 두 잔을 마시면 날씬한 체형을 유지하는 데 도움이 된다. 항산화물질이 함유되어 있는 적당량의 무가당 과일 주스를 마셔도 좋다(적당량은 아마 하루에 반 잔 정도일 것이다). 변기 바닥에 모인 하루의 첫 소변이 옅은 노란색인지 그렇지 않은지를 보면서 충분한 수분을 섭취하였는가를 분별할 수 있을 것이다.

단백질 섭취를 하루 종일 하라. 뇌를 명민하게 하고, 하루 종일 포만감을 늘리고, 날씬한 체형을 만드는 질 좋은 아침 식단으로 시작하라. 단백질은 저지방 혹은 무지방 무가당 요거트, 달걀 흰자, 가금류, 해산물, 콩류, 견과류, 땅콩버터 혹은 단백질 파우더를 통해 섭취할 수 있을 것이다.

충분히 먹되, 과식하지 않는다. '2015~2020 미국인을 위한 식단 지침표'를 보면, 최적의 뇌 건강과 기능을 위해 필요한 영양소들을 얻을 수 있을 것이다. 이 지침표는 지중해식 식단과 일치하며, 대개 고칼로리, 영양소가 부족한 음식들은 피하고 있디. 또한 지중해식 식단에 포함된 음식을 섭취하면 불안감을 낮추고 차분한 마음 상태를 유지하는 데 좋다. 필요한 영양분을 소비하되 과식하지 않는 식단의 조합은 뉴런이 쉬면서 회복하는 데 도움이 되는 것으로 나타났다.

소금과 설탕 추가를 최소화하라. 이는 일반적으로 가공된 식품에서 발견된다.

이러한 지침표는 당신이 식재료를 기른다면, 신선 혹은 냉동된 식재료를 구입한다면, 스스로 요리를 한다면 따르기 쉬울 것이다. 식당의 음식, 패스트푸드, 가공된 음식은 일반적으로 설탕, 소금, 건강하지 않은 지방을 많이 함유하고 있다. 고기는 작은 곁들임 요리로 놓고, 접시 대부분을 곡물로 가득 채운 접시를 상상해 보라. 그러면 뇌-건강 식단 계획은 쉽게 따를 수 있을 것이다. 먹어야 할 것에 집중하면 먹지 말아야 할 것을 걱정할 필요가 없다.

회복탄력적인 식사

'2015~2020 미국인을 위한 식단 지침표'는 19세 이상의 사람들이 가장 좋다고 느끼고 최대한으로 기능하기 위해서 다양한 식품군의 하루 필요 섭취량을 명시한다. 다음의 지침표는 지중해식 식단과 꽤 비슷하고 대부분 성인들에게 적용된다. 보통의 미국인들은 과일과 채소의 양을 늘릴 필요가 있다. (The MIND 식단은 두뇌를 건강하게 해 준다고 알려진 지중해식 식단이다. 더 읽기를 원한다면, http://www.newharbinger.com/39409를 방문해 보라.)

식품군	하루에 필요한 양	내용물	비고
과일	1½~2컵	**1컵** • 일반적으로 과일 1컵 혹은 100% 과일음료 1컵 • 큰 바나나/오렌지/복숭아 1개, 중간 배 1개, 작은 사과 1개 • 말린 과일 ½컵	• 과일과 채소는 섬유질, 에너지, 많은 비타민, 미네랄과 식물성 영양소(phyto-chemicals)를 공급해 준다. 식물성 영양소는 다양한 질병에 걸릴 위험을 감소시킨다(예를 들어, 칼륨은 고혈압의 위험을 낮춘다).
채소	2~3컵	**1컵** • 일반적으로 생으로 된 혹은 조리된 채소, 채소음료 1컵, 혹은 생으로 된 잎채소 2컵 • 마른 콩이나 완두콩 1컵(검은콩, 병아리콩, 대두/두부, 쪼개서 말린 완두콩, 렌틸콩 등등). 이는 채소 혹은 단백질군에서 세지만, 둘 다 세지는 않는다.	• 녹색, 빨간색, 주황색, 노란색, 흰색 등 다양한 색깔의 과일과 야채를 찾아보라. 베리류와 녹색잎채소류는 뇌를 매우 건강하게 해 준다. • 일주일에 여러 번 브로콜리, 콜리플라워, 양배추, 방울양배추, 케일 같은 십자화과 식물을 포함하라.
곡류	5~8온스 정도 (141~226g)	**1온스 정도(28g)** • 빵 한 조각이나 미니 베이글 1조각 • 시리얼 1컵(라벨을 확인하라) • 요리된 쌀, 파스타 혹은 시리얼 ½컵 • 팝콘 3집 • 팬케이크 1개(4½인치) 혹은 작은 토르티야 1개 • 잉글리쉬 머핀 ½개	• 대부분 곡류를 반드시 통곡물로 섭취하라. 통곡물은 비만, 심장병, 다른 질병의 위험성을 감소한다. 통곡물은 섬유질, 비타민 B, 항산화물질, 미네랄, 다양한 식물성 영양소(plant chemicals)를 함유한다. 통곡물에는 오트밀, 통밀가루, 불가(bulgur), 통보리, 팝콘, 갈색 혹은 야생쌀이 포함된다.

| 단백질 | 5~6 ½ 온스 정도 (141~184g) | **1온스 정도(28g)**
• 요리된 생선, 가금류, 살코기 1온스(28g)
• 달걀 1개
• 요리된 마른 콩이나 콩류 ¼ 컵
• 땅콩버터 1스푼
• 견과류 혹은 씨앗류 ½ 온스(14g) | • 거의 혹은 매일 견과류, 씨앗류, 그리고/혹은 요리된 마른 콩이나 콩류를 섭취해야 한다(예를 들어, 얼룩덜룩한 강낭콩, 강낭콩, 렌틸콩, 대두/두부 혹은 다른 콩류 제품들).
• ½ 온스(14g)의 견과류는 아몬드 12개, 피스타치오 24개, 호두 반쪽 7개와 같다는 것을 주목하라.
• 생선의 지방은 특히 뇌에 유익하다. 일주일에 생선을 최소 2~3번 먹는 것을 목표로 하라. 총량은 최소 8온스(226g)가 되도록 하라. |
| 유제품 | 3컵 | **1컵**
• 저지방 혹은 무지방 우유, 요거트 혹은 칼슘이 보강된 두유 1컵
• 스위스 혹은 체다 같은 저지방 혹은 무지방 자연 치즈 1 ½ 온스(42g)
• 저지방 혹은 무지방 치즈 2온스(56g) | • 유제품은 칼슘, 칼륨, 단백질, 비타민 B, 다른 비타민과 미네랄의 주요한 원천이다. |

오일	5~7 티스푼 (첨가물)	**1 티스푼 정도** • 식물성 오일 1 티스푼 • 부드러운 마가린 1 티스푼 • 마요네즈 1 티스푼 • 샐러드 드레싱 1 테이블스푼 • 땅콩버터 ½ 테이블스푼	• 오일은 우리에게 필요한 불포화지방산과 비타민 E를 제공한다. • 올리브 및 카놀라 오일은 특히 유익하다. • 과자, 빵, 마가린 스틱, 튀긴 패스트푸드에서 주로 발견되는 트랜스지방 및 경화유지(hydrogenated fats)를 피하라.
영양가 없는 칼로리 (대개 포화지방산 그리고/또는 첨가된 당류)	필요하지 않거나 추천하지 않음. 전체 칼로리 섭취량의 10% 이하로 제한하도록 시도하라. 많은 사람이 이러한 칼로리를 다른 식품군으로 소비하는 것을 선호한다.	**일반적으로 제공되는 양의 칼로리** • 탄산음료 혹은 과일펀치 12온스(340g)=150칼로리 • 치즈 케이크 한 조각(9인치 케이크의 ⅛)=620칼로리 • 젤리 혹은 잼 1 테이블스푼=50칼로리 • 색이 연한 맥주(light beer) 12온스(340g)=110칼로리 • 초코바 2온스(57g)=250칼로리 • 아이스크림 1컵=400칼로리 • 옥수수칩 1온스(28g)=152칼로리 • 잼이 든 도넛 1개=290칼로리	

* '2015~2020 미국인을 위한 식단 지침표'를 개작하였다. 보다 자세한 지침표와 영양소 및 신체 활동에 대한 실질적인 정보를 충분히 얻으려면 https://www.ChooseMyPlate.gov를 보라. 유제품을 제외하고, 앞에 제시된 양은 나이, 성별, 신체활동의 수준에 따라 달라질 수 있다. 하루에 필요한 양은 1,600~2,400칼로리이다. 예를 들어, 젊은 남성 혹은 더 활동적인 남성들은 보다 높은 수준 혹은 때때로 더 많은 양을 섭취하는 것이 필요할 수 있다.

수면

가장 최근에 푹 자고 일어나서 밝고 상쾌하게 아침을 맞이하였던 때가 기억나는가? 수면은 뇌에 동력을 공급하며 뇌를 활성화한다. 또한 숙면은 산화 스트레스를 감소시키며 뇌에 쌓인 독소를 없애는 역할을 한다. 그러나 대부분의 사람들이 심지어 수면이 약간만 부족해도 정신건강이나 수행을 방해할 수 있다는 사실을 간과하고 있다. 성인이 최상의 상태를 경험하고 수행하기 위해서는 하루에 7시간에서 8시간 15분 정도의 수면 시간이 요구된다. 이보다 수면 시간이 적으면 기분 및 기능 수준을 저하시킬 수 있다. 하루에 6시간 이하로 수면을 취하면 다음과 같은 부정적인 영향을 받을 수 있다.

- 뇌 수축(수면 부족은 코르티솔 분비를 자극하는 요인이며, 이는 특히 해마에 영향을 미칠 수 있다.)
- 다음과 관련된 능력 저하: 기억, 의사결정, 문제해결, 트라우마 경험 처리, 속도와 정확성을 요구하는 과제 처리
- 스트레스와 관련된 상태 경험: 우울, 불안, PTSD 증상, 물질사용장애
- 의료 문제: 체중 증가, 심장혈관계 질병, 당뇨, 궤양, 자가면역 질환 등 뇌 기능에 영향을 미치는 문제들

숙면의 세 가지 원칙

숙면을 위해서 유의해야 할 세 가지 원칙이 있다. 세 가지 원칙은 수면의 양, 수면의 규칙적인 패턴, 수면의 질이다. 첫째, 수면의 양에 있어서는 7~8시간 혹은 그 이상을 잘 수 있도록 노력하라. 충분히 자고 일어나야 다음 날에 보다 많은 것을 성취할 수 있다. 둘째, 수면의 규칙적인 패턴과 관련해서는 늘(주말에도) 같은 시간에 잠이 들고 일어날 수 있도록 하라. 일관적으로 잠에 들면 뇌가 수면 사이클을 조절할 수 있도록 돕고 수면의 질이 향상될 것이다. 일정으로 인해 시간에 변동이 생길 시에는 당신이 자러 가는 시간이 평소와 한 시간 이상 차이가 나지 않도록 노력하라. 마지막으로 수면의 질은 굉장히 중요하다. 다음의 내용은 이를 위해 고려해야 할 요소들이다.

- 빛과 소리는 우리가 생각하는 것 이상으로 수면을 방해한다. 전자기기에서 나오는 블루라이트는 특히 더 방해가 될 수 있다. 잠들기 한 시간 전부터 이러한 빛들

을 미리 꺼 두라. 침실에 빛과 소리가 차단되는지 확인하라(아침 햇살을 막는 커튼이나 빛 가리개를 사용하라. 또한 안대나 귀마개, 백색소음 기계를 활용하라).

- 잠들기 전에 한 시간 정도 긴장을 풀 수 있는 시간을 가지라. 자극적인 매체들을 차단하라. 대신에 편안한 음악을 듣거나, 휴식을 취하거나, 독서를 하거나, 일기를 작성하라.
- 낮잠은 수면 부족 문제를 상쇄할 수 있다. 효과적인 낮잠은 조용하고 어두운 장소에서 20~120분 정도 자는 것이다. 그러나 낮잠이 밤에 숙면을 취하는 것을 방해한다면 낮잠을 자지 않는 것이 좋다.
- 자기 전에 과식을 하거나 음료를 과도하게 마시지 않는 것이 좋다. 소화는 뇌가 잠이 드는 것을 방해할 수 있고, 물을 많이 마시면 중간에 화장실을 가기 위해 잠이 깰 수 있다. 적어도 잠들기 4시간 전부터는 아무것도 먹지 않을 수 있도록 노력하라. 만약 허기로 새벽에 깨게 된다면, 단백질과 탄수화물로 이루어진 적은 양의 간식을 자기 전에 먹는 것이 숙면에 도움이 될 수 있다(예: 따뜻한 우유와 꿀, 요거트, 시리얼과 우유). 또한 바나나, 호두, 아몬드, 달걀, 아보카도, 참치, 칠면조 등도 좋은 간식이 될 수 있다.
- 이른 아침에 운동을 하는 것은 수면 리듬을 조절하는 데 도움을 줄 수 있다. 요가나 태극권 등과 같은 운동이 도움이 된다. 그러나 잠들기 2시간 이내에 운동을 하는 것은 피하라.
- 수면을 방해하는 카페인, 니코틴, 알코올 등을 자제하라. 특히 잠들기 몇 시간 전에 먹는 것을 피하라. 카페인과 니코틴은 각성 효과가 있으며, 알코올은 잠이 들게 하지만 잠든 후에 각성 효과를 보인다.
- 가능하다면 교대 근무를 피하라. 교대 근무는 다양한 수면 방해와 같은 정신적·신체적 어려움과 관련을 지닌다. 만약 교대 근무가 필수적이라면, 이른 근무시간보다는 늦은 근무시간을 선택하고 한 근무시간을 최대한 오래 유지함으로써 뇌가 수면 리듬을 조절할 수 있도록 하라.
- 각성 상태를 불러일으키는 고통스러운 생각들에 도전하라. 이러한 생각들에는

'숙면을 취하지 못한다면 안 좋은 일이 발생할 거야.' '난 꼭 숙면을 취해야 해.' 등이 포함된다. 이러한 생각을 '불편하기는 하지만 최악의 결과는 아니야.'로 변화시키자. 만약 침대에 누운 지 20분이 지나도록 잠에 들지 못한다면 단순하게 일어나서 편안해지는 활동을 하라. 그리고 잠이 올 때 다시 침대에 누우라.

- 수면성 무호흡, 수면 장애, 정신 장애(우울, 불안, PTSD, 물질사용장애 등), 갑상선 질환, 속 쓰림, 관절염, 당뇨, 심혈관계 질환, 고혈압, 호흡기 질환, 통증, 비뇨기 문제 등과 같이 잠을 방해하는 상태에 대해 전문적인 도움을 받으라.

- 원칙적으로 수면제를 피하라. 수면제는 부작용이 있을 수 있으며, 장기적으로 불면증을 강화할 수 있다. 효과적인 비약물적 노력을 먼저 시도하라.

중독물질 사용을 최소화하기

뇌의 핵자기공명영상은 중독물질 사용이 구조적 뇌 손상 이전에도 분명한 영향을 미친다는 것을 보여 준다. [그림 1-2]는 16세 청소년 두 명의 뇌를 보여 준다. 왼쪽의 뇌는 중독물질을 사용하지 않은 청소년의 뇌이며, 건강하고 모든 영역이 잘 기능하고 있다. 반면, 오른쪽의 뇌는 마리화나를 2년째 사용한 청소년의 뇌이다. 단 몇 년간의 알코올, 담배, 흡입제, 코카인, 메타암페민 등의 과도한 사용은 뇌에서 눌린 모습(scalloping) 혹은 구멍 난 모습(Swiss Cheese)과 같은 문제를 일으킨다.

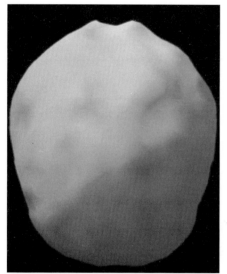
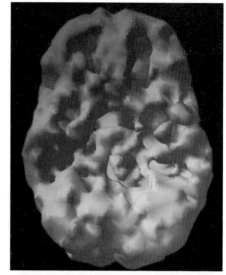

16세, 건강한 뇌 　　　　　　　　　　 16세, 2년 동안 마리화나 남용

[그림 1-2] 중독물질 사용이 뇌에 미치는 영향(Amen, 2005)

다음과 같은 사실들을 참고하라.

흡연은 우울, 불안, 공황발작의 위험을 증가시킨다.　또한 기억력을 손상시키며, 치매의 위험성도 증가한다. 담배와 마찬가지로 마리화나는 뇌로 가는 혈류를 감소시킴으로써 기억력을 손상시킨다.

알코올 섭취는 리질리언스와 부적인 상관을 보인다.　약간 혹은 보통 정도 양의 음주도 정기적으로 이루어지는 경우에는 뇌 수축을 야기할 수 있다.

과도한 카페인 섭취는 뇌로 가는 혈류를 제한함으로써 뇌의 기능을 저하시킬 수 있다. 또한 이는 불면증, 불안, 과도한 각성 상태 등을 야기할 수 있다.　대부분의 건강한 성인의 경우 약 400mg의 카페인(커피 네 잔의 분량)까지는 안전한 것으로 나타났다. 그러나 이러한 카페인 양은 에너지 드링크, 카페인이 함유된 탄산음료, 네 잔 이상의 커피 등을 통해 쉽게 초과될 수 있다.

질병을 다루기

뇌의 건강과 기능에 영향을 미치는 다양한 질병이 있다.

수면성 무호흡(sleep apnea)은 자는 동안 기도가 닫히면서 발생하며, 뇌로 공급되는 산소를 빼앗는다. 코골이, 호흡 중단, 자다가 숨을 쉬기 위해 일어나면서 발생하는 크게 헉하고 숨 쉬는 소리 등으로 나타난다. 숨 멈춤과 일어남의 패턴은 자는 동안 여러 차례 반복될 수 있다. 이로 인해 잠과 산소가 부족한 상태로 일어나며, 정신적으로 둔한 느낌과 피곤을 경험하게 된다. 또한 종종 기억력과 기분에 문제를 나타내기도 한다. 수면성 무호흡은 심장마비, 뇌졸중, 고혈압, 두통, 악몽의 위험을 증가시킨다. 수면성 무호흡을 지닌 대부분의 사람들은 우울증을 지니고 있으며, PTSD를 겪는 사람에게도 흔하게 나타난다. 다행히도 이는 치료할 수 있는 문제이며, 치료를 통해 동반되는 심리적 증상들을 완화할 수 있다. 기도를 열어 놓기 위한 치료 방법을 놓고 의사와 논의하라. 2.2~4.5kg 정도를 감량하거나 알코올 및 진정제, 수면제, 근이완제 섭취를 줄이는 것이 도움이 될 수 있다.

높은 콜레스테롤(elevated cholesterol)은 때때로 우울증의 원인이 되곤 한다. 운동, 적절한 식습관, 스트레스 관리, 약물치료 등이 도움이 될 수 있다.

갑상선 질환(thyroid disorders)은 스트레스 관련 질환(불안, 우울, PTSD 등) 혹은 설명되지 않은 증상들(피곤, 수면장애, 체중 증가 등)을 야기하거나 악화시키기 때문에 후속으로 따라붙는 증상(great mimic)이라고 불리기도 한다. 갑상선 호르몬이 정상 범위 이상 혹은 이하가 되면 문제가 발생한다. 일반적인 혈액검사로 혈액 내 갑상선 호르몬 레벨을 측정할 수 있다. 그러나 비싸지 않은 갑상샘 자극 호르몬(Thyroid-Stimulating Hormone: TSH) 검사를 통해 더 민감하게 알아차릴 수 있다. 뇌에서 분비되는 TSH는 갑상선을 자극함으로써 티록신을 분비하게 한다. 만약 티록신이 보통 범위보다 낮은데 TSH는 상승되어 있다면, 뇌가 둔화된 갑상선을 자극하는 것을 확인할 수 있다. 높은 TSH는 뇌로 향하는 혈류의 감소와 연관되어 있는데, 특히 전두엽 피질에서 나타난다. 또한 기억이나 집중에서도 문제를 일으킬 수 있다. 정신장애, 기억력 감소, 높은 콜레스테롤 수치 혹은 설명되지 않는 증상 등을 경험하고 있다면 TSH 검사를 받아 보는 것을 권장한다. 만약 당신이 갑상선 관련 약물치료를 받고 있다면, TSH와 갑상선 호르몬 수준을 살펴봄으로써 약물 투여량이 적절한지 확인하라. 흡연은 적절한 갑상선 기능을 방해할 수 있으므로 삼가는 것이 좋다.

고혈압(high blood pressure)은 미세한 뇌병변을 일으킬 수 있다. 혈압은 건강한 식습관, 운동, 수면, 약물 등을 통해 조절될 수 있다.

2형 당뇨병(type 2 diabetes)은 인지 손상, 치매, 심혈관계 질환, 해마 수축의 위험을 증가시킬 수 있다. 이 장에서 제시된 지침을 따름으로써 2형 당뇨병의 위험을 줄여 보자. 만약 당신에게 당뇨가 있다면, 적절한 치료와 혈당 점검을 통해 가능한 한 최선을 다해 관리하라.

잇몸 질환(gum disease)은 혈관을 침투하는 독소를 만들 수 있고, 염증 및 뇌의 손상을 일으킬 수 있다. 정기적으로 양치질을 하고, 치실을 사용하고, 치아 세정을 하라. 그리고 만약 잇몸 질환이 나타난다면 전문적인 치료를 받으라. 흡연을 하지 말고, 충분한 수면을 취하고, 물을 많이 마시며, 생균이 함유된 요거트 1/4컵 등을 섭취하면 잇몸 질환의 위험을 줄일 수 있다.

항콜린제 줄이기

아세틸콜린은 뇌의 중요한 화학 메신저이다. 항콜린제는 가끔 혹은 단기적으로 사용하더라도 아세틸콜린을 막음으로써 뇌 수축, 기억과 관련된 영역에서의 기능 저하, 치매 등을 일으킬 수 있다(Nelson, 2008). 이러한 약물에는 항히스타민제, 수면제, 처방전 없이 살 수 있는 수면 유도제, 진정제, 근이완제, 궤양 치료제, 삼환계 항우울제 등이 포함된다. 만약 당신이 사용하는 약물이 항콜린제라면, 의사나 약사와 상의하여 적은 용량을 최소한의 기간 동안 먹을 수 있도록 조정하라. 또는 다른 약물로 변경하거나 비약물 처치가 가능한지 확인하라.

살충제, 방부제, 대기오염물질 노출을 최소화하기

살충제, 방부제, 대기오염물질은 뉴런에 해롭다. 살충제는 농작물에서 발견되며, 우리가 제초제가 뿌려진 야외에서 걷다가 오면서 집 안으로 들어오게 된다. 농작물을 직접 기르거나, 상점에서 산 농작물을 깨끗하게 닦아 먹거나, 유기농을 구매하거나, 가공식품 섭취를 줄이면 살충제나 방부제 노출을 줄일 수 있다. 또한 담배 연기를 피하고, 차가 막힐 때 공기를 재순환시키고, 가정에서 보일러 등에 좋은 필터를 사용함으로써 대기오염물질에 접촉하는 것을 줄일 수 있다.

스트레스 관리하기

우리가 논의했듯이, 과도하거나 만성적인 스트레스는 뇌의 건강과 기능을 방해할 수 있다. 또한 이로써 에너지와 즐거움을 잃을 수도 있다. 다행히도 스트레스를 관리하는 효과적인 방법들은 많이 있다. 나중에 이런 방법들을 더 많이 논의하게 될 것이다.

활동 회복탄력적인 두뇌를 위한 계획 세우기

많은 사람은 운동, 영양, 식사 계획을 만들고 유지하는 것이 리질리언스 훈련의 가장 도움이 되는 측면 중 하나라고 보고했다. 이 워크북 활동을 통해 계속 유지할 수 있는 건강 계획을 세워 보자. 당신의 계획을 써 보자.

　　연습　일주일에 적어도 150분 이상 유산소 운동(빨리 걷기 또는 자전거 타기 같은)을 하는 것을 목표로 한다. 당신은 또한 정신을 더욱 맑아지게 하는 근력 운동과 유연성 운동을 추가할 수도 있다.

_____

_____

_____

_____

_____

　　수면　나는 하루에 _____시간의 수면을 취할 것이다(필요하다고 생각되는 것보다 조금 더 많이), _____에 취침하고 _____에 일어난다.

　　영양　하루 3회 이상 섭취하고, 회복탄력적인 식사의 식이요법 지침에서 뇌 건강에 좋은 음식을 선택한다. 부록 A의 양식을 사용하여 다음 지침과 일치하는 샘플 메뉴를 만든다. 즉, '당신의 계획은 필요한 영양소를 섭취할 수 있도록 각 식품군에서 충분한 양을 공급하고 있는가? 각 식품군 내에서 다양한 음식을 섭취하고 있으며, 필요한 영양소를 모두 섭취하는 데도 도움이 되는가?'이다(연방정부는 당신의 식생활과 신체활동을 권장량과 비교하여 계획·평가할 수 있도록 도와주는 훌륭한 무료 온라인 도구를 제공한다. https://www.ChooseMyPlate.gov를 방문하여 SuperTracker를 확인하라).

활동 진행 상황 추적하기

부록 B의 양식을 사용하여 14일 동안의 진행 상황을 추적한 다음, 도움이 되는 방향으로 조정하고 워크북을 진행하는 동안 계획을 계속 따르라.

활동 그 밖에 어떤 것이 도움이 될까?

이 장을 검토한 후 다음 내용을 고려하여 최상의 상태를 유지하지 못하게 하는 모든 요인의 목록을 작성하라.

- **건강에 해로운 물질의 사용**: 갑자기 중독물질 사용을 중단하면 심리적인 문제의 증상이 더욱 악화될 수 있다는 점에 유의하라. PTSD 증상을 다루어 가는 준비를 하는 동안 중독물질 사용을 서서히 줄이는 데 도움이 되는 안전지대 찾기(Seeking Safety)와 같은 프로그램을 찾기를 원할 수 있다(권장안 참조).
- **신체검사**: 이것은 당신이 의학적 상태를 배제하거나 다루는 데 도움을 줄 수 있다.
- **햇빛**: 우리는 최상의 상태를 느끼기 위해 충분한 햇빛이나 고강도의 인공 조명이 필요하다.
- **오락 및 평생 학습**: 이러한 활동들을 하면 기분이 좋아지고 두뇌 기능이 향상된다.

목록을 작성한 후 이러한 요인을 다루기 위한 수행 과업을 계획하라. 다음의 차트를 작성하면 유용한 대안을 파악할 수 있다.

무엇이 나의 건강, 기분, 또는 기능에 방해가 되는가?	무엇이 도움이 될까?	어떤 조치를 취할 것인가?	언제 이런 조치를 취할 것인가?

📖 결론

이 장에서는 다음 장의 리질리언스 기술을 위한 두뇌를 준비시키기 위해 두뇌 하드웨어를 강화하는 여덟 가지 방법을 탐구했다. 당신은 이 장에 제안된 권고사항들이 당신의 기분, 에너지 수준, 정신적 기능을 향상시킬 것임을 알게 될 것이다. 건강한 두뇌 계획을 세울 시간을 자신에게 주라. 준비가 되면 다음의 두 개의 장을 진행하라. 과도한 스트레스 또는 각성에 대한 몸의 반응을 다루는 데 도움이 될 것이다.

| 제2장 | 각성 조절: 기초 |

이 장과 다음 장에서는 스트레스에 대한 몸의 반응을 조절하여 당신의 몸과 마음이 최상의 상태로 유지되도록 도와줄 것이다. 우리는 당신의 스트레스 수준이 너무 높지도 낮지도 않도록 신경계를 재설정할 수 있는 매우 간단하고 효과적인 몇 가지 기술을 살펴볼 것이다. 우선 어려움을 겪는 시기에 우리 몸에서 일어나는 일을 살펴보는 것부터 시작해 보자.

스트레스와 각성에 대한 이해

뇌가 위협을 감지하면 스트레스 반응(stress response)이나 스트레스(stress)라고 불리는 신체의 변화를 유발한다. 이러한 변화들은 우리가 싸우거나 도망갈 수 있도록 준비한다. 정신이 더 선명해지는 것이다. 스트레스 각성(arousal)이 증가한다는 것은 근육의 긴장감과 혈압, 심박 수, 호흡 수, 혈당이 증가하여 근육에 더 많은 연료를 공급하게 된다는 것을 의미한다. 이상적으로는 몸이 움직이고, 에너지를 팽창시킨 다음 정상으로 돌아온다. 그러나 각성 조절에 이상이 생기면(dysregulated) 문제가 발생한다. 보통 이것은 각성이 너무 높게 상승하거나 상승된 상태를 유지한다는 것을 의미하지만, 각성은 최적 수준 이하로 떨어질 수도 있다. 잘못 조절된 각성은 우울증, 불안, 공황발작, PTSD, 물질 사용 장애, 분노 문제 등 앞에서 언급한 스트레스와 관련된 상황에 흔히 나타난다.

　너무 흥분되어서 생각을 못하거나 직설적으로 말한 적이 있는가? 반대로, 그렇게 하기에는 너무 무감각하거나 기력이 없다고 느낀 적이 있는가? 과도한 스트레스는 당신의 생물학적 상태를 변화시킨다. 이것을 이해하면 이상이 생긴 각성을 정상화하고 다루는 방법을 아는 데에 도움이 될 것이다. 우선 최적의 각성 수준을 이해하는 것부터 알아보자.

최적 각성: 리질리언스 영역

　[그림 2-1]은 리질리언스 영역(resilient zone)이라고도 하는 최적의 각성 수준을 보여 준다. 수평선은 각성 수준이 너무 높지도 낮지도 않다는 것을 나타낸다. 각성 수준이 이 영역에 있을 때, 우리는 최선을 다해 느끼고 기능한다. 뇌의 모든 부분과 신체 기관들이 조화롭게 작용하고 있다. 호흡과 심박 수는 느리고 리듬이 있다. 근육은 이완되어 있거나, 잘 기능할 수 있을 정도로만 긴장되어 있다. 우리는 안전하고 중심이 잡혀 있다고 느끼며, 전체가 우리 몸에 연결되어 있다고 느끼고, 신체 감각을 느낀다.

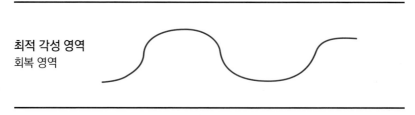

최적 각성 영역
회복 영역

[그림 2-1] 최적 각성 영역
(Heller & Heller, 2001; Porges, 2011; Miller-Karas, 2015; Ogden, Minton, & Pain, 2006)

이 영역에서는 신경계의 가지 사이에 균형이 있기 때문에 각성은 극과 극 없이 부드럽게 변동한다. 사고와 행동은 유연하고 효과적인 경향이 있다. 도전은 보통 적절한 감정과 사회적 참여로 충족된다. 그러므로 우리는 타인에게 지지를 구하거나 제공할 수 있으며, 차이를 해결하거나, 위협적인 사람들과 극도의 감정에 압도되지 않고 협상할 수도 있다. 이 영역은 도전에 맞설 때 이상적인 영역이다. 그러나 극도의 스트레스는 우리를 [그림 2-2]와 같이 회복 영역에서 밀어낼 수 있다.

과각성 영역

트라우마나 다른 감정적인 격변은 우리의 대처 능력을 압도할 수 있다. 이러한 사건들은 인생에서 언제든지 발생할 수 있으며, 초기에 발생할 때 특히 파괴적일 수 있다. 하나의 심각한 사건이나 일련의 사건들은 우리를 회복 영역에서 밀어낼 수 있다.

우리가 회복 영역에서처럼 곤경에서 벗어나 생각하거나 말할 수 없게 되면, 뇌는 자동적으로 우리를 과각성 영역(hyperarousal zone)으로 밀어내 버린다. 이것은 극단적인 싸움 또는 도망의 상태인데, 그 목적은 우리가 어떤 대상 또는 누군가와 물리적으로 싸우거나 안전한 곳으로 도망갈 수 있도록 준비시키는 것이다. 심장박동과 호흡은 빠르고 불규칙해진다. 근육은 지나치게 긴장된다. 땀은 몸을 식히기 위해 많아진다. 생존에 몰두하다 보니 논리와 언어에 관계된 뇌의 영역이 오프라인 상태가 되고, 경보 센터가 지나치게 활동적이게 된다. 우리는 이 영역에서 생각을 하거나 똑바로 말하기에는 너무 흥분되어 있다고 말할 수 있다. 부정적인 생각(예: '나는 그것을 받아들일 수 없다.' '나는 패배자이다.' 그리고 제5장에서 묘사된 다른 생각들), 걱정과 집중력 문제는 이 영역에서 흔히게 니타난다.

우리 몸과 하나가 된다는 느낌을 주는 뇌의 영역들 또한 오프라인 상태가 된다. 우리는 정상적인 신체 감각에 대한 인식을 잃기 시작할 수도 있고, 또는 심장 두근거림, 심한 호흡 또는 고통과 같은 강렬한 감각에 지나치게 민감해지거나 문제를 겪게 될 수도 있다. 분노, 짜증, 불안, 심지어 공황과 같은 강한 감정들까지도 악몽이나 수면

장애와 마찬가지로 흔하게 나타난다.

과각성은 비상시에 보호 기능을 할 수 있지만, 뇌경보가 계속해서 켜져 있고 극도의 각성 상태 증상이 지속되면 문제가 된다.

과각성 영역
과민성, 흥분, 분노, 고통

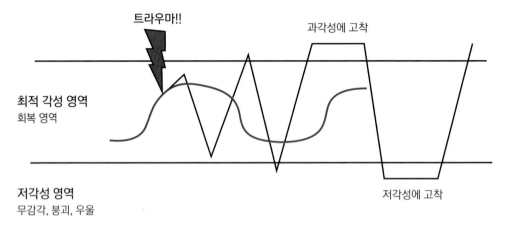

최적 각성 영역
회복 영역

저각성 영역
무감각, 붕괴, 우울

[그림 2-2] 과각성과 저각성
(Heller & Heller, 2001; Porges, 2011; Miller-Karas, 2015; Ogden, Minton, & Pain, 2006)

저각성 영역

지치거나 무감각해질 정도로 오랫동안 고도의 경계태세를 유지했다면 어떻게 될까? 혹은 싸우거나 도망치는 정상적인 대응 행동이 좌절된다면? 예를 들어, 어린이는 학대를 당했을 때 도망치거나 반격하지 못할 수도 있고, 그렇게 하려고 하면 더 많은 폭력을 부추길 수도 있다. 싸우거나 도망치는 행동이 막히거나 좌절로 이어질 때 뇌는 경직되어 무감각, 탈진, 폐쇄, 고착화, 또는 붕괴 상태인 저각성(hypoarousal) 상태가 된다. 때때로 죽은 척하는 것이 살아남는 가장 좋은 방법이고, 혹은 무감각한 것이 일시적으로 감정적 또는 육체적 고통으로부터 사람을 보호할 수도 있다. 그러나 저각성에 고착되면 자기 자신, 다른 사람, 그리고 자신의 신체와 단절되는 것을 느끼게 된다. 너무 폐쇄적이어서 똑바로 생각하거나 말할 수 없게 된다. 외견상으로는 풀 죽은 자세, 아래를 내려다보는 시선, 멍한 눈, 나약함, 정상적인 방어력의 붕괴, 또는 거의 정서가 없거나 우울한 표정을 보일 수 있다. 어떤 사람들은 심지어 세상이 진짜가 아니라고 느끼거나 그들 자신이 진짜가 아니라고 느낀다.

어떤 사람들은 과각성과 저각성 사이를 넘나든다. 또 다른 사람들은 저각성 영역으로 전환하기 전에, 각성 경보가 계속 켜져 있어서 사람을 기진맥진하게 만드는 **과각으로 인한 무기력**(alert immobilization)도 경험하게 될 것이다.

📖 당신이 할 수 있는 것

다음의 간단한 기술들을 더 연습할수록, 당신은 더 리질리언스 영역에 머무르거나 스트레스를 받을 때 더 손쉽게 그 상태로 돌아갈 수 있다. 이러한 모든 각성 조절 기술은 **추적**(tracking)을 포함하며, 이는 신체에서 감지하는 것에 대해 호기심이 많고 비판단적인 방식으로 매우 세심한 주의를 기울이는 것을 의미한다. 추적은 각성을 조절하고, 효과적으로 생각하고, 신체와의 연결 감각을 회복하는 데 관여하는 뇌 영역을 활성화한다.

호흡 기술

우리는 호흡을 활용한 짧지만 효과적인 진정 기술부터 시작할 것이다. 스트레스를 받으면 싸움이나 도피를 준비하기 위해 목, 가슴, 복부의 근육을 조이며 호흡이 빠르고 얕아지는 경우가 많다. 호흡의 미묘한 변화조차도 혈액 산도의 변화와 함께 뇌, 심장 및 사지에 도달하는 산소를 감소시킬 수 있다. 스트레스로 인한 변화는 불안, 공황발작, 자신이나 주변이 실제가 아닌 것 같은 느낌, 피로, 두통, 수면장애, 불안정함,

심장 박동, 집중력 문제 등과 같은 여러 가지 증상으로 이어질 수 있다. 호흡이 차분해지면 생각, 발화, 기억, 수행 능력이 개선된다.

리셋 버튼

이리저리 분주하거나 마음이 요동칠 때, 이 2분짜리 기술은 상쾌하고 편안한 휴식을 제공한다.

1. 의자에 편하게 똑바로 앉아 발을 바닥에 단단히 붙이고, 손은 꽉 쥐지 않은 상태로 무릎에 놓는다. 눈을 감는 것이 편하다면 그렇게 한다. 아니면, 시선을 45도 정도 아래로 향하게 하여 바닥을 바라본다.
2. 호흡을 의식하라. 호흡을 따라가며 숨을 쉴 때 몸이 어떻게 변하는지 주의를 기울인다. 들숨에 흉곽이 확장되는 것을 알아차리며 힘과 가벼움을 느낄 수 있을 것이다. 날숨에는 안정감과 편안함을 느낄 수 있을 것이다. 흔들리는 물은 잠잠해지면 매우 맑아진다. 이와 유사하게, 마음이 호흡과 함께 가라앉을 수 있도록 잠시 멈추면 마음도 맑아질 것이다.
3. 생각, 걱정, 계획이 떠오르면 판단 없이 알아차리고, 부드럽게 몸의 호흡과 감각으로 마음을 되돌린다.
4. 자기 자신 그리고 타인과 연결됨을 느낀다.

진정 호흡

복식 호흡은 수 세기 동안 각성 조절의 중심이었다. 스트레스로 인한 정상적인 호흡은 작은 변화조차도 정신 상태, 의학적 증상 및 기능에 심각한 영향을 미칠 수 있다.

1. 이전과 동일하게, 의자에 편하게 똑바로 앉고, 발은 바닥에 평평하게, 손은 무릎 위에 쉬도록 둔다. 의자가 당신의 등을 지지하도록 한다.
2. 만약 이것이 편하다면, 눈을 감고 (혹은 시선을 떨어뜨리고) 당신의 몸에 느껴지는

것을 감지한다. 스트레스 혹은 긴장을 느끼는 신체 부위를 판단 없이 알아차린다.

3. 이제 잠시 시간을 내어 입, 턱, 목, 어깨, 가슴 및 복부의 근육을 의식적으로 이완한다. 배꼽 위에 손을 두라. 숨을 들이쉴 때 위가 공기로 가득 차는 것을 상상하며 손이 올라가는 것을 느끼고, 숨을 내쉴 때 공기가 비워진다고 상상하며 손이 내려가는 것을 느끼라. 가슴 위쪽 호흡은 비효율적이고 긴장되어 있으므로 가슴과 어깨를 편안하게 가만히 유지한다. 1~2분 동안 헐떡거리거나 갑작스러운 움직임 없이 자연스럽고 편안하게 호흡하라.

4. 당신의 몸에서 일어나는 일을 추적하라.

호흡 훈련

이 진정 호흡은 Dave Grossman(Grossman & Christensen, 2004)이 개발한 것으로, 군인이나 경찰과 같은 고위험지원집단 구성원들에게 널리 가르쳐지고 있다.

1. 어깨와 상체를 이완하라.
2. 4초 동안 복부를 확장하며 코로 숨을 들이마신다.
3. 4초 동안 숨을 참는다.
4. 4초 동안 입으로 숨을 내쉰다.
5. 4초 동안 잠시 멈춘다.
6. 2에서 5까지의 과정을 세 번 반복한다. 당신의 몸에서 일어나는 것을 살펴보라.

활동 호흡 기술

일주일 동안 하루에 일곱 번씩 리셋 버튼이나 진정 호흡, 호흡 훈련을 시도해 보라. 깨어날 때, 잠자리에 들기 전, 식사 전, 그리고 하루에 두 번 더 기술을 시도하라. 1(전혀 진정되지 않음)에서 10(매우 진정됨)까지의 점수를 사용하여 각 시도가 신체적 · 정서적으로 얼마나 효과적인지 기록하라.

7일은 자신에게 특정 호흡 기술이 얼마나 효과적인지 알게 해 줄 것이다. 부록 C는 리질리언스 전략을 위한 기록지이다. 복사하여(혹은 이 책의 웹사이트인 http://www.newharbinger.com/39409에서 다운로드) 당신이 시도하는 리질리언스 전략을 기록하는 용도로 사용하라. 7일 이후 기록지에서 패턴을 확인하라. 연습을 통해 효과성이 개선되었는가? 하루의 특정 시간에 더 효과가 크지는 않았는가? 앞으로 이 기술을 연습하고 적용하는 당신이 어떻게 그려지는가? 동일한 호흡 기술을 계속 연습하거나 다른 기술을 사용해 보고 싶을 수 있을 것이다.

신체 기반 기술

대부분의 심리기제는 하향식(top-down)으로 작동한다. 즉, 언어와 논리가 신체를 안정시키는 데 사용된다. 그러나 리질리언스 영역에서 벗어나면 상향식(bottom-up)으로 작업하는 것이 더 효과적이다. 이 방식은 우리의 몸을 진정시키고, 스트레스에 대한 신체 움직임을 관장하는 뇌 하부 영역을 진정시킨다. 이 과정에서 우리는 평정을 되찾고 더 안전하다고 느낀다. 각성이 리질리언스 영역으로 돌아오면 논리 및 언어와 관련된 뇌 영역이 활성화되어 우리가 더 효과적으로 생각하고 말할 수 있다. 신체 기반 기술의 전문 임상가 Patricia Ogden(Ogden & Fischer, 2015; Ogden, Minton, &

Pain, 2006), Bessel van der Kolk(2014), Peter Levine(2010), Elaine Miller-Karas(2015)
는 이후 설명될 신체 기반 기술을 개척했다. 이러한 기술은 전 세계에서 교육되었고
매우 간단하고 효과적이기 때문에 개발도상국에서도 자연재해 이후에 사용되었다.
한번 시도해 보고 그 강력함을 느껴 보기를 바란다. 모든 신체 기반 기술은 호기심 있
고 비판단적인 방식으로 신체의 내부 세계를 감지하는 추적을 강조한다. 이것은 각
성을 조절하는 뇌의 구조를 활성화하고 신체와 자신에 대한 연결 감각을 회복하는 데
도움이 된다.

움직임

스트레스 반응은 우리가 움직이고 에너지를 소비하도록 설계되었다. 운동 전략
은 울적한 스트레스 에너지를 방출하는 데 도움이 된다. 또한 과각성 상태의 무기력
(immobilization)에 대응하는 데 도움이 된다. 이 운동들 외에 요가, 태극권, 기공 등의
느린 움직임과 트래킹도 리질리언스 영역으로 돌아가는 훌륭한 방법이다.

주무르기 한 팔을 위아래로 꽉 쥐거나 주물러 가면서 감각을 알아차린다. 팔의 표
면과 내부 모두의 감각을 추적한다. 세거나 약하게, 빠르거나 느리게, 깊거나 얕게,
진정시키거나 기계적으로 등 여러 유형의 느낌을 실험하라. 한 팔을 여러 번 위아래
로 주무른 후 잠시 멈추고 방금 주무른 팔의 느낌을 다른 팔과 비교하라.

팔 움직이기 숨을 들이쉴 때 팔을 천장 쪽으로 천천히 부드럽게 쭉 뻗는다. 숨을 내
쉬며, 천천히 부드럽게 팔을 몸 옆으로 내린다. 유연함, 근육이 이완됨, 가벼움, 순환
됨 등과 같은 팔, 어깨, 손의 감각을 추적하라.

제스처 취하기 당신이 기분 좋을 때 취하는 좋아하는 제스처를 떠올려 보라. 그 제
스처는 미소 짓기, 인사하며 손 흔들기, 귓불이나 미간을 천천히 문지르기, 환영하는
몸짓으로 손바닥을 위로 올리기, 팔을 접어 한 손은 몸의 측면에 두고 다른 손은 반대

쪽 팔에 두기(셀프 포옹, self-hug), 손을 심장 위에 두기, 공 던지기, 혹은 다른 기분 좋은 움직임일 것이다. 한 가지를 생각하고, 숨을 깊게 들이쉰 뒤, 근육을 이완시키고, 제스처를 취해 보라. 여러분의 호흡, 심박 수, 근육 긴장, 얼굴 표정, 자세, 다른 내장 감각을 추적하라.

저항 서 있는 동안 한 발을 다른 발 뒤에 놓고 바닥에 단단히 발을 붙인다. 무릎을 구부리고, 다리와 신체 중심부(core)에 가해지는 힘을 느껴 보라. 그리고 천천히 하지만 강하게 벽 쪽으로 밀어붙인다.

추적 당신이 활발히 움직일 때 몸의 감각을 느껴 보라. 충분히 시간을 가져 보라.

자세 바꾸기 감정적 격변이나 트라우마는 당신이 아래를 내려다보고, 어깨를 굽히고, 몸을 구부정하게 하도록 만들었을 것이다. 이러한 움직임을 과장해 보고, 그럴 때 어떤 일이 일어나는지 추적해 보라. 이제 척추를 곧게 펴고, 턱을 들어 올리고, 가슴을 확장하고, 자신 있게 앞을 바라볼 때 어떤 일이 일어나는지 확인하라. 그때의 느낌이 어떤지 추적하라. 이 두 극단적 자세를 왔다 갔다 반복하라. 기분 좋은 자세로 바꾸는 것이 어떻게 내면 경험에 대한 통제감을 주는지 알아차려 보라.

접지

접지는 지금 순간에 우리를 안전하고 단단하게 고정한다. 자신과 신체에 대한 연결 감각을 즐겁게 회복시키는 추적의 중요성을 기억하라.

서 있는 접지 발을 어깨너비로 벌리고 굳건히 땅에 붙이고 선다. 무릎을 풀고, 발을 부드럽게 하고, 발과 다리의 감각을 추적하라. 천천히 앞쪽으로 흔들면서 발볼 위로 무게를 감지한다. 그런 다음 뒤로 흔들면서 체중이 뒤꿈치로 이동하는 것을 감지하고 중앙으로 돌아간다. 오른발 바깥쪽 부분과 왼발 아치의 무게를 감지하면서 천천히 오른쪽으로 흔든다. 왼쪽으로 흔들면서 반대되는 감각을 느껴 보라. 안전한 균형점으로 돌아가서 추적을 위해 일시중지하라.

이제 이완된 어깨, 곧은 척추, 위로 들어 올린 턱, 열린 가슴으로 높이 서 있는 느낌을 느껴 보라.

이제 다리가 나무의 줄기이고 뿌리가 발에서 땅속으로 깊숙이 자라 바위와 뿌리를 감싸고 안정감을 준다고 상상해 보라. 팔은 산들 바람에 흔들리는 나뭇가지이고 몸통은 단단히 뿌리를 내리고 있다고 상상할 수 있을 것이다. 팔을 다시 옆으로 가져오기 전에 천천히 팔을 위쪽과 바깥쪽으로 움직일 수도 있다. 호흡, 심박 수, 근육 긴장과 같은 것을 알아차리고 추적하는 것을 잊지 말라. 미묘하고 기분 좋은 감정의 변화도 알아차리도록 한다.

신체의 접지　손가락 끝이 척추에 거의 닿도록 한 손을 등 가운데에 대라. 잠시 동안 숨을 쉴 때 흉곽이 움직이는 것을 감지하고 그렇게 하면서 감각, 생각 및 감정을 추적한다. 이제 다른 손을 심장 위에 올려놓고, 어떤 종류의 접촉이 가장 기분이 좋은지 느낄 때까지 다양한 방법으로(강하게 또는 진정시키며) 만져 본다. 등에서 손을 움직여 심장, 배 또는 기분이 좋아지는 신체의 다른 곳에 놓을 수 있다. 시간을 내어 감각, 감정 및 생각을 추적하라.

자원 탐색

자원(resource)은 기쁨, 평화, 위로, 사랑, 자신감 또는 열망하는 기대와 같이 기분 좋은 느낌을 느끼도록 도와주는 모든 것이다(Miller-Karas, 2015). 자원은 좋아하는 사람, 장소, 기억 또는 반려동물이 될 수 있다. 소중한 가치 또는 내면의 힘, 성취, 좋아하는 취미나 활동, 신, 또는 미래의 즐거운 시간을 상상하는 것 또한 자원이 될 수 있다. 좋아하는 자원 세 가지를 적어 보라. 그중에서 하나를 고르고 오감, 내면의 감각 및 감정을 사용하여 가능한 한 자세하게 묘사하듯 적어 보라. 천천히 적은 것을 읽고 이 자원을 염두에 두면서 몸에서 일어나는 일을 추적하라. 서두르지 말고 천천히 하라.

활동   신체 기반 기술 사용하기

움직임, 접지 또는 자원 탐색과 관련된 신체 기반 기술을 연습하라. 공정한 평가를 위해 적어도 3일 동안 하루에 두 번 연습하고 부록 C와 같은 일지에 경험을 기록하라. 경험이 긍정적이라면 기술을 더 오래 연습하거나 다른 신체 기반 기술을 실험하여 대처 가능 방법을 늘리라.

결론

이 장에서 살펴본 기술은 신경계를 조절하는 데 매우 효과적일 수 있다. 대부분의 심리적 접근 방식과는 달리, 이러한 기술은 먼저 신체를 진정시켜 뇌의 더 높은 영역을 원상태로 돌려놓아 더 잘 기능할 수 있도록 한다. 어려운 사건이 발생하기 전, 압박을 받을 때 또는 회복이 필요한 어려운 시기 후에 사용할 수 있도록 습득하라. 다음 장에서는 상향식으로 각성을 조절하는 데 매우 효과적인 두 가지 추가 기술을 살펴볼 것이다.

제3장 각성 조절: 추가적 기술

이 장에서는 과각성 상태에서 효과적으로 리질리언스 영역으로 회복하게 할 수 있는 두 가지 추가적인 신체 기반 기술을 살펴보기로 한다. 이러한 기술들을 심박일관성과 점진적 근육 이완이다.

📖 심박일관성

이어지는 심박일관성(heart coherence)과 그에 수반되는 그림에 대한 설명은 25년 이상 정서 리질리언스를 연구해 온 Childre와 Rozman(2003, 2005)과 HeartMath 연구소의 허가를 받아 각색한 것이다.

우리는 주로 머리가 아닌 신체에서 감정을 경험한다. 우리가 신체에서 경험하는 감정들을 묘사하는 모든 방법을 생각해 보자. 예를 들면, '내 배 속의 나비' '내 속이 쓰리다.' '목구멍에 부딪힌다.' '그는 목에 걸린 가시이다.' 등등이다. 이제 우리가 심장(마음)과 관련된 감정을 묘사하는 많은 방법을 생각해 보자. 예를 들면, 심장 가득한(진심 어린) 애정, 부서진 심장(실연), '내 심장이 엇박자를 냈다.' 또는 '감사가 넘치는 심장(마음)'이다.

뇌는 심장과 의사소통을 하지만, 반대로 심장에서 뇌로 전달되는 메시지가 훨씬 더 많다. 심장은 신경, 호르몬, 혈압, 전자기 메시지를 통해 뇌에 '말'한다. 심장을 가라앉힐 수 있다면 어떻게 될 것 같은가? 컴퓨터 기술의 진보 덕분에, 우리는 이제 심장을 진정시키는 것이 마음, 기분, 성능, 그리고 몸의 나머지 부분에 심각한 영향을 미친다는 것을 안다.

일반적으로 낮은 휴식 심박 수는 더 나은 건강과 성과로 연결된다. 그러나 심장 박동의 패턴은 더욱 중요하다. 우리는 이제 심박 수와 그 수의 변화를 기록할 수 있는데, 이것은 **심박일관성**(heart coherence), 즉 심박 수를 필요에 따라 조절할 수 있는 심장의 능력을 추적할 수 있게 해 준다. [그림 3-1]은 서로 다른 두 사람의 심장을 묘사하는데, 각 사람은 분당 박동 수(수평선 표시)로 평균 휴식 심박 수가 같다. 왼쪽의 심장은 상황에 따라 쉽게 가속하거나 속도를 늦추는 세계적인 운동선수처럼 속도가 일관성 있게 늘고 줄어든다. 신경계의 가지들이 각성의 증감을 책임지고 균형을 이루며 작동하고 있다. 오른쪽의 심장은 불규칙하고 균형을 유지하기 위해 고군분투한다.

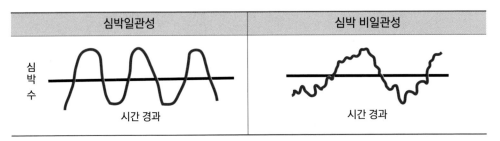

[그림 3-1] **심박일관성과 심박 비일관성**(Childre & Rozman, 2003)

심박일관성은 PTSD, 우울증, 불안, 분노, 스트레스의 증상 감소, 더 큰 행복감, 불면증, 피로, 혈압, 통증, 코르티솔, 체중 감소, 집중력, 사고력, 듣기 능력 및 생산성 향상(예: McCraty와 Tomasino, 2004의 리뷰 참조)과 관련이 있다. 다행히도, 연습을 통해 대부분의 사람들은 몇 주 안에 심박일관성을 얻을 수 있다. 기본 원리는 심장 수준에서 경험하는 긍정적인 감정이 심박일관성을 촉진한다는 것이다. 가장 빠르고 효과적인 심박일관성을 보이는 것은 격렬한 열정이 아닌 성숙한 사랑의 경험을 통한 것이다(Childre & Rozman, 2003). Childre와 Rozman(2005)의 심박일관성 기술(Quick Coherence®)이 당신에게 효과적인지 알아보려면 이 실험을 해 보자. 예를 들어, 심박일관성을 연습한 후, 당신은 정신적으로나 육체적으로 더 안정감을 느끼거나, 기분이 긍정적인 방향으로 바뀐다는 것을 알아차릴 수 있다.

준비

이 다섯 단계는 당신이 긍정적인 감정을 활성화하는 데 도움을 줄 것이며, 이것은 심박일관성을 발전시키는 데 중요한 단계이다. 당신은 긍정적인 감정을 자극하는 시간을 떠올리는 것에서부터 시작할 것이고, 다음 활동에서 이러한 감정들 중 하나를 사용할 것이다.

1. 조용하고 편안하게 앉는다. 잠시 호흡에 집중한다.
2. 가장 사랑했던 사람을 떠올린다. 왜 그 사람이 중요한지, 그리고 그 사람이 당신을 어떻게 만들었는지 생각해 본다.
3. 당신을 사랑하고 감사하게 느끼게 한 다른 사람들을 찾는다. 각각 한 명씩 잠시 동안 생각해 본다.
4. 당신이 감사했던 시간들을 생각해 본다. 예를 들어, 자연 속의 순간들, 잠자는 아이를 안고 있는 것, 성취나 훌륭한 공연의 만족감, 또는 여러분이 감사하는 것이 될 수 있다.
5. 사랑이 특히 강력한 심박일관성을 발휘할 수 있는 방법임을 상기하면서 함께 작업할 기억을 앞에서 하나 선택한다. 사랑을 떠올리는 데 어려움이 있다면, 다른 긍정적인 감정을 떠올린다. 만약 긍정적인 감정이 활성화되기 어렵다면, 단지 1분밖에 걸리지 않는 다음의 기술을 연습하며 심박일관성을 유지할 수 있다.

활동 심박일관성 기술(The Quick Coherence® Technique)

1. 심장에 초점을 맞추어 호흡을 시작한다. 심장 주위에 주의를 집중하라. 당신의 심장이나 가슴 부위의 입김이 들어오고 나가는 것을 상상해 보라. 평소보다 천천히 그리고 깊게 숨을 쉬라.
2. 긍정적인 느낌을 활성화한다. 당신의 삶에서 누군가나 어떤 것에 대한 감사나 보살핌과 같은 회생적인 느낌을 경험하기 위해 진지한 시도를 하라.

천천히 하라. 호흡과 심장 박동이 안정되게 하라. 그리고 나서 긍정적인 감정이 심장 부위에서 안정되도록 시간을 두라. 마음속에서 그 감정을 경험하는 것은 기억의 세부사항에 대해 생각하는 것보다 더 중요하다.

이 기술을 하루에 몇 번, 며칠 동안 연습하라. 처음에는 조용한 순간에 시도해 보라. 결국 여러분은 다소 스트레스를 받는 상황 전에 그것을 시도할지도 모른다. 부록 C의 양식을 사용하여 경험을 기록하라.

📖 점진적 근육 이완

심장 외에도 우리는 근육의 감정도 경험한다. 뇌의 경보 시스템이 '켜짐' 위치에 고착될 때, 근육의 긴장은 만성적으로 높게 유지된다. 과도한 긴장감은 일반적으로 불편하며, 심지어는 고통스럽기까지 하다. 역설적이게도, 긴장 수준을 높이는 것은 뇌를 재설정하고 리질리언스 영역으로 다시 돌아가는 데 도움을 준다. 우리가 긴장을 풀 때, 근육은 혈류가 증가함에 따라 길어지고 부드러워지며 따뜻해진다. 점진적 근육 이완은 여러 근육을 긴장시킨 다음 이완시켜 감각의 차이에 세심한 주의를 기울이는 연습이다. 이는 거의 모든 사람에게 효과적인 전략이다.

이 방법을 매일 연습하면 각성의 기저선을 낮출 수 있다. 취침 전에 하면 잠을 더 잘 수 있도록 도와줄 수도 있다. 추적은 각성을 감소시킨다는 것을 기억하라. 그리고 점진적 근육 이완을 연습하면서 추적하는 것은 또한 긴장감을 감지하고 되돌리기 위해 뇌를 다시 훈련시키는 것을 돕는다. 이완이 몸 전체에 퍼지면서, 당신은 또한 더 차분하게 느낄 것이다. 추적할 때 이 점을 주목하라. 점진적 근육 이완을 연습하기 위해서는 다음의 지시사항을 읽거나, 지시사항의 오디오 녹음을 만들어 듣고 하면 된다.

활동 점진적 근육 이완

적어도 일주일 동안 하루에 한두 번 이 기술을 연습하고 부록 C의 양식을 사용하여 결과를 기록한다. 준비하려면 꽉 끼는 옷을 풀라. 당신은 안경과 신발을 벗기를 원할지도 모른다. 그런 다음 편안히 앉거나 등을 대고 눕는다. (이 지시사항에서 우리는 당신이 누워 있다고 가정할 것이다. 구체적인 조정은 앉은 위치에서 이루어질 수 있다.) 호흡이 안정될 때까지 몇 분 동안 복부로 호흡한다. 판단하지 않고, 당신의 몸의 어떤 부분이 기분 좋은지 주목하라. 어떤 부분이 긴장되는가? 그다음 계속 진행하라.

1. 발목에 발을 구부려 발가락이 머리 쪽으로 움직이도록 한다. 다리 바깥쪽, 무릎 아래를 따라 긴장감을 감지한다. 긴장을 풀고 차이점을 알아차린다. 시간을 가지고 천천히 한다.
2. 발과 발가락을 동시에 머리에서 멀리 향하게 한다. 종아리의 긴장을 알아차린다. 긴장을 풀고 부분들의 대비에 주목한다.

긴장하고, 알아차리고, 긴장을 풀고, 알아차리는 이런 패턴을 계속한다.

3. 다리를 곧게 펴고 무릎을 고정해 허벅지 앞쪽에 있는 대퇴사두근을 팽팽하게 한다. 발을 편안하게 한다.

4. 발뒤꿈치를 바닥이나 침대에 대고 눌러 다리 뒤쪽을 긴장시킨다. 마치 해변에 등을 대고 누워 모래를 발뒤꿈치로 파고 있는 것처럼, 발가락이 하늘을 향하도록 한다. 다리 뒤쪽을 따라 긴장을 느낀다.

5. 골반 근육을 수축시키면서 엉덩이나 골반 근육을 함께 수축시킨다.

6. 복근을 안쪽으로 당겨서 팽팽하게 한다. 꽉 끼는 내장이 호흡을 얼마나 방해하는지 주목한다.

7. 가슴을 위로 당기고 턱을 향하게 하면서 어깨와 엉덩이가 바닥에 뿌리를 내리게 하여 척추 양 옆을 따라 등 근육을 긴장시킨다.

8. 쇄골 위와 어깨뼈 사이의 긴장을 느끼면서 어깨를 으쓱한다.

9. 팔뚝 윗부분의 근육을 긴장시킨다. 손바닥을 몸 옆의 표면에 내려놓은 상태에서, 느슨해진 손을 손목에서 다시 당기고 손가락을 위로 향하게 한다.

10. 마치 역기(컬)를 들어 올리듯 손을 어깨까지 끌어당기며 주먹과 이두박근을 조인다. 주먹, 팔뚝, 이두박근의 긴장을 알아차린다.

11. 목 오른쪽을 따라 긴장감을 느끼면서 오른쪽 어깨 위를 보는 것처럼 턱을 오른쪽으로 아주 천천히 돌린다. 천천히 중앙으로 돌아간 다음, 왼쪽으로 회전한다.

12. 누운 표면에 머리를 부드럽게 뒤로 누르면서 턱을 천장 쪽으로 올린다. 목과 만나는 두개골 밑 부분에서 긴장을 감지한다.

13. 눈썹을 치켜올리고 이마 전체에 긴장감을 느끼면서 이마를 턴다.

14. 얼굴을 찡그리며 입꼬리를 아래로 당기고, 턱과 목 옆구리의 긴장을 감지한다.

15. 이를 악물어 턱에서 관자놀이까지 긴장을 느낀다.

16. 입을 벌려 크게 웃는 표정을 지어 광대뼈 주위의 긴장을 느낀다.

17. 잠시 시간을 두고 호흡을 하는 것에 집중하고, 몸 전체가 어떤 느낌을 가지는지 살펴본다.

| 제4장 | 이완 기법 |

스트레스에 대한 신체반응을 관리하는 기술과 함께, 이제는 고통스러운 정서를 관리하기 위한 기술을 살펴보고자 한다. 우리는 모두 언젠가는 심각하고 괴로운 정서를 경험한다. 예를 들면, 두려움, 공황, 불안, 슬픔, 비애, 수치심, 역겨움, 분노가 해당된다. 만일 우리가 이러한 정서를 관리할 기술이 부족하다면 결국에 압력밥솥처럼 폭발해 버리고 말 수도 있다. 이러한 정서들은 시간이 갈수록 기분, 건강, 기능을 손상시킬 수도 있다. 제4장부터 제9장까지는 다루기 어려운 정서를 관리하는 실제적인 기술을 다룬다. 이 장에서는 고통스러운 정서를 인식하고 평이한 수준의 불편한 경험에서 신속하게 완화하는 데 도움을 주는 두 가지 기술을 배우게 될 것이다.

📖 고통스러운 감정은 지극히 정상적인 것이다

어려움을 겪으면 종종 고통스러운 감정을 느끼게 되는데, 때로는 과거에 느꼈던 유사한 감정이나 해결되지 않은 과거 기억이 떠오르게 되기도 한다. 과거의 고통은 미래에 대한 걱정을 심화시킬 수 있다. 고통스러운 감정은 누구나 당연히 느끼는 것이고, 한 개인의 삶의 경험을 생각할 때 보통은 이해 가능한 범주라는 것을 깨달으면 안심이 된다. 잠시 스스로 삶의 경험을 생각해 보자. 당신이 맞닥뜨렸던 어려움이 있다면 다음 목록에 표시하라. 아무런 판단 없이, 어떠한 감정이라도 느꼈다면 단순하게 알아차려 보라.

_____ 일상적인 긴장(시간에 대한 압박감, 비판적인 지도자나 가족 구성원, 경제적 염려, 탁월함에 대한 압박, 가족이나 동료와의 지속되는 갈등)

_____ 자기 자신이나 소중한 사람의 심각한 질병이나 부상

_____ 거절이나 배신

_____ 모욕, 비판, 부적절하다는 느낌

_____ 실직

_____ 상실(사랑하는 사람이나 친구의 죽음, 관계의 단절, 수입 손실)

_____ 불륜

_____ 이혼(자기 자신이나 부모의 경우)

_____ 실패

_____ 트라우마[직접 경험하거나 목격한 경우, 또는 때때로 압도될 만한 사건에 관해서 배웠을 경우. 예를 들어, 전쟁, 테러, 자연 재해, 폭동, 범죄, 교통사고, 가정폭력, 신체 혹은 정서적 학대, 또는 성적 트라우마(강간, 학대, 폭행이 특히 고통스럽다)]

_____ 기타: _____

판단하지 말고 다시금 잠깐 멈춰서 생각해 보라. 앞의 사건들 중에서 강력하게 보이거나 불안한 정서를 불러일으키는 것이 있었는가? 일상적인 감정과 과거의 경험 사이를 잇는 연결고리가 있었는가?

만약 풀리지 않은 것이 있었다면, 과거의 정서적 각성(upheaval)은 현재의 정서를 격양시키고, 정서, 신체건강, 기능에 지장을 주었을 수도 있다. 이제 우리는 어린 시절의 역경(예: 신체적, 성적, 정서적 학대나 방치 또는 가정폭력이 있는 가정에서의 생활, 정신질환, 자살, 중독물질 남용, 부모의 실종 등)이 성인기의 심리적, 의학적, 기능적 문제를

광범위하게 야기함을 이해할 수 있다. 성인 대부분은 적어도 한 번씩은 이러한 역경을 경험했다. 그리고 어린 시절에 겪은 어려움이 많을수록 개인은 심리적, 의학적, 기능적인 문제를 겪을 가능성이 더 높다(Felitti, 2002). 거의 모든 종류의 트라우마는 (특히 그것이 해결되지 않았다면) 감기부터 심장마비나 암까지 다양한 의학적 문제의 증가와 관련된다(Prigerson et al., 1997).

　이러한 이해는 과거의 정서적 상처를 처리하고 해결하는 것의 중요성을 강조한다. 그리고 이것이 빠를수록 더 좋다. 다행히 사람들이 트라우마를 치유하는 데 도움을 주는 효과적인 전략들이 개발되어 왔다. 숙련된 트라우마 전문가는 트라우마 생존자가 압도적인 경험에서 안정을 찾을 수 있도록 돕는다. 이 장 그리고 제5장부터 제9장까지는 고통스러운 정서를 회피하기보다 직면함으로써 정서적 각성이 주는 긴장을 덜어 내어 그러한 긴장이 완화될 수 있도록 도울 것이다. 또한 트라우마 치료에 관한 더욱 자세한 내용은 『외상 후 스트레스 장애 자료집(The Post-Traumatic Stress Disorder Sourcebook)』(Schiraldi, 2016a)을 참고하라. 만약 어려운 경험들을 다루는 것이 위압적으로 느껴진다면, 숙련된 정신건강 전문가를 찾아가라. 치료자와 함께 이 장에서 다룬 기술들을 논의할 수 있고, 이를 활용함으로써 치료를 보완할 수 있을 것이다.

📖 정서를 회피하는 것은 도움이 되지 않는다

　회피는 스트레스와 관련된 상황에서 일반적으로 나타나는 현상이다. 사실, 고통스러운 정서, 기억 또는 상황에서 회피하기를 원하는 것은 자연스러운 반응이다. 하지만 [그림 4-1]에 나와 있듯 회피의 문제는 아무것도 변하지 않는다는 것이고, 때로는 고통을 피하기 위해서 하는 행동 자체가 일련의 문제를 만들어 내기도 한다. 다음은 사람들이 회피하는 방식들을 열거한 것이다. 이 중에 당신의 스트레스에 대한 전형적인 반응을 묘사하는 것이 있는가? 해당되는 것을 표시하라.

_____ 나는 고통스러운 생각, 정서, 상황, 기억을 생각하지 않기 때문에 그것들을 거의 고쳐 보려고 하지 않는다.

_____ 나는 무언가가 잘못되었다는 것을 부정하거나 고통을 과소평가한다("실제로 이것은 나를 괴롭히지 않아. 예전에는 그랬는데, 지금은 아니야").

_____ 나는 정서를 느끼지 못한다(우리가 부정적인 정서에 감각이 없어질 때, 긍정적인 정서에서도 동일한 일이 발생한다).

_____ 나는 정서적 고통을 피하기 위해 신체적 고통이나 증상을 겪으며 산다.

_____ 나는 괴로움을 주는 사람, 장소, 상황을 외면한다.

_____ 나는 감정을 나 스스로 간직하고 있고, 다른 사람에게는 내면에서 어떤 일이 일어나는지를 말하지 않는다.

_____ 바라건대, 나는 고통스러운 기억을 지울 수 있다면 좋겠다(이것은 불가능해서, 시도할수록 긴장만 만들어 낼 뿐이다).

_____ 나는 부정적인 정서를 막거나 그것에서 벗어나기 위해서 다음과 같은 것을 시도한다.

   _____ 약물

   _____ 진통제

   _____ 과한 유머

   _____ 일 중독

   _____ 주지화(기저에 있는 정서를 인정하지 못하고 그것을 계속 해결하기 위해 시도하는 것으로, 습관적으로 생각하고, 불평하고, 걱정하고, 또는 '왜' 질문에 사로잡혀 있는 것)

   _____ 지나친 자신감 또는 과한 성취(보상을 위한 노력)

   _____ 강박적인 도박, 쇼핑, 섹스, 그 외의 다른 중독

무엇이 눈에 띄었는가? 어떤 패턴을 발견할 수 있었는가? 회피가 당신에게 효과가 있었는가, 없었는가? 회피는 많은 에너지를 필요로 하고 당신을 지치게 한다. 그래서

당신이 정서적으로 사로잡혀 있게 하고, 삶의 만족스러운 것들을 즐기지 못하게 막는다. 습관적인 회피가 건전한 기분 전환 활동이나 방학과 같은 건강하고 일시적인 주의 전환(distraction)과는 다르다는 것을 기억하라. 우리는 앞에 언급된 것과 같이 우리의 고통에 대한 반응(response)을 변화시키지 않는 습관적인 회피 패턴에 관해서 이야기하고 있다. 이러한 패턴은 단기적인 유익을 주는데, 사람들은 그것에 매료될 수 있다. 왜냐하면 아직 고통에 대처하는 더 좋은 방법을 배우지 못했기 때문이다. 다행히도, 여기 더 나은 전략이 있다.

[그림 4-1] **정서적 회피 우회로**(Ciarocchi & Mercer, no date)

📖 새로운 전략

지금까지 트라우마에 관한 학습을 통해, 우리가 고통스러운 기억을 완전히 자각할 때 뇌가 변화할 수 있는 기회를 얻는다는 사실을 배웠다. 따라서 어려운 이혼을 겪은 사람은 자신의 이야기를 안전하고 존경할 만한 사람에게 말할 것이다. 이때, 뇌는 안전감과 존경심을 고통스러운 기억과 통합할 수 있게 된다. 만약 그 사람이 자신의 이야기를 털어놓으며 정서적 각성이 감소되었다면, 평온함과 편안함이 혼란스러움을 대체하기 시작했을 것이다.

더 나은 전략은 고통을 인정하고 적극적으로 그것을 향해 나아가는 것이다. 이는 고통과 맞서 싸워야 한다고 여기는 것이나 수동적인 체념으로 회피하는 것보다는("나는 이것을 마주할 수 없어. 나는 술이 필요해."), 동정심과 수용으로 고통을 대하는 것이다. 우리는 스스로 고통스러운 정서, 생각, 기억, 신체 감각이 처리될 수 있도록 충분히 긴 시간 동안 접촉한 채로 머무르도록 받아들여야 한다. 이것은 외상 후 스트레스, 불안, 우울, 전반적인 고통 증상을 감소시키는 데 도움을 준다. 일례로, Carrie는 바쁜 상태를 유지하거나 술을 마시거나 파티를 하면서 고통스러운 유년 시절의 경험을 잊기 위해 열심히 노력했다. 마침내, 그녀는 고통을 향해 나아가고 그것을 좋고 나쁨의 판단 없이 받아들이는 방법을 배웠다. 그녀는 스스로 생각했던 것보다 훨씬 강했고, 더 이상 예전 기억에서 도망칠 필요가 없다는 사실을 깨닫게 되었다.

여기서는 당신의 고통스러운 기억과 어려운 시기에 나타나는 정서적 반응을 조절하는 데 도움을 줄 것이다. 이제 우리는 강력하고 고통을 주는 정서를 신속하게 완화할 수 있는 두 가지 방법을 배울 것이다. 이러한 정서는 가족과의 논쟁에서부터 트라우마에 이르기까지 다양한 사건으로부터 일어난다. 트라우마 사건을 다룰 때는 트라우마 전문가와 함께 다음의 기술들을 시도해 보는 것이 현명하다. 그보다 덜한 감정이 동반되는 사건이라면 스스로 시도해 볼 수도 있을 것이다.

안구 운동

쉐파드 프렛(Sheppard Pratt) 병원의 의사인 Larry D. Smyth(1996)는 안구운동 민감소실 및 재처리요법(Eye Movement Desensitization and Reprocessing: EMDR)을 유용하

게 적용하는 기법을 개발했다. 이는 PTSD와 다른 스트레스 관련 정신질환에 광범위하게 사용되는 치료 방식이다. 다음은 EMDR을 시도하는 3분의 2 이상의 사람들에게 도움을 주는 기법이다.

1. 고통스럽고 변하기 어려운 과거나 현재 상황을 파악하라. 여기서는 편안하게 하는 것이 중요하다. 처음 이 방법을 시도할 때에는 극심하게 고통을 주는 상황이나 기억을 선택하지 말라. 대신에, 그보다 덜 고통스러운 상황을 선택해서 이 기법에 대해 자신감을 얻도록 하라. 이 방법은 대체로 부작용이 나타나지는 않지만, 너무 빠르게, 너무 일찍 시도해서 압도될 수 있는 가능성은 항상 존재한다. 주관적 불편감 척도(Subjective Units of Distress: SUDs)에서 0점은 불편감 없이 완전히 편안한 상태를, 10점은 가장 극심한 불편감을 의미하는데, 5~6점 정도라고 느껴질 만한 상황을 생각해 보자.

2. 속상한 상황(upsetting situation)을 상상하라. 당신의 정서와 신체 감각을 파악하라. 그러고 나서, 주관적 불편감 척도가 5~6점이 될 때까지 '당신을 노려보는 누군가'와 같은 이미지 그리고 기억과 연관되는 생각(예: '나는 감당할 수 없어…….이것이 왜 일어났을까? 내가 도대체 뭘 잘못했지?')을 더해 보라. 불편감 수준이 더 올라가지 않게 하라. 왜냐하면 우리는 이 과정이 압도적이지 않기를 바라기 때문이다.

3. 눈을 뜨고 머리를 움직이지 않은 채로, 손가락 두 개를 펴고 눈앞에서 앞뒤로 움직여 보라. 당신의 손은 눈앞에서 약 35cm 떨어져 있어야 하며, 움직임은 약 5cm의 거리를 두고 앞뒤로 오고 가야 한다. 그리고 이 과정을 약 25회 시행해 보라.

4. 당신의 주관적 불편감 수순이 줄었는지 확인해 보라. 대체로 4~4.5점 정도로 감소한다. 또한 생각, 이미지, 신체 감각, 정서에서 어떠한 변화가 있는지를 확인하라. 사람들은 종종 강도가 줄어들거나 변화했다고 보고한다. 예를 들어, 이미지가 사그라들거나 사라질 수 있으며, 내장(gut)은 덜 긴장된다고 느낄 수 있다. 만일 불편감 수준이 다소 줄어들었다면, 이 기법은 당신에게 효과적인 것일

수 있다. 3번에 언급된 기법을 계속 반복해 보라.

5. 손가락에 따른 양측성 자극 기법(back and forth hand movements)을 시행하기에 불편한 장소에서도 이 기법을 활용하고 싶다면, 좀 더 창의적일 필요가 있다. 벽이나 당신의 무릎과 같은 곳에 두 점을 찍어 놓고, 당신의 눈이 그 두 점 사이를 왔다 갔다 움직이게 하라. 또한 눈을 감은 채로 그리고 마치 깊은 생각을 하고 있는 것처럼 눈을 가린 채로 눈을 앞뒤로 움직일 수도 있다.

6. 만일 이 기법이 당신의 불편감 수준을 낮춘다면, 이 기술을 숙달하기 위해서 일주일간 하루에 수 번씩 연습하라. 그리고 신경을 안정시키고 싶을 때(일을 마치고 집에 돌아가기 전과 같이) 스트레스를 신속하게 감소시키는 방법으로 이것을 활용하라.

사고장 요법

사고장 요법(Thought Field Therapy: TFT)은 강하고 고통스러운 감정을 빠르게 완화시킬 수 있는 또 다른 간단한 기법이다. 사고장 요법의 창시자 Roger Callahan 박사(제2차 세계대전 참전 용사)는 사고장 요법이 불안(공황, 공포증, 걱정, 두려움 등을 포함하는 불안), 우울, 스트레스, 괴로운 기억, 죄책감, 비애(예: 죽음 또는 실연에서 비롯된 비탄), 피로, 부끄러움 등과 관련된 정서적인 고통을 감소시킬 수 있는 자조 기술이라고 설명했다. 또한 이 방법이 섬유근육통과 천식과 같은 만성적인 질환의 고통과 증상을 감소시키는 데 도움이 되는 동시에, 수 분 내로 심박변이(심박일관성과 유사한 의미를 가짐)를 극적으로 향상한다고 설명했다. 그는 이 방법은 효과가 있거나, 효과가 있지 않을 뿐 명백한 부작용이나 위험 등은 존재하지 않는다고 말했다.

이 방법을 사용할 때, 자신의 역경에 대해 이야기하거나 분석하거나 공개하지 않아도 된다. 당신은 이 방법을 쉽게 배워 다른 사람들에게 가르칠 수 있다. 코소보, 르완다, 그리고 여타 지역에서의 선행연구는 사고장 요법의 효과를 지지하는 것으로 나타났다(Johnson et al., 2001; Sakai, Connolly, & Oas, 2010). 다음의 지시사항은 Robert L.

Bray(2017)가 개발한 것이다. 이 기법에서 당신은 양손의 두 손가락 끝을 사용하여 불편하지 않을 정도로만 강하게 톡톡 두드릴 것이다. 준비하기 위해서 두드릴 곳의 위치를 찾으라(몸의 어느 쪽을 사용하든 상관이 없다).

1. **손날**: 이는 손으로 내리치는 동작을 할 때 밑에 있는 살이 도톰한 부분이다.
2. **코밑**: 윗입술과 코 사이의 부분이다.
3. **눈썹의 시작**: 콧대 바로 위의 부분이다.
4. **눈 밑**: (정면을 바라보았을 때) 눈동자 아래 3cm 정도에 위치한 뼈 윗부분이다.
5. **팔 아래**: 몸통의 측면에서 겨드랑이 밑으로 12cm 정도에 위치한 부분이다.
6. **쇄골 아래**: 목 밑단의 홈에 손가락 두 개를 대라.
7. **새끼손가락**: 넷째 손가락 옆 손가락 안쪽의 손톱 선을 따라 위치한 부분이다.
8. **쇄골 아래**: 6단계와 같다.
9. **검지**: 엄지손가락 옆 손가락의 손톱 선을 따라 위치한 부분이다.
10. **쇄골 아래**: 6단계와 같다.

마지막으로, 가멋 스팟(gamut spot)이 있다. 이렇게 이름 붙인 이유는 이곳을 계속해서 치면서 일련의 활동들을 진행하기 때문이다. 그곳을 찾기 위해서는 주먹을 쥔 후, 톡톡 두드릴 다른 손의 검지손가락을 새끼손가락과 넷째 손가락 사이의 손가락 관절에 위치시킨다. 검지손가락을 손등을 따라 손목 쪽으로 3cm 정도 내린다. 그곳이 바로 가멋 스팟이다.

다음은 사고장 요법의 지시사항이다.

1. 당신에게 중간 정도의 부정적인 영향을 미친 상황을 기억하고 생각하라. 이전 기법에서 언급한 SUDs 척도를 사용하여 상황을 1점에서 10점 사이로 평가하라. 상황을 기억해 낼 수 없다면, 고통스러운 이미지, 감정, 감각 또는 소리에 집중하라.

2. 연속적으로 10개의 주요 포인트를 6~10회가량 톡톡 두드리라.

    a. 손날

    b. 코밑

    c. 눈썹의 시작

    d. 눈 밑

    e. 팔 아래

    f. 쇄골 아래

    g. 새끼손가락

    h. 쇄골 아래

    i. 검지

    j. 쇄골 아래

3. 계속해서 가멋 스팟을 톡톡 두드리며, 다음의 지시사항대로 하라.

    a. 눈을 감으라.

    b. 눈을 뜨라.

    c. 아래를 보고, 왼쪽을 보라.

    d. 아래를 보고, 오른쪽을 보라.

    e. 눈을 원 모양으로 빙빙 돌리라.

    f. 눈을 반대 방향의 원 모양으로 빙빙 돌리라.

    g. 어느 선율이든 상관없이 콧노래를 부르라.

    h. 5까지 소리 내어 숫자를 세라.

    i. 다시 한번 콧노래를 부르라.

4. 2단계를 반복하라.

5. 정서적인 고통의 정도를 다시 평가하라. 정서적인 고통의 수준이 더 이상 떨어지지 않을 때까지 2단계에서 5단계까지의 전체적인 순서를 다시 반복하라.

6. SUDs 평가 점수가 2점이거나 이보다 낮을 경우, 바닥에서 천장까지 눈을 움직이는 것으로 마무리하라. 가멋 스팟을 두드리고 머리를 고정한 상태에서, 6~7초

가량 바닥에서 천장까지 수직선상으로 눈을 움직이라.

이 기법들이 효과적인 이유는 무엇인가

다양한 이론은 이 기법들이 효과적일 수 있는 이유를 설명할 수 있다. 먼저, 두 기법은 모두 고통에 직면하는 것을 돕는다. 우리를 고통에 노출하는 것은 신경계를 둔감화하기 위한 첫 번째 단계이다. 반면에, 회피하는 것은 기억을 유지하게 하고 각성을 야기한다. 두 활동에 포함되어 있는 행동들은 뇌의 양쪽을 자극하여 고착되어 있는 고통스러운 기억을 뇌가 처리할 수 있도록 돕는다. (뇌는 이미 고통스러운 기억들을 상쇄할 수 있는 생각과 이미지를 가지고 있을 가능성이 높다. 이 기법들은 이러한 치유적인 생각과 이미지들이 고통스러운 기억과 섞일 수 있게 한다.) 두 기법은 빠르며 복잡하고 격정스러운 생각들을 방해하는데, 알아차림이나 두드리기를 통해 신체 감각에 집중하면 신체가 안정화되면서 자신을 진정시키는 데 도움을 준다. 눈을 움직이고 손가락으로 두드리는 것은 억눌려 있거나 고착되어 있는 에너지를 분출하는 데 도움이 될 수도 있다.

활동　급속 이완 기법 연습하기

보통 수준으로 고통스러운 사건에 대하여 4일 연속으로 급속 이완 기법(rapid relief technique) 중 하나를 연습해 보라. 이것의 효과성을 부록 C에 있는 형식을 활용하여 기록해 보라.

📖 결론

이 장은 고통스러운 것을 회피하기보다 직면하는 것과 관련된 개념을 소개하였다. 비판단적이고 부드러운 태도('나는 이게 싫어!' '정말 끔찍해.'와 같은 생각을 하지 않는 것을 의미함)로 고통을 직면하면 괴로움이 감소된다. 눈 운동과 두드리기 기법은 고통스러운 감정을 빠르게 완화한다. 당신은 이를 예방적인 차원으로 연습하거나 고통스러운 사건에 대처하는 방식으로 활용할 수 있다. 제5장부터 제9장까지는 고통스러운 감정을 안정시킬 수 있는 기술의 폭을 확장할 수 있는 내용으로 구성된다.

제5장 합리적 사고

우리의 습관적인 사고방식은 우리의 감정에 긍정적이거나 부정적인 영향을 깊게 미친다. 당신이 실수를 했다고 가정해 보자. 당신은 '아, 내가 조금 더 잘 알았어야 해. 나는 항상 모든 걸 망쳐! 나는 정말 바보 같아.'라고 생각하거나, '나는 더 잘할 수 있을 거야. 내가 어떻게 실력을 향상할 수 있을지 고민이 되네.'라고 생각할 수 있다. 이 두 가지 사고 방식은 굉장히 다른 감정을 야기한다. 이 장은 당신이 고통스러운 감정을 유발하는 사고를 조금 더 침착하고 긍정적인 사고로 대체할 수 있는 방법을 학습함으로써 감정을 관리하는 데 도움을 줄 것이다.

1960년대에 인지치료라는 새로운 형태의 치료가 우울한 사람들이 고통스러운 사고 패턴을 발견하고, 도전하고, 대체할 수 있도록 개발되었다. 그 이후로, 인지치료는 불안, PTSD, 낮은 자아존중감, 많은 스트레스와 관련된 상황들을 대상으로 하는 주류 치료법으로 쓰이고 있다. 지금 우리가 하려는 것처럼 인지치료가 임상적인 환경 밖에서 교육될 때, 이 방법은 인시 새구조화라고 일컬어진다. 이 방법은 일상생활에서 고통스러운 감정을 관리하는 데 아주 유용하다.

Albert Ellis가 개발한 인지 재구조화의 ABC 모델은 논리적이고 간단하다.

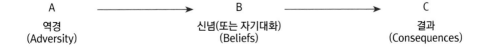

A	B	C
역경 (Adversity)	신념(또는 자기대화) (Beliefs)	결과 (Consequences)

A는 '역경(Adversity)' 또는 도전이 되는 상황을 의미한다. 많은 사람은 A가 곧장 정서적인 '결과(Consequence)'를 의미하는 C를 야기한다고 생각한다. 하지만 사실은 우리가 스스로에 대해 가지고 있는 '신념(Beliefs)' 또는 사고를 의미하는 B가 더 큰 영향력을 가진다.

신념은 때때로 **자동적 사고**(automatic thoughts)라고 불린다. 왜냐하면 이것이 너무 빠르게 떠올라서 그 합리성을 검증해 보는 것은 말할 것도 없고, 멈춰 그것을 인식조차 하지 못하기 때문이다. 자동적 사고가 비합리적으로 부정적일 때 그것들은 **인지왜곡**(distortions)이라고 불린다. (정신과 의사 Aaron Beck은 자동적 사고와 인지왜곡이라는 용어를 만들었고, 우리가 설명하고자 하는 인지왜곡을 가장 처음으로 설명한 사람이다. 또한 그는 일일 사고 기록지를 개발하였다.) 인지왜곡은 보통 스트레스 증상을 야기하거나 유지한다. 우리는 사람이고 완벽하지 않기 때문에 가족, 친구, 미디어, 학교 등등에서 왜곡된 사고 패턴을 습득한다. 연습을 통해 우리는 조금 더 생산적인 사고방식을 배울 수 있고, 결과적으로 정서적으로 덜 동요하고 보다 나은 건강과 기능 상태를 가질 수 있다.

좋은 소식은 정신적 외상을 초래할 정도의 스트레스에서부터 일상적인 스트레스에 이르기까지 모든 스트레스와 관련된 인지왜곡의 종류가 소수라는 것이다. 우리가 인지왜곡을 빠르게 알아차리고, 이에 도전하고, 대체하는 것에 능숙해질 때, 우리는 스스로의 감정을 통제할 수 있고, 각성을 조절할 수 있다.

📖 인지왜곡

인지왜곡과 대안적 사고에 대해 소개하고자 한다. 인지왜곡에 대해 잘 숙지하면 스트레스를 받을 때 이러한 사고를 더 쉽게 알아차리고 좀 더 합리적이고 기능적인 사고로 대체할 수 있게 된다.

결점 고착화 긍정적인 측면들을 무시하고 지나간 일들과 잘못된 것들에 대해서만 집중하는 것이다(예: '내가 생각할 수 있는 것은 내 실수밖에 없어. 이렇게 망쳐 놓고 어떻게 잘 즐길 수 있어? 네가 망친 것들을 봐!'). 이렇게 생각하는 대신에, 기능적으로 생각을 해 보라. '나는 내 주위의 모든 행운을 가리는 부정적인 요인들을 생각하지 않을 거야.' 다음과 같이 스스로 질문해 보라. '부정적인 요인들이 나를 망치고 있는 것일까, 아니면 그러한 생각을 하기로 내가 선택한 것일까? 나를 기분 좋게 하는 것들에 집중할 수 있는 것은 무엇일까? 내가 좀 더 괜찮은 날을 보내려면 어떤 것들을 보아야 할까? 뭐가 더 괜찮은 걸까?'

긍정적인 면을 부인하기 감정과 자기효능감을 높일 수 있었던 긍정적인 것들을 부인하는 것이다(예: '이러한 상황에도 불구하고 나는 훌륭하게 해냈어.'라고 생각하기보다 '그 누구라도 그렇게 할 수 있었을 거야. 그렇게 대단할 일이 아니야.'). '그래. 하지만 나는 더 잘해야만 했어.'라고 생각하기보다, 감사한 마음을 가지고 다음과 같이 생각해 보라. '그래, 나는 많은 요구를 잘 감당했어. 어려운 과제들을 잘 마무리했고, 열심히 일하면서, 상황을 잘 수습했어.' 어떤 사고가 당신의 동기를 높이는지 보라.

추측하기(또는 근거 없이 결론으로 점프하기) 추측하기에는 두 가지 유형이 있다.
- **독심술**: '그 사람이 나에게 화가 났어.'라고 생각하기보다 물어보라. 다른 사람에게 확인을 해 보라. '그게 아닐 수 있어. 내가 물어보기 전까지 나는 알 수 없어. 다른 가능성들이 존재할 수 있어.'라고 생각해 보라.
- **점술가적 오류**: '너는 파티를 즐기지 못할 거야.' 또는 '너는 망할 거야.'와 같이 극단적인 상황들을 예측하기보다 그 중산 시점을 기대하라. '내가 시도하기 전까지 나는 알 수 없어. 아마도 나는 어느 정도의 성취와 기쁨을 누릴 수 있을 거야. 나 스스로에 대해 놀라게 될 거야.'라고 생각하라. 일이 잘 풀리지 않을 것이라고 스스로 말하고 있다면, 잘될 것이라고 생각해 보라.

낙인찍기 복잡한 사람을 한 단어로 완전하게 설명할 수 없음에도, 스스로에게 다른 이름을 붙이거나 낙인을 찍는 것이다. '항상' 그리고 '매일', '나는 쓸모없는 사람이야.' '그 사람은 패배자야.'라고 생각한다. 사람이 아닌 행동에 대해 평가하라('그 사람은 운전을 못해.'). 그 누구도 항상 쓸모없고, 무례하거나, 바보 같지는 않다는 것을 스스로에게 상기시키라. 그리고 그 사람은 이미 자신의 실수로 힘들어하고 있을 것이다. 왜 누군가의 실수가 당신을 힘들게 하는지 또는 왜 당신은 낙인을 찍으면서까지 그 사람을 비난하려고 하는지 스스로 물으라. 동일한 기준을 스스로에게 적용해 보라.

과잉일반화 부정적인 경험이 모든 상황에 적용된다고 결론을 내리는 것이다('나는 항상 실패만 해.' '나는 결코 성공하지 못해.' '모든 사람은 나를 싫어해. 아무도 나를 사랑하지 않아.' '어디든 안전하지 않아.' '아무것도 의미가 없어.'). 이렇게 결론을 내리는 경우, '나는 절대 잘할 수 없고 항상 못할 거라는 근거는 무엇인가?' '모든 사람이 이 부정적인 프로파일에 맞는다는 근거는 무엇인가?'와 같이 스스로에게 질문해 보라. '가끔' '흔히' '일반적으로' '보통' '아직'('나는 아직 이 일에 완전히 익숙해지지 않았어.')과 같은 단어들을 활용하라. 나는 절대 못할 거라는 생각을 반박하라. 시도해 보고 얼마나 잘했는지 한번 확인해 보라(당신의 수행 정도는 0점에서 100점 사이에 있을 것이다).

흑백논리 다른 사람이나 스스로를 중간지대 없이 극단적으로 평가하는 것이다('나는 영웅이거나 패배자야.' '나는 최고이거나 최하일 거야.'). 사람이 아닌 수행이나 행동에 대해 평가하라('오늘 시합에서 나는 오늘 3할밖에 치지 못했어.' '내 수행수준은 그리 대단하지 않았어.'). 수행을 잘하지 못한다고 하더라도, 갓난아기들도 가치가 있다. 스스로에게 질문해 보라. '왜 나는 항상 완벽해야 할까?' 금메달을 따지 못한 사람들도 모두 가치가 있는 사람이라는 사실을 인정하라. (실제로, 완벽을 추구하는 사람들보다 최선을 목표로 하는 운동선수들이 더 나은 수행을 보였다.) 모든 사람은 강점과 약점을 동시에 가지고 있음을 기억하라. 그리고 그 사람들은 여전히 가치가 있다. 완벽한 성과를 내지 못했어도, 최선을 다했다는 것에 대한 만족감을 누리라.

부당하게 비교하기   나의 강점과 다른 사람의 약점을 극소화하고, 다른 사람의 강점과 나의 약점을 극대화하는 것이다('Bill은 똑똑한데, 나는 그냥 평균 수준이야. 물론 그에게는 음주 문제가 있고 대부분의 사람들이 나와 비슷하기는 하지만, 그는 뭐든 잘할 수 있는 특별한 사람이야.'). 이 인지왜곡에 반박하기 위해, 스스로를 다른 사람과 비교하지 말라. 각 사람은 다르고 독특한 강점을 활용하여 독특한 방식으로 기여하고 있다는 것을 인정하라. 전방의 군인들, 간호사, 또는 주부들이 하는 일이 장군, 의사, CEO들이 하는 일보다 덜 가치 있는 것이 아니며, 단지 역할이 다른 것뿐이다.

파국화   일을 실제보다 훨씬 더 나쁘게 만드는 것이다('이것은 끔찍하고 두려운 일이야. 이보다 더 나빠질 수는 없어!'). 이 대신에, 다음과 같이 생각해 볼 수 있다. '상황이 훨씬 더 악화될 수 있었고, 내가 불편함을 좋아하지 않음에도 불구하고, 나는 견뎌 낼 수 있어. 내가 이 도전적인 어려움을 피하지 않고 직면하기로 결정한다면, 이 문제를 해결할 돌파구를 발견할 수 있을 거야.' 파국화에 반박하기 위해 스스로에게 다음과 같은 질문을 하라. "이런 '끔찍한' 일이 일어날 확률이 얼마나 될까? 만약 그런 일이 일어난다면, 나에게 일어날 가능성은 얼마나 될까? 내가 얼마나 이 상황에 대처할 준비를 잘하고 있을까?"라고 스스로를 상기시키라. 당신은 아마 평균 이상으로 잘 대처하고 있을 것이다.

감정적 논리   감정이 부정적으로 '말하는' 것들을 그대로 믿는 것이다('나는 지금 기분이 좋지 않고 무력해서 움직일 힘도 없어. 나는 부족하고, 자격도 없고, 혐오스럽고, 완전 패배자야.'). 감정은 사실적 진술이 아닌 혼란한 상황에 대한 신호라는 것을 기억하라. 감정을 알아차리고, 감정은 변화가 가능하다는 것을 스스로에게 상기시키라. 다음과 같이 생각해 보라. '이렇게 상한 감정을 경험하고 있다는 것이 흥미롭지 않니? 너무 분하게 생각하지 마. 휴식이나 운동을 하고 시간이 지나고 경험이 쌓이다 보면 변화가 있을 거야.' 만약 당신이 무가치하게 느껴지고 기분이 좋지 않다면, 현실적으로 수치화를 해 보라. 예를 들어, 스스로에게 다음의 질문을 해 보라. '100% 가치가 없다는 것이나 기분이 좋지 않다는 것은 무엇일까?' 이 질문은 흑백논리로 빠지지 않도록 하는 데 도움이 될 것이다.

당위적 사고 경직된 사고, 스스로와 세상에 대한 확고한 요구를 하는 것이다('그는 더 잘 알고 있었어야 해. 그는 그렇게 행동하면 안 돼. 나는 피곤하면 안 되고, 완벽하지 못하면 안 되고, 우울해지면 안 되고, 걱정을 하면 안 되고, 스트레스를 받으면 안 돼.'). 이러한 유형의 사고에 대해 다음과 같이 도전하라. "어쨌든 세상이 나의 완벽주의적인 기대들에 동의를 하고 있다는 나의 생각이 문제인 거야. 사람들의 신념, 왜곡된 사고, 경험, 양육환경을 고려해 보면 그런 모습을 보이는 게 당연해. 그리고 그들에게 다른 모습을 요구하는 것은 어리석은 짓이야. 만약 이러한 것들이 달랐더라면 좋았을 거야. 그리고 변화시킬 수도 있었을 거야. '~일 거야(would)' '~할 수도 있어(could)' 그리고 '~을 원해(want-tos)'를 내가 더 많이 사용했다면, 효과적으로 나 스스로 동기를 더 높일 수 있었을 거야."("나는 '~해야 한다'보다는 잘하고 싶고 그렇게 되기를 원해.")

자기책임 귀인 스스로를 실제 모습보다 더 책임감 있어야 하고 모든 일에 관여해야 한다고 인식하는 것이다('내 아들이 학교에 불합격한 것은 모두 내 잘못이야.' '그 사람은 나를 짜증 나게 하려고 해.'). 영향과 원인을 구분하라. 자신의 외부의 영향들을 현실적으로 바라보라. '내가 무엇을 잘못했지?'라고 생각하기보다 '그 시험이 어려웠어.' 또는 '나는 충분히 준비를 하지 못했어.' 또는 '과도한 업무로 피곤했어.'라고 생각하라. 다시 말하자면, 스스로를 판단하지 말고 행동과 외부 요인들에 집중하라. 또한 자기책임 귀인에서 벗어나도록 시도하라('나는 오늘 다른 사람의 연극에서 주요 인물은 아니었을 거야.').

비난하기 무기력함을 느끼게 하는 외부환경에 모든 책임을 부여하는 것이다('이 일은 내 삶을 망치고 나를 부정적으로 만들고 있어.' '나는 형편없는 어린 시절 때문에 이런 거야.'). 외부의 영향을 인정하되, 자신의 행복에 대해서도 책임을 지라('그래, 나는 이러한 것들이 나에게 영향을 줬다는 걸 알고 있어. 지금 다시 일어나서 앞으로 나아갈 거야.' 또는 '아무것도 나에게 무엇을 하라고 명령하지 못해. 어떻게 반응할지는 내가 선택하는 거야.').

당신이 자주 사용하는 인지왜곡을 확인했는가? 당신의 가족들이 했던 말들 중에 이러한 것들이 있었는가? 당신이 주로 사용했거나 자라면서 들었던 인지왜곡들을 표시해 볼 수 있다.

📖 확인하고 대체하기 연습

다음 표의 첫 번째 열은 당신의 마음속에 스쳐 지나가는 생각들이다. 연습을 위해두 번째와 세 번째 열을 가리고 사고를 읽어 보고, 어떤 인지왜곡인지와 왜 이 사고가문제인지를 알아보고, 그 사고를 대안적 사고로 대체해 보라. 세 번째 열은 대안적 사고를 제시하고 있으며 더욱 다양한 선택지가 있을 수 있다. 혼자 연습을 해 볼 수 있고, 다른 사람들과 같이 있다면 같이 연습을 해 볼 수 있다. 스트레스 상황에서 유용한 대안들을 발견할 수 있을지 확인해 보라.

사고	인지왜곡과 진술	대안적 사고
나의 가치와 내 월급은 동등해. (내가 돈을 많이 벌지 못하면, 나의 가치는 불안정해.)	흑백논리 이러한 사고는 가족들도 피곤하게 하는 과도한 초과근무와 우울증에 영향을 주는 물질만능주의로도 이어질 수 있다.	나의 가치는 한 인간으로서 타고나는 것이고, 내 월급이랑은 상관이 없어.
평범한 건 끔찍한 일이야.	파국화 이러한 사고는 두려움으로 인한 불안과 완벽주의로 이어질 수 있다.	그 누구도(부부, 부모, 경찰, 군인, 의사) 절반은 자기의 비교집단에서 평균보다 낮은 집단에 속하지. 나는 내가 할 수 있는 최선을 다할 거야. 그리고 결과에 대해서는 걱정하지 않을 거야.
나는 절대 연약하지 않아.	낙인찍기(긍정적인 면이 있을지라도) 만약 자신이 연약하다는 것을 알게 되면 어떤 일이 일어나는가?	나는 연약하고 부족한 사람이야. 그리고 여전히 좋은 일을 할 자격이 있어.
실수는 바보나 하는 거야.	흑백논리 실수를 하지 않거나 사람들을 기분 나쁘게 하지 않고 사는 것은 불가능하다.	내가 존경하는 대부분의 사람들처럼 실수는 나를 사람답게 해. 나는 최선을 다하겠지만 결과에 너무 집착하지는 않을 거야.
누구도 내가 경험한 것을 이해할 수 없을 거야.	과잉일반화 이러한 사고는 우리를 외롭게 하고 다른 사람들이 우리를 지지해 주지 못하게 한다.	어떤 사람들은 이해해 줄 거야. 또 다른 사람들은 완벽하지는 않지만 나를 지지해 주려고 노력할 수도 있어.
신은 내가 한 일을 용서하지 않을 거야.	독심술 이러한 사고는 무기력으로 이어질 수 있다.	그 말이 어디에 쓰여 있어?

나를 부당하게 대우했던 그 사람에게 저항했어야만 해.	당위적 사고 이러한 사고는 가능하지 않은 통제력에 대한 환상을 심어 준다.	최선을 다하는 게 내가 할 수 있는 전부야.
내가 보살펴야 하는 모든 사람(가족, 부대원 등)을 지키지 못하면 나는 실패자야.	흑백논리 이러한 사고는 끝이 보이지 않는 우울과 자기비난으로 이어질 수 있다.	나는 내가 그들을 지키기 위한 모든 것을 하고 있다는 것을 알고 있는 것만으로도 만족해. 그리고 내가 모든 일을 통제하지 못한다는 것을 알고 있어. 때때로 나의 모든 노력에도 불구하고 안 좋은 일이 일어나기도 해.
네가 나를 비난하는 것은 나 때문이야.	자기책임 귀인 이러한 사고는 분노를 일으킨다.	나 때문이기보다는 어쩌면 그의 상처 때문일 수도 있어. 그에게 나를 증명할 필요는 없어.
나는 메리만큼 능력이 있지도 않고 용감하지도 않아.	부당하게 비교하기 끊임없는 비교는 지치게 한다.	왜 비교를 해야 할까? 나는 다른 강점이 있어. 최고가 되는 것보다는 최선을 다하는 것에 집중하는 것이 더 좋다고 생각해.
내 친구의 죽음에 대한 생각을 견디기 힘들어.	파국화 그러면 상실에 대한 애도와 회복을 하지 못할 수도 있다.	나는 견뎌 낼 거야. 그리고 이후에 적절한 때가 되면 내 상실도 다룰 거야.
이런 일이 일어나서 기분이 좋지 않아. 내가 어떤 잘못을 해서 그런 거야.	감정적 논리 이러한 사고는 비합리적인 죄책감으로 이어질 수 있다.	일이 잘 안 풀린 것이 슬프기는 하지만, 나는 최선을 다했어.
이 트라우마는 내 삶을 망쳤어.	비난하기 이러한 사고는 정신적으로 무기력한 피해자가 되게 한다.	진짜 힘든 시간이었어. 하지만 나는 그렇게 어려운 상황 속에서도 최선을 다했어.
나는 충분히 화날 만하고, 화를 내야만 해.	감정적 논리 이러한 사고는 분노를 지속시킨다.	모든 사람에게 내 화를 표현하거나 공격적인 행동을 하는 것이 정당하지 않을 수 있어.

나는 불안해서 미칠 것만 같아.	감정적 논리 심지어 한계점에 도달했다고 하더라도 일반적으로 시간이 지나고 휴식을 하면 다시 회복을 하게 된다.	이것은 단지 감정일 뿐이야. 감정은 변할 수 있어.
나는 두려워하면 안 돼. 나는 반드시 잘해야만 해.	당위적 사고 두려움을 느끼는 것은 정상적이다. 어떤 두려움은 판단력과 수행능력을 강화할 수 있다. 두려움을 비난하는 것은 일반적으로 도움이 되지 않는다.	용기는 두려움을 인정하면서 앞으로 나아가는 거야. 심지어 몸이 긴장을 하더라도 호흡을 하고 내가 하려고 의도했던 일에 집중을 할 수 있어. 내가 할 수 있는 것은 최선을 다하는 것뿐이야.
효과적으로 기능하기 위해 모든 감정을 억눌러야 돼.	당위적 사고 감정들을 억누르는 것은 불가능하다. 그렇게 하는 것은 더 많은 힘을 낭비하게 된다.	나는 감정들을 알아차릴 수 있고, 내가 어떤 일을 수행해야 할 때 억누르거나 진정시킬 수도 있어. 그리고 이후에 그 감정들을 처리할 수 있어.
나는 '에너자이저(Energizer Bunny)'야. 나는 아이들의 필요를 항상 최우선으로 생각해야 해. 그렇지 않으면 나쁜 엄마야.	흑백논리 이러한 사고는 스스로를 지치게 할 수 있다.	만약 나의 신체적, 정서적, 영적 필요들을 돌보지 않는다면, 누구에게도 도움이 되지 못할 거야. 아이들의 필요와 나의 필요 사이의 균형을 유지할 거야.
사람들은 항상 나를 무시해.	과잉일반화 이러한 사고는 비관주의와 불신으로 이어질 수 있다.	사람들은 그렇지 않을 때도 있어.
나의 아내가 폭행을 당한 이후 속마음을 나에게 이야기하지 않는 것은 나의 실수 때문이야. 그래서 나는 그녀에게 도움이 안 돼.	자기책임 귀인 많은 트라우마 피해자는 판단받을 것에 대한 두려움으로 인해 속으로 참는다. 또는 그들이 경험한 것을 이해할 수 있는 사람들에게만 속마음을 이야기한다.	그녀는 내가 걱정하지 않도록 노력하고 있는 것일 수 있고, 거절에 대해 두려움이 있을 수 있어. 나 때문에 그녀가 트라우마를 경험한 것이 아니야. 나는 그것을 치료할 수 없어. 나는 단지 내가 할 수 있는 만큼만 지지를 해 주면 돼.

활동) 일일 사고 기록지

인지왜곡은 자동적으로 그리고 습관적으로 우리의 마음을 통과한다는 것을 기억하라. 우리는 왜곡된 것을 잡아내고 대체하기 위해 속도를 줄여야 한다. 어떤 사건으로 인해 불안감을 느낄 때, 인지 재구조화의 핵심 기술인 일일 사고 기록지를 작성해 보자.

빈 종이에 다음과 같이 간략형 일일 사고 기록지를 만든다. ([그림 5-1]은 완성된 일일 사고 기록지이다. http://www.newharbinger.com/39409에서 일일 사고 기록지를 복사하여 사용 가능하다.)

부정적 경험: _____

결과: _____

사고	인지왜곡	대안적 사고

먼저, 기록지 맨 위에 당신의 고통스러운 감정을 촉발한 부정적 경험을 묘사한다. 그런 다음, 슬픔, 분노, 불안, 죄책감, 혐오감 등 경험했던 모든 감정을 나열한다. 만약 한 단어 이상을 사용하고 있다면, 당신은 아마 감정이 아니라 생각을 묘사하고 있을 것이다. 각 감정의 점수를 1점에서 10점으로 평가하는데, 10점은 가장 고통스러운 감정을 나타낸다.

'사고' 칸에는 부정적 경험 중에 당신의 마음에 떠올랐거나, 그 경험을 생각하는 지금 당신의 마음에 떠오르는 각각의 부정적인 생각을 나열한다. 만약 의문문으로 작성하였다면, 그것들을 평서문으로 바꾸라. 그런 방식으로 인지왜곡을 확인하는 것이 더 편할 것이다. 그다음, 중간 칸에 확인된 각각의 인지왜곡에 이름을 붙이라. 세 번째 칸에는 각각의 인지왜곡에 대한 대안적 사고를 작성한다. 그런 다음, 감정적인 결과를 다시 평가하여 그 강도가 어느 정도 감소했는지 확인한다. 강도의 작은 변화도 의미가 있고, 방해받는 기분(예: 임상적 우울증이나 압도적인 슬픔)과 언짢은 기분(예: 적절한 슬픔 등)의 차이를 서술할 수 있다.

이 기록지는 하루를 정리하거나 일이 마무리될 때 작성할 수 있다. 둘이 짝을 지어 서로 질문하는 방식이 효과적일 수 있다. "무슨 일이 있었던 거야?" "그래서 너의 기분은 어땠어?" "마음속에 어떤 생각이 떠올랐어?" "그리고 또 다른 생각이 있었어?" "이런 생각들 중에 혹시 인지왜곡이 있을까?" "이런 생각이 어떤 인지왜곡일까?" 그다음, 당신의 파트너는 대안적 사고를 브레인스토밍할 수 있도록 도와줄 수 있다. 이러한 파트너와의 연습에서, 두 사람은 함께 인지왜곡을 대안적 사고로 대체하는 데 더 능숙해질 수 있다.

부정적 경험: 그 사장은 나에게 부당한 징계를 내리고 나를 해고했다.

결과: 화 10 → 7; 걱정 9 → 6; 두려움 7 → 5; 좌절 6 → 4

사고	인지왜곡	대안적 사고
나는 상사의 불공평함 때문에 그와 회사에 대한 좋은 점들이 보이지 않아. 내가 생각할 수 있는 건 이게 전부야.	결점 고착화	나에게는 뭐가 더 남아 있을까? 나는 여전히 내 삶과 직업에서 즐길 수 있는 다른 측면들을 가지고 있어.
그는 그런 식으로 행동해서는 안 돼.	당위적 사고	그는 그일 뿐이야. 그가 달랐다면 좋았겠지만, 나는 불공평함에 빠져서 나 스스로를 미치게 만들었을 거야.
그는 내 인생을 망치고 있어. 난 그만 노력할 거야. 난 복수할 거야.	비난하기	나는 그를 비난함으로써 나의 부정적인 사고와 행동을 정당화하지 않을 거야. 이러한 부정적인 사고와 진실하지 못한 행동은 내가 은퇴한 후에도 지속적으로 영향을 미칠 거야.
그는 나에게 앙심을 품고 있어.	자기책임 귀인	아마도 그는 그렇지 않을 거야.
난 이제 참을 수가 없어!	파국화	새로운 과제에 익숙해지기 위한 적응 과정이야. 나는 이 일을 어려운 환경에 잘 적응하기 위한 도전으로 바라볼 거야.

[그림 5-1] 간략형 일일 사고 기록지

📖 사실을 확인하기: 핵심 신념

인지 이론가들에 따르면, 인지왜곡을 대체하는 것은 심리적인 **증상**(symptoms)을 줄여 주기는 하지만, 정서장애에 대한 **치료**(cure)를 위해서는 **핵심 신념**(core beliefs)을 대체해야 한다. 핵심 신념은 보통 생애 초기에 습득한 것으로 공통적인 인지왜곡을 초래하며, 다음과 같은 세 가지 종류로 나뉜다.

> 1. 나는 능력이 없다(부적절한, 무능한, 무력한, 통제 불능의).
> 2. 나는 무가치하다(무가치한, 나쁜, 아무 가치도 없는, 쓸모없는, 결점 있는).
> 3. 나는 사랑받을 가치가 없다(왜냐하면 과거에 사랑받지 못했기 때문에).

예를 들어, Jann은 학대하는 부모로부터 길가에 있는 쓰레기라는 말을 끊임없이 들었다. 이것이 자신에게 초래한 고통스러운 감정을 보상하기 위해 Jann은 과한 성취를 추구하는 사람이 되었다. 그녀의 생각은 '실패하는 것은 끔찍해. 나약한 모습을 보여서는 안 돼. 나는 완벽해야만 해.'와 같았다. 안타깝게도, 완벽을 추구하는 그녀의 행동은 핵심 신념으로 인한 고통이나 자기의심을 덜어 주지는 못했다.

핵심 신념은 왜곡된 자동적 사고를 확인하는 것을 통해 밝혀진다. 예를 들어, Jann은 자신에게 다음과 같은 질문을 던지며 '나는 완벽해야 해.'라고 지속적으로 생각하였다.

> '그게 무슨 뜻이지?' (답변: '실수는 안 돼.')
> '그런데 그게 무슨 뜻이지?' (답변: '사람들은 나를 덜 생각할 거야. 그들은 나를 거절할 거야.')
> '그게 사실이라고 가정하면, 그게 왜 그렇게 나쁠까? 그게 나에 대해 뭐라고 하는 거야?' (답변: '나는 불충분해.')

아마도 당신은 이 질문 과정을 통해 독심술과 과잉일반화라는 인지왜곡이 드러나는 것을 확인하였을 것이다. 그녀의 생각에 의문을 품음으로써 잔은 (항상 모든 면에서) 불충분하다는 핵심 신념을 밝혀냈고, 그 후에 반박을 할 수 있었을 것이다. 예를 들어, 그녀는 과거에 어려운 상황 속에서 스스로 상당한 역량을 보였을 때를 확인해 볼 수 있다. 또한 그녀의 호감 가는 성격과 많은 사람이 자신들의 불완전함에도 불구하고 건강한 방식으로 사랑을 받고 있다는 사실도 생각해 볼 수 있다.

　당신의 핵심 신념을 밝히도록 노력하라. 완성된 일일 사고 기록지에서 특히 더 고통스러운 생각을 고르고, '그것이 나에 대해 무엇을 말해 주는가?'라는 질문에 답을 할 수 있을 때까지 스스로에게 질문을 던진다. 이것은 보통 핵심 신념으로 이어진다. 그다음, 핵심 신념과 질문에 대한 초기 대답에 모두 반박하라. 이 연습을 파트너와 함께 하면, 두 사람 모두 연습을 통해 숙달할 수 있기 때문에 매우 유용하다.

📖 결론

　겨우 몇 가지 인지왜곡만으로도 이렇게 많은 문제를 일으킨다는 것이 흥미롭지 않은가! 일단 우리가 시간을 들여 그것을 알아차린다면, 더 합리적인 사고로 끈질기게 왜곡된 사고를 대체할 수 있고, 그로 인한 감정적인 동요도 줄어들 것이다. 이것은 누구나 연습으로 익힐 수 있는 기술이다.

제6장 마음챙김

인지 재구조화(cognitive restructuring)를 시도해 보면, 모든 사람에게 도움이 될 수 있다. 하지만 단지 이성적으로 요동치는 감정을 완화하는 것만으로는 충분하지 않을 때가 종종 있다. 이처럼 감정이 요동치는 상황들에서는 인지 재구조화와 같은 보완적인 기술들이 정서적·신체적 고통을 줄이는 데 큰 도움이 된다. 이런 기술을 일컬어 **마음챙김**(mindfulness)이라고 하는데, 마음챙김은 다양한 방법으로 사용되곤 한다.

1979년에 Jon Kabat-Zinn은 서구 의학계에 마음챙김을 소개했다. 매사추세츠 의과대학의 스트레스 완화 클리닉(현재의 마음챙김센터)의 책임자로서, 그는 전통적인 치료법에 반응하지 않는 다양한 의학적 상태를 가진 환자들을 만났다. 환자들의 진단명에 관계없이, 마음챙김에 기반한 스트레스 완화법으로 환자들의 신경증적이고 의학적인 고통의 증상들이 30% 정도 감소한 것을 발견하였다. 그때부터 마음챙김 훈련이 미국 전역과 세계의 심리학과 의학 센터에서, 대학들에서, 심지어 구치소와 수용소에서도 이루어지게 되었다.

마음챙김은 비록 서구 심리학에서 출발하였지만, 거의 모든 이의 관점 속으로 쉽게 녹아들어 갈 수 있다. 마음챙김은 우리 개개인이 두 가지 마음을 가지고 있다고 가정한다([그림 6-1]을 보라). 지혜로운 마음(the wisdom mind)은 선하고, 지혜롭고, 잔잔하고, 인내하고, 용기를 북돋우며, 희망적인 마음 상태로, 리질리언스와 관련되는 특성들을 지니고 있다. 평범한(하잘것없는) 마음(the ordinary mind)은 우리의 지혜로운 마음을 둘러싸고 위장하며, 우리가 진정한 행복감을 경험하는 것을 방해하고, 고통을 야기한다. 혼란스럽고, 경쟁적이고, 성취 중심적인 생각들([그림 6-1]의 화살표들로 표현된)은 평범한 마음의 특성을 나타내는데, 집착하고, 걱정하고, 계획에 매이고, 고뇌하고, 화내고, 서두르고, 판단하고, 고통에 저항하고, 세상의 순리와 싸우려 든다('왜 내가 이런 고통을 가지고 있지? 나는 견딜 수 없어. 나는 멈춰야만 해. 이 고통이 끝나지 않으면 어떡하지?'). 이러한 생각들은 불안, 우울, 분노, 탐욕 그리고 다른 문제적인 감정들을 야기한다. 우리가 어떤 사람을 보고 '그 사람이 염려나 분노나 여타의 감정에 매몰되었다.'라고 말한다면, 그녀가 자신의 진정한 행복한 본성에서부터 잡아당겨져서, 평범한 마음의 싸움 속에 갇혔다고 말할 수 있을 것이다. 마음챙김의 관점에서 보았을 때, 생각은 문제를 야기한다. 우리가 생각에 더 매여 있거나 생각과 더욱 싸울수록, 우리는 더욱더 고통스러워진다. 마음챙김에 기반한 해결책은 고통을 주는 생각을 그저 알아차리는 것 그리고 생각이 떠올랐을 때 생각을 자연스럽게 피해서 지나가는 것이며, 우

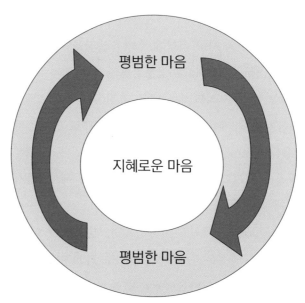

[그림 6-1] 마음의 이중성

리의 원래의 평화롭고 자연스러운 행복한 상태로 돌아오는 것이다. 생각은 단지 생각일 뿐이다. 그것은 반드시 진실이지도 않거니와, 그렇기 때문에 과도한 관심을 기울일 필요도 없다.

인지 재구조화는 정서적 고통을 야기하는 왜곡된 생각들에 대항하고 싸운다. 예를 들어, 누군가는 '나는 충분하지 않아.'라는 생각에 대해서 자신감의 근거들을 수집함으로써 대항할 수 있다. 그러나 가끔 생각과 대항하여 싸우는 것은 더 많은 긴장을 자아낼 수 있다. 만약 고통을 주는 감정들과 싸우는 대신에, 마치 다치고 울고 있는 자녀를 따뜻하게 포옹하는 부모처럼 단순히 그 감정을 가지고 자리에 앉아 감정을 진정시킨다면 어떤 일이 벌어질지 당신은 상상할 수 있겠는가? 결과적으로 고통은 사라지고, 자녀는 다시 놀이를 하러 돌아갈 수 있게 된다. 이렇듯 마음챙김은 당신에게 고통에 대응할 수 있는 새로운 방법을 제시한다.

📖 마음챙김 자세

일부 동양권 문화에서는 '마음(mind)'이라는 단어가 '심장(heart)'이라는 단어와 동일하게 사용된다(역자 주: 글쓴이는 '마음'을 표현하는 단어로 'mind'를 사용하였는데, 일부 동양권 문화에서는 '마음'을 표현하는 단어로 'heart'를 사용하고 있다고 판단하는 듯하다). 마음챙김 훈련은 마음의 자세를 길러 주는 훈련을 한다. 6개의 가장 중요한 자세를 소개하겠다.

자비로움 이것은 상대가 느끼는 고통에 대해서 슬픔을 느끼는 것을 의미하며, 더 나아가 도움을 주며 그 고통을 완화해 주고 싶어 하는 갈망을 뜻한다. 마음챙김의 맥락에서 자비로움은 우리 스스로 겪는 고통에 대해서도 동일하게 감정을 겪어 내는 것을 뜻한다. 마음챙김 안에서 그것이 이루어지면, 고통의 순간뿐 아니라 기쁜 순간에도 친절하고 차분하고 우호적인 자각을 불러일으킬 수 있다.

호기심을 가지고 판단하지 않는 평정심 서구 문화에서는 고통을 특히나 싫어한다. 우리는 종종 고통을 판단하고 무언가 나쁜 것이라고 명명하며, 진통제를 사용해서 고통으로부터 도피하고 싶어 한다. 이러한 전투는 고통을 더욱 증가시킬 뿐이다. 마음챙김 훈련에서 우리는 고통을 좋거나 나쁘다고 판단하지 않고 그저 관찰할 뿐이다. 우리는 긍정적인 감정을 바라보는 것과 동일한 방식으로 고통을 바라본다. 이렇듯 고통을 대하는 우리의 반응(response)을 바꾸는 것은 고통의 정도를 경감하는 데 도움을 준다.

수용 이는 사물이 있는 그대로의 방식을 순수하게 인정하는 것을 의미하는데, 즉각적으로 고치거나 바꾸거나 대항하려는 노력 없이 인정한다는 뜻이다. 이러한 수용의 태도를 가진 사람은 "내가 무엇을 느끼든 다 괜찮아. 내가 그것을 충분히 느끼도록 해 줘."라고 말한다. 감정의 싸움을 내려놓았을 때 감정의 강도가 바뀐다. 당신이 의도적으로 변화를 종용한 것은 아니다. 당신은 단지 그 변화를 알아차렸을 뿐이다.

깊고 넓은 포용력 지혜로운 마음은 당신의 고통을 수용하기에 충분히 넓고 깊다. 당신의 지혜로운 마음을 광활한 바다에 비유할 수 있을 것이다. 바다의 깊이 측면에서 보았을 때, 지혜로운 마음은 고통이 오르락내리락하는 것을 마치 파도의 표면이 요동치는 것과 같이 바라본다. 바다는 고통에 의해 어떠한 변화를 보이지 않고 고통을 흡수한다. 이와 유사하게, 당신은 고통이 언젠가 온다면 또 갈 것이라는 것을 알기 때문에, 어떠한 두려움이나 긴장 없이 고통을 포용할 수 있다. 그리고 당신은 그것에 대처할 만큼 충분히 광대한 포용력을 가지고 있다.

좋은 유머 많은 고통은 과하게 진지해지는 것으로부터 온다. 우리는 마음챙김에 보다 즐겁고 유쾌한 태도로 접근한다.

초심 전문가들은 자신들이 이미 많은 것을 알고 있다고 가정하고, 그렇기 때문에 적게 배우게 된다. 초심자는 새로운 경험에서 오는 배움에 아이처럼 열린 마음을 가진다. 마음챙김적 관점에서 우리는 새로운 태도 그리고 우리의 진정한 행복한 모습을 경험하는 것에 대해 열린 마음을 유지할 수 있다. 우리는 마음챙김 훈련에 대해 그것이 아무 도움도 되지 않으리라는 비관적 태도가 아니라, 아마도 유익할 것이라는 태도로 접근한다.

📖 마음챙김 훈련 과정

　한번 상상해 보라. 당신은 만성적인 고통에 시달리고 있고, 8주 동안의 마음챙김 훈련을 막 시작하려 하고 있다. 당신이 가장 먼저 요구받은 것은 건포도를 천천히 먹고 다른 아무것도 하지 않는 것이다. 당신은 머릿속에서 생각이 홍수처럼 쏟아지는 것을 경험할 것이다. '건포도가 내 고통을 완화하는 거랑 무슨 관련이 있어? 나는 건포도가 싫어. 엄마가 건포도를 오트밀에 넣잖아. 난 오트밀도 진짜 싫어. 점심은 뭘 먹지? 나 오늘 해야 할 일이 많은데.'

　이러한 생각들은 순식간에 당신을 끌어당겨서 건포도를 먹고 있는 경험조차도 느끼지 못하고 망각하는 지경에까지 이르게 한다. 만약 이러한 생각들을 판단하지 않고 그냥 알아차리고 부드럽게 자신의 주의를 건포도를 먹고 있는 행위로 되돌린다면, 당신은 서둘러서 건포도를 먹었을 때 놓치게 되는 건포도의 풍미와 다른 감각들을 알아차리게 될지도 모른다. 또한 당신은 음식을 씹는 물리적 감각에 집중할 때 당신이 더 편안해짐을 알아차렸을지도 모른다. 판단 없이, 강한 거부반응 없이 그저 차분히 알아차려 보라. 다시 말하면, 당신은 마음챙김 연습의 핵심을 경험하기 시작하는 것이다.

　다음으로, 당신은 마음챙김 호흡을 배웠다. 어떤 일이 일어나도록 의도적으로 노력하기 전에, 단순히 당신 스스로가 호흡하는 것을 바라보라. 초심자의 마음이라면, 당신은 모든 호흡이 독특하다는 것을 알아차릴 수 있을 것이다. 호흡하면서 쉼을 누리고 있을 때, 당신은 신체의 변화를 알아차린다. 마음이 심란하거나 생각이 올라왔을 때, 당신은 단순히 판단하지 않고, 알아차리고, 다시 호흡으로 주의를 돌리면 된다. 당신은 호흡하면서 쉼을 누리는 것이 얼마나 평화로운지를 알아차릴 것이고, 이내 들어오고 나가는 생각들과 싸우는 것을 멈추게 될 것이다.

신체 스캔 기술(body scan skill)은 당신에게 어떤 감각이 좋거나 싫다는 판단을 버리고, 단순하게 몸의 감각을 알아차리도록 가르칠 것이다. 당신은 신체 내부의 영역으로 숨을 쉬는 것을 배울 것이며, 부드럽게 주의를 신체의 주변으로 옮기는 것을 배울 것이다. 인식을 몸으로 되돌리면서, 떠오르는 생각들에 평정심을 가지고 반응하는 연습을 계속한다. 마음챙김 호흡과 신체 스캔은 모두 고통스러운 생각을 넘어 몸이 쉬도록 한다.

이러한 기술과 기타 기술들은 이제 이어서 나오는 '고통스러운 감정을 끌어안고 음미하기'라는 강력한 명상 방식에 혼합되었는데, 이것은 강렬한 부정적인 감정에 대응하고 자신을 돌보는 새로운 방법이다. 이 명상이 유용하다고 생각되면 계속해서 수행하거나 추가적으로 훈련을 받을 수 있다(추천 자료에서 '마음챙김'을 찾아보라).

활동) 고통스러운 감정을 끌어안고 음미하기

이 명상은 기쁜 감정이든 슬픈 감정이든 어떤 감정이 발생하더라도, 침착하고 반응하지 않도록 가르친다. 우리는 고통에 저항하거나 그것을 억누르기보다, 긴장을 풀고 마음을 편안하게 하여 고통을 향해 천천히 몸을 돌려 부드럽게 의식할 필요가 있다. 부드럽게 반응하면 우리가 고통을 경험하는 방식을 바꿀 수 있다. 적어도 일주일 동안 매일 30분 이상 이 명상을 연습하는 것이 좋다.

1. 명상가의 자세를 생각해 보라. 편안하고 꼿꼿하게 앉은 상태에서, 발은 바닥에 평평하게 닿은 채로, 손은 무릎에 편안하게 얹는다. 척추는 동전을 쌓아 올린 기둥처럼 꼿꼿하게 세운다. 상체는 긴장이 이완된 동시에 편안하게 직립한 상태로, 웅장한 산처럼 우아하고 품위 있게 앉는다. (위엄 있는 산은 주변 환경의 변화에도 불구하고 안전하고 변함이 없다.) 눈을 감아 보라. 호흡을 통해 당신의 지혜로운 마음에 정착할 수 있도록 도우라.

2. 특별히 잊지 말아야 할 자세는 자비로움, 수용, 좋은 유머, 깊고 넓은 포용력의 자세이다. 당신이 이미 완전체임을 기억하라. 당신이 감정을 경험하는 새로운 방법을 탐구해 나갈 때, 초심자의 마음을 활용하라.

3. 당신의 호흡에 유의하라. 몇 분 동안 배가 말랑말랑하게 긴장을 풀도록 하고, 숨을 들이쉬고 내쉬면서 배가 오르락내리락하는 것에 주의를 기울여 보라. 복부, 흉부, 코, 목구멍, 갈비뼈 사이사이의 움직임과 감각을 알아차려 보라. 예를 들어, 당신은 숨을 들이쉴 때 복부가 솟아오른다든지 늘어나는 것을 느낄 수 있을 것이며, 혹은 콧구멍에 공기가 들어오고 나가는 것을 볼 수 있을 것이다. 판단하거나 무슨 일을 일으키려고 하지 말고, 그냥 알아차리기만 하라. 호흡 속에서 휴식하는 동안, 그저 친절하게 호기심을 가지며 알아차리면서, 어떤 일이 일어나든지 그냥 그 일이 일어나도록 두라. 만약 갑자기 생각이 올라온다면, 그저 그 생

각이 왔음을 알아차리고, 천천히, 인내심 있게, 반복적으로, 당신의 주의를 호흡
으로 다시 집중하도록 하라.

4. 판단하거나 바꾸려고 하지 말고 신체의 모든 느낌과 들어오고 나가는 감각들을 인식하
라. 예를 들어, 당신의 다리가 의자와 만나는 위치나, 손이 무릎에 있는 위치를
알아차릴 수 있을 것이다. 예를 들어, 배와 같이 어느 한 부위를 골라 보라. 그
부위에서 깊게 숨을 들이쉬고 내쉬어 보라. 당신의 마음이 그 부위에서 쉬고 있
다고 상상해 보라. 그냥 당신의 감각을 알아차리기만 하라. '나는 불편한 게 싫어.'
같은 판단 없이 하라. 친절하게 수용하고 허용하면서 단순히 감각을 알아차리
라. 가끔 감각은 우리가 친절히 인식하려고 하면 바뀌기도 한다(그들은 왔다가 가
버린다). 그럼에도 불구하고 어떤 일을 만들어 내려고 노력하지 말고, 그저 한번
무슨 일이 일어나는지 바라보라. 당신이 준비되었을 때, 또 한 번 의식적으로 숨
을 들이쉬고, 내쉬고, 그런 다음 배 부분에서 주의를 분산시켜서 이번에는 같은
신체의 다른 부분(가슴)에 주의를 집중시키라. 당신이 가슴 부위 주위에서 무엇
을 감각하는지를 알아차려 보라. 만약 어떠한 불편감이나 긴장감이 있다면, 그
저 단순히 그 감각을 인지하라. 그 영역에 숨을 깊이 들이쉬라. 당신의 호흡이
그 부위로 친절함과 수용을 운송해 간다고 생각하라. 그 부위 안으로 그리고 밖
으로 숨을 들이쉬고 내쉬면서, 그 부위의 감각의 변화를 알아차리라. 당신이 준
비되었을 때, 더 의식적으로 들숨을 들이마시고, 그 부위 안으로 호흡하라. 날
숨에 또 다른 신체 부위 영역(손)으로 주의를 집중하면서 그 영역에 대한 주의를
분산시키라. 그 부위 안으로 그리고 밖으로 숨을 들이쉬고 내쉬면서, 그 부위에
서 당신이 무엇을 감각하는지를 알아차리라. 당신이 준비되었을 때 더 의식적으
로 들숨을 마시고 날숨을 내뱉으면서 당신의 인식이 몸 전체로 전환될 수 있도
록 하라.

5. 당신의 마음이 어수선해졌다는 것을 발견할 때마다, 이것을 알아차린 스스로를 격려해
주라. 이것은 평범한 마음이 하는 일이다. 생각은 그저 생각일 뿐이며, 당신의 진
짜 모습이 아님을 기억하라. 그리고 다시 부드럽게 당신의 주의를 호흡과 몸의

감각을 느끼는 것에 돌리면 된다. 당신은 당신의 생각을 멈추려고 노력하는 것이 아니라, 그저 생각을 부드럽게 알아차리는 것뿐이며, 다시 당신의 주의를 당신의 호흡과 몸으로 돌리도록 인도하는 것이다.

6. 그리고 이번에는 어려운 상황을 회상해 보라. 직장 또는 대인관계에서의 어려운 상황도 가능하다. 그리고 그로써 올라오는 감정들, 즉 무가치함, 충분하지 않음, 슬픔, 미래에 대한 염려 등을 회상해 보라. 이 상황을 위한 공간을 만들어 보라. 이 감정들에 깊은 관심을 주라. 당신이 그 어떠한 감정을 느끼든지 다 괜찮다. 이 감정들을 마치 당신의 오랜 벗을 맞이하는 것처럼 진심으로 맞이해 보라.

7. 몸에서 감정을 느끼는 곳이 어디인지 주목하라. 그것은 당신의 배일 수도, 가슴일 수도, 목구멍일 수도 있다. 당신이 스스로 그 감정을 온전히 수용하여 완전하게 느낄 수 있도록 하라. '나는 이 감정들을 없애 버리기 위해서 몇 분 동안 이 감정들을 꽉 조이고 있을 거야.'라고 생각하지 말라. 이것은 온전한 수용이 아니다. 그러기보다, 당신이 완전하게 감정을 수용할 수 있도록 하는 공간을 생성해 보라.

8. 큰 자비로움으로 그 신체의 해당 부위에 숨을 들이쉬라. 상쾌한 공기와 햇살이 오랫동안 방치된 어두운 방으로 들어가는 것을 상상해 보라. 당신의 호흡이 몸 안, 즉 코에서부터 목구멍으로, 폐로, 그리고 당신이 고통스러운 감정을 감각하는 몸의 각 부분들까지 들어가는 것을 따라가 보라. 그 후에는 당신의 몸이 안정될 때까지, 호흡이 몸 밖으로 나가는 것을 따라가 보라. 당신은 이 과정 중에서 친절하고, 사랑스럽고, 수용해 주는 듯한 미소를 떠올릴 수 있을 것이다. 불편함을 바꾸려 들거나 밀어내려고 노력하지 말라. 그것에 맞서 싸우거나 투쟁하지 말라. 그저 진실한 수용의 자세, 깊은 관심, 도움을 주고자 하는 마음, 평화로움, 친절함을 가지고 사람들을 대하며, 판단하시 말고 그것을 포용하라. 이것이 소위 말하는 **인자**(loving-kindness)이다[역자 주: '자' 혹은 '인자(loving-kindness)'는 불교의 개념으로, 사람들 사이의 깊은 우애의 마음, 자비의 마음, 또한 사람들에게 안락을 주고 싶은 마음을 나타낸다]. 신체를 부드럽게 하고, 그 영역을 개방하라. 지혜로운 마음은 이 모든 감정을 자비롭게 받아 내기에 충분히 넓으며, 사랑은 포용하고 환

영하고 불편함을 관통하기에 충분히 크다. 마치 당신이 사랑스러운 아기에게 하는 것처럼, 호흡이 감정을 돌보고 완화할 수 있도록 하라.

9. 당신이 친절함으로 고통을 품을 수 있는 깊고 넓은 포용력을 가지고 있음을 기억하라. 만약 도움이 된다면, 인자함을 상기시키는 당신이 사랑하는 사람들을 떠올려 보라. 그리고 당신이 어려운 상황을 기억하려 할 때 그러한 인자함이 당신의 지각을 관통하도록 해 보라. 감정을 바꾸려고 노력하지 말고, 단순히 감정에 어떤 일이 일어나는지 알아차려 보라.

10. 당신이 준비가 되었을 때, 몸의 부위 안으로 더 깊은 심호흡을 들이마시고 내뱉으며, 신체의 전체로 초점을 옮겨가 보라. 당신의 신체 전체의 호흡에 주의를 기울이고, 깊고 넓고 한계가 없으며 고통을 수용하는 지혜로운 마음의 자비로움에 주의를 기울이라. 그 어떤 판단을 하거나 평가를 내리지도 말고, 당신의 주의를 당신이 듣는 소리로까지 확장해 보라. 옅은 미소를 지으면서 그저 들어 보라. 당신의 몸에 공기를 느껴 보라. 당신의 온 신체가 호흡하는 것을 느껴 보라. 당신이 지각하고 인지하는 모든 것을 부드럽고 열린 마음으로 알아차리라.

11. 마치면서, 조용히 스스로 다음과 같은 결심을 되뇌어 보라. "내가 인자함이 무엇인지 기억하기를. 내가 행복하기를. 내가 완전해지기를."

12. 당신이 지금 경험하는 것에서부터 마음챙김하라. 호기심과 좋은 유머를 품고, 당신의 신체가 무엇을 느끼는지 그저 알아차려 보라. 당신은 어떤 감정을 느끼고 있는가? 고요함, 평화로움, 혹은 안정되어 가는 느낌이 있는가? 당신은 지금 슬프지는 않은가? 그 어떤 것을 당신이 느끼더라도, 괜찮다. 그냥 알아차리라.

당신이 마음챙김에 대해 더 깊이 탐구하는 데 관심이 있다면, 『자아존중감을 세우기 위한 10가지 간단한 방안들(10 Simple Solutions for Building Self-Esteem)』(Schiraldi, 2007)을 읽어 보거나, 추천 자료에서 마음챙김을 참고하도록 하라.

활동　핵심 신념과 함께 머물기

제5장에서 설명한 인지 재구조화는 고통스러운 핵심 신념을 밝혀내고 논쟁하는 방법을 가르쳐 주었다. 이것은 종종 매우 도움이 될 수 있다. 그러나 핵심 신념은 보통 어릴 때부터 우리의 마음속에 내재되어 있었기에 논리로 완전히 완화하기는 어려울 수 있다. 마음챙김은 머리보다 가슴에 더 의존하는 골치 아픈 핵심 신념을 다루는 또 다른 방법을 가르친다.

당신의 핵심 신념을 '나는 불충분하다.'라고 가정해 보자. 이것은 정상이다. 거의 모든 사람이 때때로 그렇게 느낀다. 물론 아무도 그렇게 느끼는 것을 좋아하지 않는다. 그래서 당신은 '내가 불충분하지 않다'고 생각이 들 때면 그 생각과의 싸움에 휘말릴지도 모른다. '그것은 너무 고통스러운 생각이야.' '내가 그렇게 느낀다는 것을 아무에게도 알릴 수 없어.' '아무도 나를 불충분하다고 비난하지 않기 위해 나는 매우 유능해질 거야.' 아니면 단순히 당신이 능력이 있는 이유에 대해 계속 생각할 수도 있다. 아마도 이러한 핵심 신념은 어렸을 때 혹평을 받으면서 생겨났을 것이다. 이러한 생각과의 전투는 어른이 되어서도 많은 고통과 함께 계속된다.

마음챙김에서는 '나는 불충분하다.'라는 생각을 그저 마음속에서 싸우는 평범한 마음일 뿐이라고 가정한다. 만약 당신이 싸우지 않고 그 생각을 단순히 내버려 둔다면 어떻게 될까? 만약 당신이 몸 안에서 그 생각과 연결된 감정을 감지하고 그 감정을 연민으로 포용한다면 어떻게 될까? 당신은 이 접근법이 상황에 대한 당신의 반응을 변화시킨다는 것을 알 수 있는가? 역설적이게도, 이 접근방식은 우리가 지칠 줄 모르는 정신적 싸움에 굴하지 않고 성장할 수 있도록 하는 안전장치를 제공한다.

이 활동을 위해, '나는 불충분하다.' '나는 사랑스럽지 못하다.' '나는 가치 없다.'와 같은 골치 아픈 핵심 신념을 선택하라. 생각하면서 싸우기보다는, 핵심 신념에 맞서는 싸움을 그만두라. 당신은 당신의 몸에서 핵심 신념(또는 더 정확히 말하자면, 연관된 감정)을 경험하는 곳을 알게 될 것이다. 당신은 그것에 대한 판단 없이 불편함을 느끼는 곳을 향해 숨을 내쉬고, 그다음 불편감의 해소를 알아차릴 수 있을 것이다. 당신이 감정적으로 반응하지 않고 동정심을 가지고 반응한다면, 부정적인 생각 및 감정과 관련된 신경 경로를 사용하지 않음으로써 그것은 감소한다. 대신, 당신은 지혜로운 마음과 관련된 방식을 강화하게 될 것이다. 앞으로 며칠 동안 이 마음챙김을 여러 번 연습하고, 무슨 일이 일어나는지 주목하라.

1. 발을 바닥에 평평하게 두고 손은 무릎에 편히 놓은 채 명상자의 자세로 편안히 똑바로 앉으라. 지혜로운 마음으로 쉬면서 부드럽게 숨을 쉬라.
2. 핵심 신념을 친절한 인식으로 가져오라. 생각을 판단하지 않고, 단순히 자신의 몸속에서 사고와 관련되는 감정을 감지하는 곳을 알아차리고, 사랑스러운 친절함과 완전한 수용으로 그 부분에 숨을 들이쉬라.
3. 때로는 도움이 된다면 마음속으로 다음의 것들을 상기하라.
   이것은 그저 생각일 뿐이다.
   그 생각을 친절한 인식 속에서 간직하라.
   동정심을 느끼라.
4. 생각을 감지하는 신체 부위로 계속 숨을 들이마신다. 천천히 숨을 들이쉬고 그 부분에 대한 인식을 해소할 준비가 될 때까지 그 부분에 숨을 쉬도록 하라.
5. 그 부위에 더 깊이, 더 의도적인 숨을 들이마신다. 당신이 당신의 환경을 자각함에 따라 그 부위에 대한 인식이 사라지게 두라. 또는 미소 명상으로 전환하라(이 명상은 http:///www.newharbinger.com/39409의 문항 9에서 찾을 수 있다).

📖 결론

마음챙김은 우리에게 우리 자신의 생각과의 싸움에 대한 신선한 대안을 제공한다. 역설적으로 우리가 느끼는 것을 친절하게 받아들임으로써 우리는 부정적인 감정의 강도가 종종 약해진다는 것을 알게 된다. 다음의 세 장에서는 어려운 환경에 친절한 수용과 인식을 심어 주기 위한 구체적인 응용 프로그램을 제공한다.

제7장	자기자비

이 장에서는 어려운 감정과 고통을 다루는 짧고 간단한 방법인 자기자비 기술을 어떻게 사용하는지 설명한다. 이것은 개인적인 좌절의 고통을 누그러뜨리고 회복하도록 돕는 방식으로 마음챙김의 실천을 확장한다.

당신은 자신을 혹독하게 대하는 편인가? 당신은 어려운 시기를 겪을 때, 즉 실수하거나, 목표를 달성하지 못하거나, 학대받거나, 거부당하거나, 혹독한 비난을 받는다면, 매우 자기비판적인가? 당신은 무엇이 문제인지에 집착하고 즉시 '해결'하도록 자신을 몰아붙이는가? 당신은 자신만의 규칙을 엄수하고 더 잘하도록 동기를 부여하기 위해 거친 자기대화로 자신을 때리는가? 당신이 자신을 대하는 방식이 어쩌면 과거에 받았던 대우를 연상시키는 것일까?

우리는 그런 엄중한 자세로 스스로를 보호하고 동기부여를 한다고 생각한다. 그러나 연구들은 친절하게 접근하는 것이 스트레스를 줄이고 더 큰 성장과 리질리언스로 이어진다는 것을 밝혀내고 있다.

Kristin Neff는 자기자비 연구를 선두했다. 그녀는 **자기자비**(self-compassion)가 황금률의 반대라고 설명한다. 즉, 상황이 어려워졌을 때 사랑하는 사람이나 좋은 친구를 대하는 것처럼 자기 자신을 대하고 어려운 시기에 이해와 친절을 가져오는 것이다. 다음은 자기자비를 구성하는 세 가지 구성 요소이다(Neff, 2011).

- **고통스러운 감정에 대한 자각**: 우리는 침착하고 비반응적인 방법으로 그 순간 우리 내부에서 무슨 일이 일어나고 있는지 그저 알아차릴 뿐이다. 판단은 없고 인정만 있다. 고통을 치유할 수 있는 유일한 방법으로, 우리는 적극적으로 그 고통을 향해 간다. 이는 앞 장에서 논의한 마음챙김의 원칙과 비슷하다. Neff는 여기에 다음과 같은 두 가지 독특한 특징을 덧붙인다.
- **평범한 인간성에 대한 감각**: 이것은 우리 모두가 고통받고 있다는 것을 깨닫는 것이다. 우리는 모두 같은 처지에 있다. 어딘가를 걸어가는 동안에도 그 길에 있는 모든 문 뒤에는 고통이 있음을 발견할 것이다. 우리는 모두 행복하기를 갈망하고 고통받지 않기를 갈망하지만, 때때로 비틀거린다. 우리 모두는 좌절된 꿈, 자신의 불완전함, 또는 호의의 상실로 인해 고통을 느낀다. 이것을 이해하고 나면, 우리는 다른 사람들과 유대감을 느끼고 자신이 고립되어 있지 않다는 것을 깨닫는다. 이것은 우리의 고통을 균형감 있게 바라보는 데 도움이 된다. 우리는 고립감을 덜 느끼게 될 것이다.
- **자신에게 친절하고 지지하기**: 불완전하다는 혹평이나 자책보다는 깊은 배려, 인내, 이해, 따뜻함, 격려로 자신의 고통에 대응한다. 이것은 '당신 혼자만 있는 것이 아니라, 내가 당신을 위해 여기 있다.'고 말하는 자세이다. 채찍보다 당근으로 이끄는 것이 더 동기부여가 된다. 두려움은 장기적으로 최고의 성과와 성장을 이끌어 내지 못한다.

사랑하는 사람을 잃은 절친한 친구에게 느낄 수 있는 친절하고 자상한 감정에 대해 잠시 생각해 볼 수 있을까? 아니면 길가에 있는 사람, 사고로 다친 사람? 다른 사람에게 창피를 당한 사랑하는 가족? 고통받는 아이? 당신은 힘든 시기에 이런 종류의 친절을 자신에게 제공하는 것을 상상할 수 있는가? 어떤 느낌일까? Kristin Neff의 웹사이트인 http://www.self-compassion.org에서 각색한 다음과 같은 기술은 감정적인 고통이나 고통을 유발하는 어려운 시기에 매우 효과적이다.

활동 자기자비

1. 슬픔, 분노, 좌절, 수치심, 자기비판, 거부감, 고립감 등 정서적 괴로움을 촉발한 과거의 사건에서 적당히 어려운 것을 선택하라. (이 기술로 일단 위안을 얻으면, 더 속상한 상황 또는 발생되는 그대로의 상황에서 시도해 볼 수 있다.)

2. 모든 어려운 감정과 감각이 완전히 자각되도록 허용하라. 그것들과 맞서거나 그것들을 밀어내려고 하지 말라. 그저 부드럽고 열린 마음으로 '무엇이든 간에, 내가 느낄 수 있게 해 줘.'라는 구절을 기억하면서 그들을 들어오게 하라. 두 손을 심장이나 복부 등 통증을 억제하는 신체 부위 위에 따뜻하게 올려놓는다. 숨을 들이마실 때 연민이 몸 아래로 흘러내려 고통을 안고 있는 부위를 관통하고 진정시킨다고 상상해 보라. 복부와 가슴의 오르내림과 같이 숨을 쉴 때 느끼는 감각을 알아차린다.

3. 부모님의 애정이 담긴 듯한 부드럽고 친절한 표정을 지으며, 이 네 가지 진술을 조용히 또는 소리 내어 천천히 그리고 의도적으로 반복한다.

   ① 지금은 고통의 순간이다.

   ② 고통은 삶의 일부분이다.

   ③ 나는 이 순간 자신에게 친절하게 대할 수 있다.

   ④ 내가 필요로 하는 연민을 나 자신에게 줄 수 있다.

4. 네 가지 진술을 몇 번 더 반복한다. 호흡이 계속 느껴질 때, 마음을 가라앉히고 호흡 하나하나를 친절하게 대하라.

5. 활농을 마셨을 때 현재의 순간이 몇 분 전보다는 다소 덜 고통스러운지 주목하라. 역설적으로 우리가 그것을 실현하려고 노력하지 않을 때 가끔 이런 일이 일어난다.

활동 자기자비 진술 연습

이 네 가지 진술을 기억하여 어떠한 어려운 상황에서도 말할 수 있게 하라. ① 지금은 고통의 순간이다. ② 고통은 삶의 일부분이다. ③ 나는 이 순간 자신에게 친절하게 대할 수 있다. ④ 내가 필요로 하는 연민을 나 자신에게 줄 수 있다. 첫 번째 진술은 마음의 자각을 의미하고, 두 번째 진술은 한 사람의 공통적인 인간성에 대한 인식을 의미하며, 마지막 두 진술은 자신에게 친절하고 자신을 지지하는 것을 의미한다는 것을 주목하라. 원하는 경우 다음 표처럼 이러한 진술의 일부를 자신이 선택한 진술로 바꿀 수 있다(Neff, 2011).

마음의 자각	보편적 인간성에 대한 인식	자신에 대한 친절과 지지
이건 정말 어렵고, 난 보살핌이 필요해.	다른 많은 사람도 이런 고통을 겪어 왔다.	이 고통에 친절과 배려를 베풀기를.
그래, 고통이 있어.	고통은 인간의 일부분이다.	내가 고통 속에 있는 게 안타깝다.
이건 지금 나한테는 힘든 일이야.	이렇게 느끼는 것은 정상이다.	가능한 한 나 자신을 이해하게 되기를. 나 자신을 있는 그대로 받아들이기를.

'자기자비' 활동에서 설명한 5단계 패턴에 따라 주중에 직면하는 어려운 상황에 대응하여 선택한 네 개의 진술을 사용해 보라. 부록 C의 로그에 당신의 경험을 기록해 볼 수도 있다.

결론

    자기자비 기술은 마음챙김 명상을 바탕으로 만들어지는데, 당신이 감정적 고통을 안고 있는 몸의 영역 위에 손을 얹은 다음, 네 가지 자기자비 진술을 반복하라. 이는 고통을 인정하는 것, 그 고통의 부위를 찾는 것, 우리 모두가 같은 처지에 있음을 깨닫는 것, 그리고 스스로에게 친절한 지원을 제공하는 것이다. 이 기술은 어려운 생활을 헤쳐 나갈 수 있는 친절하고 부드러운 방법을 제공한다.

| 제8장 | 표현적 글쓰기 |

힘든 시간에 대한 기억들로 인해 어려움을 겪어 보았는가? 현재 우려되는 상황들을 걱정하는가? 이 장에서는 또 다른 매우 유용한 전략을 살펴볼 예정이다. 바로 부정적으로 가득 차 있는 기억들과 걱정들을 가라앉히기 위해 글쓰기를 사용할 것이다. 당신은 표현적 글쓰기(expressive writing)를 일지 쓰기(journaling)를 통하여 연민(compassion)을 경험하는 것이라고 생각할지도 모른다. 이는 앞선 두 장의 전략보다 언어를 더 많이 사용하는 전략이다.

📖 해결되지 않은 트라우마와 정서적 격동의 영향

연구는 오래된 정서적인 상처가 시간이 지남에 따라 반드시 치유되는 것은 아니라는 것을 명백하게 보여 주었다. 정서적인 상처들은 해결되지 않은 채로 남아서 현재 건강과 기능에 영향을 미칠 수 있다. 예를 들어, 어린 시절에 힘든 경험을 한 횟수는 성인기의 비만, 당뇨, 심장병, 우울, 자살시도, 담배, 정맥주사 마약 사용, 알코올 중독, 원치 않은 임신, 부실한 업무성과로 인해 고통받는 것과 직접적인 상관이 있다(Felitti, 2002). 때때로 우리는 불꽃(이면에 있는 정서적인 상처)을 다루지 않고 연기(심리적, 의학적, 혹은 기능적인 증상들)에 집중한다. 어린 시절의 트라우마와 성인기에 겪는 고통 간의 관계를 인식하는 것은 사람들에게 엄청난 치유의 기회를 제공한다.

📖 무엇이 잘못되었는지 쓰기

심리학자 James W. Pennebaker(1997)는 '모든 것을 안에 간직하는 것(keeping it all inside)'은 건강하지 않다고 판단하였다. 그는 학생부터 홀로코스트, 샌프란시스코 지진, 걸프만 전쟁의 생존자와 직장에서 해고당한 사람에 이르기까지 다양한 집단에게 그들의 가장 어려운 역경에 대해 간단히 글을 써 보라고 요청하였다. 그는 그들에게 그 어려운 사건들을 둘러싼 가장 깊은 생각과 감정을 써 내려가라고 지시하였으며, 나흘 동안 15~30분간 지속적으로 글을 쓰도록 하였다. Pennebaker는 겉으로는 '정상(normal)'으로 보이는 사람들이 겪은 트라우마의 수에 놀랐다. 트라우마는 강간, 신체적ㆍ성적 학대, 자살시도, 우연히 초래한 죽음부터 부모의 이혼에 대한 비난까지 광범위했다. 사람들은 어린 시절의 트라우마(특히 성적 트라우마)를 가장 적게 털어놓았지만, 이것들은 나중에 질병을 유발할 가능성이 가장 높은 트라우마이기도 했다. 당연하게도, 글을 쓴 나흘 동안 기분은 안 좋아졌다. 그러나 그 후, 글쓰기로 털어놓은 사람들은 신체적ㆍ심리적 건강 상태가 더 나아졌다. 이들은 덜 우울했고, 덜 불안했고, 스트레스를 덜 받았고, 더 높은 자기존중감을 보였고, 면역체계가 강화되었으며, 덜 아팠다. 직장을 잃은 것에 대한 글을 쓴 사람들은 새로운 직장을 더 빨리 찾았다.

Pennebaker와 Smyth(2016) 그리고 다른 연구자들은 과거 역경에 대한 글쓰기를 수면의 질을 향상하고, 직업만족도를 높이고, 기억력을 키우고, 성적을 향상하면서 고통, 피로, 일반적인 고통, PTSD 증상, 관절염, 천식이 감소하는 것과 연관 지었다. 해소되지 못하고 언어로서 표현되지 않았던 상처들은 종종 고통스럽게 자각 속으로 끼어들며, 신체적인 그리고 심리적인 증상으로 표현된다. 여기에는 악몽도 포함된다. 또한 이러한 상처들은 주의력을 떨어뜨리면서 일상적인 기능을 방해한다. 고통스러운 기억을 언어로 표현하기 위하여 속도를 늦추는 것은 뇌가 고통스러운 기억을 조직화하고, 중립적인 자극으로 만들고, 완결 짓고, 해결하는 데 도움을 준다. 어려운 기억들을 글로 쓴 사람들은 보통 그 힘겨운 기억들을 더 잘 이해하게 되었고, 덜 힘들어하게 되었으며, (그다음 단계로) 넘어가는 것이 더 수월해졌다고 보고한다. 이 과정은 총에 맞은 부위를 치료하려고 총알을 빼기 위해 상처를 절개하는 것과 같다. 사람들은 눈물로도 자신의 정서를 표현할 수 있다는 것을 깨닫고 더 확실한 '정상(normal)'으로 돌아간다.

특히 글로 털어놓는 것은 당황할 것 같은 혹은 벌 받을 것 같은 두려움으로 고통스러운 사건에 대해 누구에게도 말한 적이 없지만 사실은 누군가에게 털어놓고 싶었던 사람들에게 도움이 되는 것 같다. 비밀을 유지하는 것은 피곤하며 사람들을 고립시킨다. 당신은 아마 아직까지 당신을 괴롭히는 과거의 트라우마나 역경을 글로 털어놓는 시도를 할 수 있을 것이다. 여기에는 사랑하는 사람의 죽음, 사랑하는 사람과의 이별, 이사, 부모의 이혼 또는 당신이 잊고 싶은, 피하고 싶은, 혹은 해결하고 싶은 그 어떤 것이라도 포함될 수 있다. 우리가 도망친 것에 맞설 수 있다는 것을 깨닫는 것은 위안이 되고, 그렇게 함으로써 그 기억들에 대한 우리의 혐오감을 극복할 수 있다.

글쓰기를 통하여 털어놓는 방식에 대한 다음 지침은 허가를 받고 Pennebaker의 웹사이트(http://liberalarts.utexas.edu/psychology/faculty/pennebak#writing-health) 내용을 수정한 것이다.

1. **글을 쓸 준비하기**: 원하지 않는 연관성을 만들지 않을 중립적인 장소를 찾으라. 이상적으로, 일이 끝나는 때 혹은 잠들기 전의 시간을 선택하라. 최소 15분(15~30분이 대개 효과적이다)을 최소한 3일 혹은 4일간 연속적으로 글을 쓸 것이라고 스스로에게 약속하라. 끊임없이 글을 쓰라. 그리고 맞춤법이나 문법을 걱정하지 말라. 이상적으로, 다른 사람에게 자세히 말하지 않았던 것에 대하여 작성하라. 만약 쓸 것이 고갈되었다면, 이미 글로 쓴 것을 단순히 반복하라. 펜이나 연필을 쓰거나 컴퓨터에 타자를 칠 수도 있다. 만약에 글을 쓸 수 없다면, 오디오 녹음

기에 말하라. 매일 같은 것에 대해 쓸 수도 있으며, 전혀 다른 것에 대해 쓸 수도 있다. 이것은 당신에게 달렸다.

2. **주제를 선정하기**: 건강하지 않은 방식으로 당신의 삶에 영향을 미치는 것은 무엇인가? 어떤 것을 며칠, 몇 주, 혹은 몇 년 동안 피해 왔는가? 정기적으로 과거의 무언가에 대한 꿈을 꾸는가? 무슨 생각을 하거나 걱정을 하고 있는가? 하나의 주제를 선정하거나 이것들 모두에 대하여 쓰라.

3. **글쓰기**: 다음은 Pennebaker의 연구에서 일반적으로 주어지는 지침들이다.

앞으로 4일간, 저는 당신의 삶에서 가장 불쾌했던 경험에 대한 가장 깊은 감정과 생각들을 글로 쓰기를 바랍니다. (사실을 묘사하는 것부터 시작하여, 그다음에 감정과 생각을 쓰세요.) 그것에 대한 당신의 감정과 생각들을 정말로 풀어놓고 탐색하세요. 당신의 글쓰기에서 당신은 이 경험을 어린 시절, 부모님과의 관계, 지금껏 사랑해 왔거나 사랑하는 사람들, 또는 심지어 직업과 연관시킬지도 모릅니다. 이 경험은 당신이 되고 싶은 사람, 과거에 당신이 누구였는지, 또는 현재 당신이 어떤 사람인지와 어떤 관련이 있습니까?

많은 사람이 단 한 번의 트라우마 경험을 한 적이 없지만, 우리 모두는 삶에서 중대한 갈등이나 스트레스 요인을 겪었으며 이에 대해 글을 쓸 수도 있습니다. 당신은 매일 동일한 문제에 대하여 글을 쓸 수도 있고, 일련의 다른 문제들에 대하여 쓸 수도 있습니다. 그러나 당신이 무엇을 선택하여 글을 쓰든 간에 당신이 진정으로 풀어놓고 당신의 정말 깊은 감정과 생각들을 탐색하는 것이 중요합니다.

주의: 많은 사람이 글을 쓴 후에 때때로 슬픈 감정을 느끼거나 우울해진다고 보고한다. 마치 슬픈 영화를 보는 것과 마찬가지로 말이다. 일반적으로 이러한 감정들은 몇 시간 후에 사라진다(혹은 더 드물게 하루나 이틀 후에 사라진다). 만약 글을 쓰면서 극심하게 불쾌해진다면, 그저 글쓰기를 멈추거나 주제를 변경하라.

4. **당신이 쓴 글들로 할 일**: 이 글쓰기는 당신을 위한 것이고 당신만을 위한 것이다. 글쓰기의 목적은 당신이 스스로에게 완전히 솔직해지도록 하는 것이다. 글을 쓸 때, 글쓰기가 끝났을 때 글을 버릴 계획을 비밀리에 세우라. 글을 보관하든 저장하든 이것은 정말로 당신에게 달려 있다. 어떤 사람들은 쓴 글들을 보관하고 수정한다. 즉, 그들은 글을 매일매일 점차적으로 바꾼다. 다른 사람들은 단순히 글들을 보관하고 그들이 어떻게 변했는지 보기 위해 몇 번이고 다시 돌아와서 글을 읽는다. 만약 당신이 원한다면, 글들을 태우거나 지우거나 찢어서 작은 조각으로 만든 다음에 변기에 내리거나 바다에 버리거나 바람에 흩날릴 수도 있다.

표현적 글쓰기를 위한 조언들

기본적인 글쓰기 지침에 더하여, 다음과 같은 고려사항들 또한 유용할 것이다. 이러한 고려사항들은 Pennebaker와 그의 동료들의 글들을 수정한 것이다(Pennebaker, 1997; Pennebaker & Evans, 2014; Pennebaker & Smyth, 2016).

글을 쓰면서 부정적인 감정과 긍정적인 감정 모두 풍부하게 사용하라. 감정에 이름을 붙이는 것은 편도체를 안정시킨다. 속어(slang)를 사용하기보다 진실한 감정에 이름 붙이기를 시도해 보라(예: '슬프다' '실망했다' '아프다' '굴욕적이다' '외롭다' '화가 난다' '보살핀다' '갈구한다' '신난다'). 당신은 아마도 '나는 나의 세계가 산산조각 난 것처럼 느껴진다.' 혹은 '나는 ～가 정말로 무섭다.'라는 문구들을 사용하는 것이 기분을 더 충만하게 묘사하도록 도와준다는 것을 발견할 것이다. 감정을 표현하는 것이 익숙하지 않나면, 이러한 기술들이 연습으로 더 편안해지는지를 보는 실험을 할 수도 있을 것이다.

왜 지금 느끼는 것을 느끼는지 이해하려고 노력해 보라. 반성적인 사고를 촉진하는 통찰에 대한 언어(예: '깨달았다' '안다' '이해한다')와 인과에 대한 언어[예: '이유(reason)' '왜냐하면']를 추가하는 것을 시도해 보라. 감정을 표현하는 것이 반성적으로 생각하는 것과 연관되어 있을 때 얻을 수 있는 이점이 더 크다.

통제할 수 없는 역경들에 대하여 쓰는 것은 좋다. 만약 당신의 통제력이 불완전하다는 것을 받아들일 수 있다면, 이것은 특히 옳다. 그러나 변화가 가능할 때, 또는 전문가의 도움이 필요할 때, 글쓰기를 대안으로 삼지 않도록 한다. 표현적 글쓰기는 치료에 보조물 정도로 활용할 수 있다는 것을 기억하자.

당신이 글을 쓰고 나서 괴로움을 느낀다면, 지금까지 배운 전략들을 기억하라. 예를 들어, 복식호흡(abdominal breathing), 신체 기반 기술들(body-based skills), 점진적인 근육 이완법(progressive mucle relaxation), 심박일관성(heart coherence), 안구 운동(eye movements) 혹은 사고장 요법(thought field therapy)은 스트레스를 줄이는 데 도움을 줄 수 있다.

기억하라. 만약 글쓰기가 과도하게 고통스러우면 속도를 늦추라. 그 사건에 점진적으로 접근하거나 다른 주제에 대하여 글을 쓰라.

나흘 혹은 닷새째, 당신은 역경으로부터 어떤 이점들을 얻어 왔는지 혹은 그 역경으로부터 여전히 이점을 얻을 수 있는지를 써 볼 수 있다. 이 경험에서 얻을 수 있는 좋은 점은 무엇인가? 어떤 교훈을 배웠는가? 비슷한 역경으로 힘들어하는 상상의 친구에게 어떠한 조언을 줄 것인가? 어둠 속에서 밝은 지점들이 있었는가? 당신은 어떻게 해서든 인내하였는가? 그리고 특정한 강점을 보여 주었는가? 당신이나 다른 사람들이 고귀한 인격을 보여 주었는가? 그 이야기에 새로운 반전을 줄 수 있는가? 예를 들면, 그 사건이 긍정적인 결말로 새로운 시작을 알리는 신호가 될 수 있을까?

만약 트라우마 사건에 대한 글을 쓰는 것이 도움이 되지 않는다면, 트라우마를 다루는 데 전문성이 있는 정신건강 전문가를 찾으라. 트라우마 전문가는 다른 치유 전략들을 배우도록 도와줄 것이다(추천 자료들을 보라). 만약 그 사건을 기억하는 것에 압박감이 느껴진다면 당신은 이 책에 나온 다른 전략들과 함께, 정신건강 전문가의 도움 또한 찾을 수 있을 것이다.

스스로를 다그치지 말라. 당신의 삶이 혼동 상태라면 또는 그 불쾌한 사건이 굉장히 최근이거나 날것이라면, 표현적 글쓰기를 시작하기 전에 그것들이 진정될 때까지 기다릴 필요가 있다. 대신, 지금까지 배운 다른 기술을 연습하거나 사용하기를 시도하라.

최고의 글쓰기 일정을 찾기 위해 연구하라. 아마 4일간 연속적으로 글을 쓰는 것을 선호할 수 있다. 어떤 사람들은 아마 4주 동안 일주일에 한 번씩 글을 쓰는 것을 선호할 수도 있다.

현재 염려들(걱정거리들)을 쓰는 것도 굉장히 유용하다고 밝혀졌다. 만약 단순히 이완하고 걱정을 멈추려는 시도가 효과가 없다면, (사실을 기술하면서) 당신이 무엇을 걱정하고 있으며 무엇을 느끼고 생각하는지에 대해 쓰도록 시도해 보라. 30분 동안 자신의 고민들에 대하여 글을 쓸 수 있는 다음 번 '걱정 기간'이 올 때까지 낮에는 걱정을 미루라.

📖 결론

결론은 고통을 감소시키기 원한다면, 아무도 볼 수 없고 오직 당신만 볼 수 있는 일기를 계속 쓰라는 것이다. 과거 역경 또는 현재 걱정들에 관한 사실, 생각, 그리고 감정들을 글로 써 내려가라. 이렇게 간단하고도 효율적인 전략은 드물다. 당신의 대처 전략 툴박스에 이 전략을 추가하는 것을 기억해 보라.

| 제9장 | 괴로운 악몽에 대처하기 |

반복적인 악몽은 정서적 격동이나 트라우마 사건을 경험한 사람들에게 흔하게 나타나곤 한다. 예를 들어, 적응을 잘 마친 제2차 세계대전 참전 용사들조차 전쟁을 마친 수십 년이 지난 지금까지도 강제수용소에서 탈출하는 악몽을 꾸곤 한다. PTSD를 겪는 많은 참전 용사는 부대에서 돌아온 지 수십 년이 지난 후에도 일주일에 여러 번의 악몽을 꾸곤 한다. 당신도 힘들었던 경험과 관련하여 자주 꾸게 되는 악몽이 있을 수 있다. 이 장의 내용은 그러한 악몽에 대처할 수 있도록 도와줄 것이다.

악몽은 우리의 머릿속에서 해결하고자 노력하는 기억 및 사건에 대한 신호이다. 보통 꿈은 뇌의 처리와 괴로운 기억에 대한 처리를 돕곤 한다. 하지만 아주 괴로웠던 경험에 대해서는 꿈이 꼼짝하지 못하고 처리되지 않으며, 변화나 해결 없이 악몽이 되풀이되곤 한다.

반복되는 악몽은 수면의 질을 방해하고, 우리가 다음 날 아침에 피로를 느끼고 효율적으로 기능하지 못하게 한다. 악몽은 우리가 스트레스 반응을 겪게 하고, 코르티솔 분비를 증가시키고, 결과적으로 우리의 기분, 기억, 수행에 영향을 미친다. 악몽으로 고통받는 사람들은 잠드는 것을 두려워하게 되고 불면증에 이르기도 한다. 수면질 저하와 악몽으로 인한 괴로움의 조합은 스트레스와 관련된 여러 가지 증상의 위험성을 증가시킨다.

📖 악몽 해결하기

다행히도 악몽을 바꾸거나 부정적인 효과를 줄이기 위한 단계들이 존재한다. 이 장에서는 악몽을 해결하기 위한 다섯 단계의 과정을 알아볼 것이다.

1. **악몽을 정상화하기**: 악몽을 단순히 처리되어야 하는 기억이나 사건으로 생각하고 피하지 말라. 도움이 되는 원칙 중 하나는 악몽의 모든 측면을 차분하게 인식함으로써 악몽에 대한 반응 및 악몽 자체를 변화시키는 것이다. 당신의 악몽이 다른 사람들의 악몽과 비슷한 테마들을 지니고 있다는 사실을 알면 안심이 될 것이다. 꿈 연구자들은 악몽의 흔한 테마들을 다음과 같이 설명했다(Barrett, 1996).
   - 위험, 테러, 죽음, 죽음에 대한 공포
   - 쫓김을 당하는 것
   - 구조되는 것
   - (당신을 쫓아오거나, 해치거나, 무섭게 하는) 괴물
   - 복수
   - 처벌받는 것
   - 홀로 남겨지는 것
   - 덫에 걸려서 무력함과 혼란을 경험하는 것(너무 추워서 몸이 얼어 반격할 수 없거나 스스로를 보호하지 못하는 상황, 무기를 찾을 수 없거나 무기가 작동하지 않는 상황, 길을 잃는 상황 등)
   - 물리적으로 상처 입는 것(이가 빠지는 것은 통제력을 잃거나 감정적으로 상처 입는 것을 상징함)
   - 오물, 쓰레기, 배설물(이들은 역겨움, 수치심, 자존감의 손상, 삶의 의미 손상, 악 등을 상징함)
   - 성적인 테마(학대 경험 이후 좋거나 나쁜 성적 관계, 그림자 같은 형체 및 지렁이, 뱀 등이 구멍에 들어가는 것, 피, 수치감, 혐오감, 분노, 폭행범에 대한 공격, 차단당하는

것 등에 대한 꿈을 꿀 수 있음)

- 폭력, 피, 살인, 상처
- 당신에게 상처 주었던 사람 혹은 사건에게 다시 위협받는 것

2. **꿈에 대해 털어놓기**: 제8장에서 이야기를 말로 표현하는 것이 처리하기 어려운 기억들을 상쇄시키고, 통합하고, 처리하는 데 도움이 된다고 했던 것을 떠올려 보라. 이 단계에서 당신은 꿈을 의식적 수준에서 인식함으로써, 내용을 처리하고 완성하게 될 것이다. 당신은 악몽의 내용을 지지적인 사람에게 말하거나, 녹음하거나, 일기에 기록할 수 있다. 이것의 목표는 악몽의 모든 요소를 충분히 설명함으로써 꿈을 시작-중간-끝의 단계가 있도록 완성하는 것이다. 마음을 편히하고, 다음의 세부사항들을 설명해 보라.

- 사실(배경은 어디인가? 누가 등장하는가? 어떤 사건이 일어나는가? 당신은 무엇을 하고 있는가? 상징들에는 무엇이 있으며, 그것들의 의미는 무엇인가?)
- 감정(당신은 어떤 감정들을 느끼는가?)
- 생각(당신은 무슨 생각을 하고 있는가?)
- 감각(당신은 신체적으로 무엇을 느끼는가?)

3. **차분한 대안 반응 연습하기**: 예를 들어, 두려움을 느끼는 대신 꿈에서 팔을 쓰다듬고 숨을 천천히 쉬면서 스스로에게 '이건 꿈일 뿐이야. 난 지금 안전해.'라고 말하는 장면을 상상해 보라. 잠이 들기 전에 이 새로운 반응을 머릿속에서 연습함으로써 꿈이 되풀이되었을 때를 대비하여 준비하라.

4. **당신에게 괜찮게 느껴지는 방향으로 악몽을 바꾸기**: 당신은 새로운 결말을 만들어 볼수 있다. 꿈에서 죽은 이에게 작별 인사를 하고 그들이 천국에서 웃고 있는 모습을 봄으로써 마무리 지을 수 있다. 또는 심각하게 다친 이의 몸 위에서 손을 움직임으로써 그의 상처를 치유해 주는 것을 상상해 볼 수도 있다(상상 속에서는 무엇이든 가능하다). 또한 선하고 힘이 센 사람들이 당신을 구조하고 보호하는 것을 그려 볼 수도 있다. 그리고 당신을 쫓아오던 괴물에게 다가가 친구가 될 수도 있을 것이다. 당신은 어떤 것이 필요한지 알고 있다. 하나 유의할 점은 새로운 결

말에 폭력을 포함시키지 않는 것이다. 폭력은 대체로 악몽을 처리하지 못한다. 당신이 바꾸고 싶은 부분을 글로 쓰거나 그림으로 그려 보라. 그리고 머릿속에서 적어도 일주일에 한 번은 15분 이상씩 상상해 보라.

5. **꿈 내용의 변화를 기대하기:** 당신이 대안 반응과 꿈 내용의 변화를 연습함에 따라 서서히 꿈의 내용이 변화하는 것을 알아차릴 수 있을 것이다. 아마 죽은 이들에 대한 꿈은 그들이 잘 지내고 있다고 안심시켜 주는 내용을 포함할 것이다. 혹은 꿈에서 보다 긍정적인 결말이 제시될 것이다. 아마 당신은 어려운 상황 속에서 당신이 최선을 다했다는 것을 알게 되었으며, 이로 인해 기분이 좀 더 나아지거나 앞으로에 대하여 좀 더 긍정적으로 바라볼 수 있게 되었을 것이다.

악몽에 대처하는 것에 대한 예시

다음 사례는 악몽에 어떻게 대처하는지에 대한 예시를 보여 준다. 이 사례에서는 그림 그리기와 말로 표현하기를 조합하여 활용하였다. 미술은 꿈을 처리하는 데 효과적인 매개체이다. 그림을 통해 감정, 생각, 감각에 접촉할 수 있고, 심지어 말로 표현하기 어려운 창의적인 해결책으로도 이어질 수 있기 때문이다. 그리고 꿈이 종이에 그려진 다음에는 그것에 대해 거리를 두고 이야기하는 것이 좀 더 쉬워진다.

어떤 부부는 4년 동안 숙면을 취할 수 없었다. 9살 아들 Jake가 밤마다 악몽으로 인해 겁에 질린 채 방으로 뛰어 들어왔기 때문이다. 아이는 단지 공포 영화 광고를 보았을 뿐이지만 달래지지 않았고, 부모의 침실에서 불을 켜 놓은 채로 잠이 들어야만 했다. 내가 이 아이에게 악몽을 그려 보라고 했을 때, 얼핏 보기에는 그다지 무섭지 않은 그림을 그렸다. 그러나 그 그림은 공포 영화의 주인공 Chucky를 묘사하고 있었다 ([그림 9-1]에서 눈썹과 흉터가 묘사된 부분을 보라). 그림을 보면 무엇이 느껴지는지 물어보자, 아이는 "무섭고 화가 나고 슬퍼요."라고 답했다. 나는 아이에게 머릿속에서는 무슨 생각이 떠오르는지 물어보았다. 그는 "나는 강하지 못하고 약해요. 나는 아무엇도 할 수 없어요."라고 답했다. 나는 이러한 감정과 생각의 강도를 1점에서 10점 까지의 척도로 매겨 보라고 했고, 아이는 10점이라고 답했다.

[그림 9-1] Jake가 그린 Chucky

그다음, 아이에게 악몽이 그의 몸을 어떻게 느끼게 만드는지 그려 보라고 했다. 그러 자 그는 [그림 9-2]와 [그림 9-3]을 그렸다. [그림 9-3]에 그의 심박 수가 올라간 것이 표현되어 있다. 나는 그것이 어떤 의미인지 정확히 몰랐지만, 아이에게는 이해가 되었 기 때문에 그것은 큰 상관이 없었다. 그다음, 나는 그에게 편안하게 느껴지는 방향으 로 꿈을 바꾸어 보라고 요청했다. 그는 [그림 9-4]를 그렸다. 흉터가 낫고 Chucky가 다정하게 웃고 있는 것을 보라. [그림 9-5]에서 Jake는 새로운 꿈에서 그가 어떻게 느 끼는지를 그림으로 그렸다. 그림 안에서 그는 '안녕! 나랑 같이 놀래?'라고 이야기하 고 있다. Jake는 이제 '강하고 재충전된 것 같이' 느끼고 있다고 말했다. 나는 그다음 에 이완 훈련을 하면서 새로운 그림과 새로운 생각, 감정, 감각에 대해 떠올려 보라고 요청했다. 활동을 마친 후 Jake는 기분이 좋으며, 이제 더 이상 기억이 무섭지 않다고 말했다. 그의 부정적인 생각과 감정에 대한 척도가 유의미하게 감소되었다.

[그림 9-2] Jake가 그린 감정

[그림 9-3] Jake가 그린 감각

[그림 9-4] Jake가 그린 악몽

[그림 9-5] Jake가 그린 새로운 반응

다음 날 그의 부모에게 전화가 와서 "당신은 믿을 수 없을 거예요. Jake가 4년 만에 처음으로 쭉 잠을 잤어요."라고 이야기했다. 수개월 후에도 그의 숙면은 유지되었다.

나는 리질리언스 훈련에서 악몽에 대한 대처가 어렵지 않음을 보여 주기 위해 Jake의 사례를 종종 공유한다. 이 장에서 제시된 단계들을 자녀 혹은 스스로에게 성공적으로 활용했다는 사례들이 다수 보고되고 있다.

📖 결론

이 장에서 제시된 기술들을 사용하고 악몽에 대처하기 위해서 심리학자나 미술치료사가 될 필요는 없다. 멋진 미술작품을 만드는 것이 중요한 것이 아니라, 생각, 감정, 감각을 진실하게 표현하는 것이 중요하다. 물론 이 책에서 제시되는 다른 기술들과 마찬가지로 추가적인 도움이 필요하다고 느껴질 경우, 경험이 풍부한 정신건강 전문가를 찾아가라.

악몽에 대한 주제를 마무리하기 전에, 악몽을 자주 경험하는 사람들에게서 수면 중 무호흡이 흔하다는 것을 기억하라. 수면 중 무호흡은 해마의 산소를 빼앗아 감으로써, 감정에 북받친 기억들에 대한 기억을 방해하는 것으로 알려져 있다. 따라서 수면 중 무호흡에 대한 검진을 반드시 받아 보라. 수면 중 무호흡을 치료하는 것만으로도 악몽이 감소되기도 한다.

제2부

성장지향:
행복과 긍정성 키우기

제10장	행복의 기초

제1부에서는 당신의 뇌를 더 강하게 하고, 스트레스로 인한 신체적 변화를 조절하며, 강렬하고 고통스러운 감정을 관리할 수 있는 많은 기술을 배웠다. 당신은 이제 리질리언스 훈련에서 매우 중요한 부분인 행복을 키울 준비가 된 것이다. 보다시피, 우리를 더 행복하게 하는 것은 우리에게 '상승곡선'으로 올라가도록 돕거나, 번영시키고(flourish), 전반적으로 더 회복탄력적이게 해 준다. 제2부에서는 긍정심리학에서 도출된 실용적이고 잘 다듬어진 많은 행복 기술을 알아 갈 것이다. 우리는 이 장에서 행복의 기초를 닦기 시작할 것이다.

📖 행복이란 무엇인가

'행복'의 정의는 중요하며, 두 가지로 구성된다.

1. 정기적으로 진솔하고 진심 어린 긍정적인 감정(자족, 감사, 기쁨, 내면의 평화, 만족, 영감, 열정, 희망, 경외, 즐거움, 호기심, 사랑 등)을 느끼는 것이다. 이러한 즐거운 감정의 경험을 긍정성(positivity)이라고 한다.

2. 자신의 삶과 자신에 대한 전반적인 만족감을 느끼는 것, 즉 이것들이 의미 있고
   가치 있다고 믿는 것이다.

그래서 행복은, 말하자면 생일날 원하는 모든 것을 얻은 후에 느끼는 감정 그 이상
이다. 오히려 행복은 더 깊고 더 오래 지속되는 내면의 상태를 반영한다. 외부의 혼란
가운데에서도 내면적으로는 인생을 즐길 수 있는 능력이다. 인생의 아름다움을 음미
할 수 있는 능력이자 "내 집의 밖, 집의 안, 나의 내면의 모든 것이 사랑스럽다."라고
한 Winslow Homer처럼 말할 수 있는 능력이다.

📖 왜 행복이 중요한가

행복과 리질리언스는 밀접하게 얽혀 있다. 예를 들어, 긍정적인 감정은 과각성(elevated
arousal) 상태를 더 빨리 진정시켜 주고, 스트레스로부터 회복시킨다. 행복은 리질리
언스와 상관관계가 있을 뿐만 아니라 삶의 많은 영역에서 번영하고 효과적으로 기능
하는 것과 연결되어 있다(Diener & Biswas-Diner, 2008; Fredrickson, 2009 참조).

- **심리학적 번영**: 행복은 더 높은 자아존중감, 낙관성, 정서적 안정, 그리고 자신감
  과 연관되어 있다. 걱정, 불안, 우울, 적대감, 긴장 등과 같은 심리적인 문제와는
  관련성이 낮다. 우울과 슬픔으로부터 회복하는 것과 같은 대처 능력과 관련이
  있다.
- **직업적 성공**: 평균적으로 행복한 사람들은 일을 더 즐기고, 일에 더 몰두하고, 더
  많은 돈을 벌고, 더 높은 직무고과 점수를 받고, 더 많은 성과를 기대하고, 직장
  에서 다른 사람들에게 더 많은 도움을 주고, 문제에 대한 더 창의적인 해결책을
  찾고, 더 나은 결정을 하고, 제시간에 출근할 가능성이 더 높고, 직장 유지율도 더
  높다.

- **사회적 성공**: 행복한 사람들은 가족에 대한 더 큰 만족을 보고하고, 결혼생활을 더 오래 유지하고, 더 많은 친구를 사귀고, 더 협조적이며, 주변 사람들을 더 행복하게 하고, 덜 공격적이고, 범죄를 덜 저지른다.
- **의학적 건강**: 행복한 사람들은 더 오래 살고, 면역력이 더 강하고, 더 활기차며, 감기, 고혈압, 통증, 염증, 다른 의학적 상태와 관련된 증상들을 덜 겪는다. 행복한 사람들은 상처도 빨리 치유된다.

행복은 어떻게 우리가 잘 살도록 도울까

긍정심리학 연구팀을 이끄는 Barbara Fredrickson(2009)의 확장과 수립 이론(The broaden and build theory)은 행복이 어떻게 우리가 잘 살도록 돕는지 설명한다. 즐거운 감정은 역경에 대한 우리의 관점을 확장해서, 더 넓은 범위의 대처 방법을 볼 수 있도록 도와준다. 또한 새로운 대처 방안을 실행할 수 있는 동기를 부여한다. 더 넓은 범위의 대처 방법을 적용하면 뇌의 새로운 신경회로가 수립되고, 미래의 역경을 위한 더 큰 대처 레퍼토리가 만들어진다. 이러한 메커니즘은 뇌 생화학과도 관련이 있을 수 있다. 즐거운 감정은 뇌가 도파민과 오피오이드와 같은 신경전달물질을 분비하게 만든다. 이러한 화학물질들은 (문제를 회피하려 하기보다는) 문제에 다가가고 해결하려는 경향성을 조성하고, 더 긍정적인 감정으로 대처에 대한 노력을 강화하거나 보상한다. 긍정적인 감정이 더 효과적인 대처로 이어지며, 만족도를 높이고 더 많은 도전과제에 도전할 수 있는 개방성을 높이는 상승곡선이 만들어진다. 따라서 행복 연구자 Sonja Lyubomirsky(2007)는 행복감을 느끼는 것이 사람을 더 생산적이고, 호감이 가며, 에너지가 넘치고, 건강하고, 친근하고, 도움이 되고, 회복탄력적이고, 창의적으로 만든다고 결론지었다.

📖 우리는 항상 행복할 수 있을까

불완전한 세상에서 영원한 행복은 비현실적인 기대이다. 대부분은 끊임없는 행복감이 지루하고 피상적이라고 생각할 것이다. 지속적인 행복은 최상의 기능을 보장하지 않는다. 낙담의 시간은 우리를 처음으로 다시 보내서 더 현명해지고, 더 강해지고, 더 인정 있는 사람이 되도록 할 수 있다. 더 큰 행복을 위해 노력하되, 완벽한 행복을 위한 것은 아니다. 완벽하거나 지속적인 행복을 추구하는 것은 지치고 실망스러울 수 있다.

행복한 사람들도 고통을 겪는다. 예를 들어, 때로는 슬픔과 죄책감을 느끼는 것이 지극히 정상적이다. 하지만 행복한 사람들은 부정적인 감정을 느끼는 데 시간을 덜 쓰고, 그럴 때 다시 되돌아오는 방법을 안다.

📖 어느 정도의 행복이 가장 좋은가

행복에 너무 집착하고 모든 감정에 개방적이지 않은 것이 우리에게 불리하게 작용할 때가 있다. 예를 들어, 행복에 지나치게 집착하는 사람은 의학적인 증상을 경시하거나 의사의 조언을 무시할 수 있다. 그러나 Fredrickson(2009)은 보통 사람들이 경험하는 부정적인 감정보다 긍정적인 감정의 비율을 높임으로써 잘 지낸다는 것을 발견했다. 그녀는 적어도 긍정성 비율이 3 대 1 정도 될 때 시간이 지남에 따라 리질리언스가 생기는 것을 발견했다. 즉, 당신이 경험하는 한 번의 불쾌한 감정을 상쇄하기 위해서는 적어도 세 번 긍정적인 감정을 경험할 필요가 있다. 대부분의 사람들은 그 비율을 맞추지 못하고 있다. 불필요한 부정성을 줄이거나 긍정성을 증가시키면 긍정성 비율은 증가한다. 인지왜곡을 없애는 것은 부정성을 줄이는 한 예이다. 우리 주변의 소박한 아름다움에 마음을 여는 것은 긍정성을 증가시키는 한 예이다.

📖 행복은 어디에서 오는 걸까

　과학적 연구를 바탕으로 Sonja Lyubomirsky(2007)와 그녀의 연구팀은 세 가지 행복의 근원을 밝혀냈다([그림 10-1] 참조).

1. **유전**: 유전은 행복의 50%까지 차지한다. 유전적 요인은 행복의 기준점을 확립한다. 따라서 임금 인상이나 새 차가 일시적인 행복감을 가져다주더라도, 새로운 것이 사라지면 행복은 보통 기준점으로 돌아온다.
2. **환경**: 소득, 신체적 매력 등의 조건, 거주지, 기후, 나이, 성별, 인종, 종교적 소속, 결혼 여부, 교육, 객관적인 육체적 건강과 같은 외부적 조건의 합은 행복의 10%에 불과하다. 그러므로 특정한 외부 환경을 바꾸는 것으로부터 큰 개선을 기대하는 것은 아마도 비현실적일 것이다.
3. **의도적인 활동**: 우리가 규칙적으로 생각하고 하는 일이 행복의 40%를 차지한다. 행복을 증가시키는 가장 위대한 잠재력은 여기에 있다. 우리는 실제로 행복과 관련된 사고 패턴, 태도, 가치관, 활동 등을 실천함으로써 행복을 위한 두뇌를 프로그래밍할 수 있다. 그러한 수행은 유전자가 표현되는 방식에 영향을 미칠 수 있다.

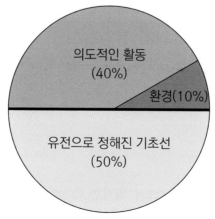

[그림 10-1] 행복 파이: 행복은 어디에서 오는 걸까? (Lyubomirsky, 2007)

[그림 10-2]는 행복에 관한 유전으로 정해진 기초선, 환경, 의도적 활동 사이의 관계를 살펴보는 한 가지 방법을 묘사하고 있다. 승진, 신차, 결혼과 같은 외부적인 사건들은 행복더미를 만들 수는 있는데, 이것은 전형적으로 시간이 지남에 따라 유전으로 정해진 기초선으로 되돌아간다. 그러나 규칙적이고 의도적으로 행복을 증진하는 활동을 하는 것은 행복 수준을 새로운 기초선으로 끌어올릴 수 있으며, 이것은 우리가 행복 증진 활동을 계속하는 한 유지될 수 있다. 여기서 균형이 필요하다는 것에 주목하자. 만약 당신이 유전으로 정해진 기초선이 낮다면, 행복을 기르기 위해 여전히 할 수 있는 것이 많다는 것을 인식하면서, 이것을 잘 알게 되기를 바란다.

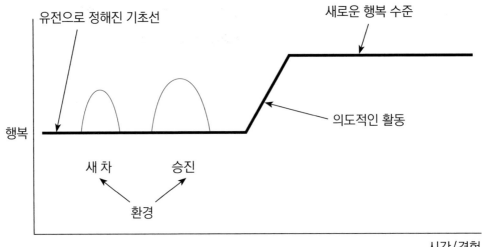

[그림 10-2] 의도적인 활동을 통한 행복 증대(Kerr, no date)

📖 누가 행복할까

경제적, 정치적, 의료적, 심리적으로 열악한 환경에서 생활할 때 즐거운 감정을 경험하는 것은 불가능하지는 않지만 더 어렵다. 따라서 재정적인 위험을 없애고, 의료적 혹은 심리적 상태를 치료하기 위해 노력하는 것이 중요하다. PTSD, 우울증, 불안, 무호흡증, 갑상선 질환, 높은 콜레스테롤 등 행복을 방해하는 많은 조건에 개입의 여지가 많다는 것을 기억하라.

상당한 자료를 보면, 인권이 존중받는 경제가 발전된 민주주의 국가에 살면서 정부 운영에 적극적으로 참여하는 국민들이 평균적으로 더 행복하다는 것을 알 수 있다. 기혼자들은 동거하거나 독신하는 사람들보다 일반적으로 더 행복하다. 그러나 더 행복한 사람들은 더 잘 결혼하고, 결혼을 더 잘 유지하는 경향이 있다. 다시 말해, 결혼생활을 계속 유지하는 사람들은 결혼생활에 들어가는 것이 더 행복했다는 것이다. 높은 기대와 적은 관계 능력으로 결혼을 시작하는 것은 결혼에서 행복의 기회를 줄일 수 있다. 비록 아이들을 기르는 것이, 특히 10대일 때는 스트레스를 줄 수 있지만, 많은 연구는 아이를 갖는 것과 행복을 연관시킨다. 아이들은 종종 결혼, 도덕, 안정된 일, 종교, 그리고 의미와 같은 부모의 행복과 관련된 다른 요소들과 연관된다(행복 연구의 훌륭한 요약은 Brooks, 2008을 참조하라).

우리는 행복해지는 법을 배울 수 있을까

우리 모두는 행복해지고 싶은 욕망을 가지고 살아간다. 행복은 대개 학습되는 것이지만, 근본적인 기술을 익히려면 노력과 끈기가 필요하다. 한때 사랑받던 코미디언 George Burns가 관찰했듯이, 사람들을 행복하게 하는 대부분의 것들은 가만히 기다린다고 오지는 않는다. 우리는 조금의 노력을 기울여야 한다. 좋은 소식은 대부분의 사람들이 일반적으로 행복하다고 말한다는 것이다. 심지어 정신질환이나 신체질환을 앓고 있는 사람들도 그렇다. 더 좋은 소식은 행복 기술을 배우는 것이 한 사람의 행복을 현저히 증가시킬 수 있다는 것이다(Lyubomirsky, 2007). 그리고 선행연구(Sin & Lyubomirsky, 2009)는 이러한 기술을 배우는 것이 우울증을 개선할 수 있다고 제안하며, 심리치료나 약물치료에 행복훈련을 추가하는 것의 효용성을 제시한다.

📖 결론

　행복은 리질리언스의 중요한 요소이다. 행복은 최적의 성장과 기능 발휘를 위해 여러 가지 방법으로 뇌를 변화시킨다. 뇌는 가소성이 있다. 행복과 관련된 신경회로를 구축하는 능력을 가지고 있다. 당신은 뇌에 관한 제1장을 복습하기를 원할지도 모른다. 당신의 뇌를 강하게 할 수 있는 단계를 적어 두고, 새로운 신경회로의 행복을 음미할 수 있도록 준비하라. 수면시간을 15분 늘린다든지, 칼로리 섭취를 하루에 50칼로리씩 줄인다든지, 매일 먹는 메뉴에 과일이나 야채 1인분을 더한다든지, 짧은 산책을 한다든지 하는 작은 시도라도 큰 유익을 거둘 수 있다. 제11장에서 제21장까지 우리는 행복 소프트웨어로서 뇌와 심장 모두의 행복 수준을 증가시키는 프로그래밍, 즉 습관들을 개발하는 방법을 알아볼 것이다.

제11장	감사

우리는 행복의 첫 번째 기술로 '감사'를 살펴보고자 한다. 감사는 지금까지 상당한 연구적 관심을 받아 온 주제이다. 감사를 실천하는 것은 단순히 예의를 갖추는 것 이상을 의미한다. 이는 삶에서 좋은 것들을 인식하고 가슴 깊은 존중과 경외심을 느끼는 것이다. Robert Emmons와 Michael McCullough(2003)의 연구는 행복을 증진하는 것에서 나아가 의도적인 감사의 수행이 직업과 관계 만족, 수면, 건강(예: 고통, 피로, 염증, 우울 증상 감소)을 향상시킨다는 것을 밝혔다. 더 나아가 감사를 실천하는 것은 고통스러운 기억이 덜 괴롭히고 의식으로 덜 침범하게 하는 것으로 밝혀졌다(Watkins et al., 2008).

인생에서 좋은 것에 관심을 돌리는 것은 문제에 집착하는 경향을 상쇄하고 기분을 고양할 수 있는 강력한 방법이다. 감사를 실천할수록 더 많은 것을 즐길 수 있다. 이 습관은 호기심과 낙관주의('오늘은 내가 무엇을 즐길 수 있을지 궁금해.')로 하루를 시작하는 것에 기반한다. 좋은 시간을 공유하고 그들에게서 감사하는 특성을 기억할 때 사람들과의 관계에 대한 느낌이 증가한다. 감사를 실천하는 것은 뇌와 심장 기능에 유익한 변화를 일으키는 것으로 밝혀졌다(McCraty & Childre, 2004).

📖 감사는 어떻게 길러지는가

감사하는 마음을 기르기 위한 두 가지 기본적 방법이 기존 연구에서 제시되고 있다.

감사 일기 쓰기 매일 밤 지난 24시간 동안 감사한 것 다섯 가지를 적어 보라. 기분이 어땠는지, 당신에게 어떤 의미가 있었는지, 그 순간을 좋게 만든 요소(예: 자연, 타인, 신 혹은 당신)는 무엇인지 각각에 대해 간단히 기술하라. 요점은 회상을 통해 감정을 음미하는 것이므로 지나치게 분석적이거나 지적이거나 감정적으로 분리되지 않아야 한다. 이 활동을 2주 이상 매일 밤 약 5분씩 하라. 혹은 일주일 중 하루를 골라 지난 한 주 동안 감사했던 것 다섯 가지를 적어도 좋다. 이 활동을 6주에서 10주 사이, 혹은 더 길게 유지해 보라. 혹자는 일기장 쓰기 기간을 늘리는 것이 과정을 더 생생하게 유지한다고 느끼기도 한다. 당신에게 잘 맞는 주기를 시험해 보라.

당신을 행복하게 만들거나 삶을 풍요롭게 만드는 크고 작은 것에 대해 적어 보라. 당신은 다음과 같은 것들을 적을 수 있을 것이다.

- 웃기거나 즐거웠던 순간(예: 취미활동, 영화 감상, 사랑하는 사람 혹은 친구들과 시간 보내기, 식사, 대화하기, 잠자기, 당신을 미소 짓게 만든 순간을 떠올리기)
- (당신 혹은 타인의) 성취나 성공
- 자연의 한 장면, 아름다운 경관
- 당신이 배운 무언가
- 당신에게 희망을 주는 원리들
- 과정 중의 무언가(목표, 기회, 기대할 수 있는 가능성)
- 부드러운 자비(타인이나 자연, 신의 섭리가 베푼 친절)
- 생존에 대한 자부심, 개인적 강점
- 작동하는 무언가(도로, 학교, 흐르는 물, 법)
- 예술과 발명

- 의료, 보험
- 고용
- 건강, 잘 기능하는 당신의 신체 일부

계속 진행하기 위해, 적어 보고 싶은 무언가가 머릿속에 떠오르는가?

_____

_____

_____

_____

_____

_____

기록하는 경험을 더 강화하기 위해, 사진이나 편지, 인용, 혹은 다른 기념품을 일기장에 추가할 수 있다. 당신은 마음 수준에서 기억에 대한 감사를 경험하는 심박일관성(heart coherence)을 연습할 수 있다. 낮에는 자연의 소리, 음식의 향기, 아이의 순진한 표정과 같이 감사하는 일을 찾으라.

더 나은 삶을 위해 당신의 삶에 영향을 준 사람에게 감사 편지 쓰기 만약 당신이 그 사람에게 한 번도 제대로 된 감사 표시를 하지 않았다면, 이 활동은 더 엄청난 효과를 지닐 수 있다. 그 사람을 앞에 두고 편지를 크게 읽으라. 감사 편지를 쓰는 것은 일기 쓰기보다 더 큰 행복을 주는 경향이 있는데, 대신 일기 쓰기로 인한 행복 증진은 몇 달 더 오래 지속된다. 이 활동은 상대방이 감사하고 기분 좋은 마음을 갖도록 하여 자신의 행복을 증가시킨다.

이들은 감사를 키울 수 있는 여러 방법 중 두 가지였다. 더 많은 다른 방법이 있는데, 다음과 같이 제안할 수 있다.

다른 사람에게 자주 감사를 표현하라. 웨이트리스, 보호자, 사업체에서 일하는 사람 등에게 "도와주서서 감사합니다."라고 말하라. 진정성 있고 구체적으로 말하라("~해 주서서 정말 감사합니다."). 만약 서비스가 특별히 더 좋았다면, 매니저에게 이야기하라. 그러면 칭찬받는 점원, 매니저, 당신, 이렇게 세 사람의 기분이 좋아진다.

교사들은 이 이야기를 특별히 더 좋아할 것이다. 극작가이자 〈Children of a Lesser God〉의 시나리오 작가인 Mark Medoff(1986)는 자신의 학교로 돌아왔다. 그는 좋아 하던 선생님께 자신이 그녀의 몇 년 전 제자임을 소개했다. 그녀는 기억을 되살리기 위해 고개를 위로 젖혔다. 그는 완벽하게 표현된 메시지를 전달하고 싶었다. 대신 "당신이 나에게 중요했다는 것을 당신이 알기를 바랐습니다."라고만 말했다. 이 사랑 스럽고 위엄 있는 여성이 복도에서 울기 시작했다. 그녀는 팔로 그를 감싼 뒤 "고맙습니다!"라고 말하고 자신의 수업으로 돌아갔다. 감사는 그날 두 사람의 기운을 돋워 주었다. 그 파급효과는 의심의 여지없이 그날 학생들에게도 도움이 되었다. 아끼는 사람에게 자주 감사하는 것을 기억하라. 그것은 유대를 강화한다.

하루를 마무리하며 아끼는 사람들과 감사 경험을 나누라. 무엇이 잘되고 무엇이 효과 있었는지 듣는 것은 즐겁다. 이 과정은 함께하는 시간을 더 즐겁게 하면서, 관계를 강화할 수 있다. 이것은 아이들을 즐겁게 재우는 방법이며, 감사의 습관을 기르는 데도 도움이 된다. 또한 아이들에게 선물을 준 것에 대해 어떻게 감사할지 물어볼 수 있다.

잠시 동안, 우리가 당연히 여겼던 것을 포기하라. 이는 작은 것들의 가치를 깨닫게 하는 데 도움이 된다. 감옥 경험을 박탈당한 것이 단순한 초콜릿 조각도 헤아릴 수 없을 정도로 감사하게 만들었다고 내게 말한 제2차 세계대전 포로를 떠올린다. 또 어떤 이는 포로가 되면서 자유의 소중함을 느꼈다고 말해 주었다. 텔레비전 시청을 제한하는 사람들은 종종 다른 삶의 영역에서 더 큰 즐거움을 발견한다.

　매일의 기쁨과 감사를 증가시키라.　우리는 작은 노력으로 '감사에 대한 관성(gratitude inertia)'을 쌓을 수 있다. 다음의 것들을 시도해 보라.

- 긴 줄이나 교통 체증, 어려운 상황에 갇혔을 때, 멈추고 숨을 깊게 들이쉬고 주위를 둘러보라. 얼굴이나 미소, 벽에 걸린 그림, 구름 등 당신의 주위를 둘러보고 즐길 거리를 알아차리라.
- 당신이 감사하는 것을 생각하고, 그 느낌을 당신의 마음에 두라.
- 하루를 마무리하며, 편안하게 앉은 채 눈을 감고 복식호흡을 하라. 당신의 마음이 고요해지게 하라. 마음속 따스함을 느끼고, 머릿속에는 황금빛 줄기가 퍼지도록 하라. 당신이 감사하는 것에 대해 숙고하라.

　감사 기억 시도하기　강제수용소 생존자 Viktor Frankl은 수감 기간 동안 그의 정신을 유지하기 위해 사랑하는 아내의 얼굴을 상상했다. 회복탄력적인 사람은 자주 회상을 하며 어려운 시간을 이겨 낸다. 감사 회상은 타인, 과거, 그리고 미래에 대한 기분과 자신감, 긍정적 감정을 증가시키며, 괴로운 기억의 괴로움은 감소시킨다. 어린 시절부터 최근까지의 좋은 기억에 대한 목록을 작성해 보라. 당신에게 중요한 사람들과 함께한 따뜻하고 향수를 불러일으키는 시간, 중요한 업적, 분수에 지나친 호의, 단순한 즐거움, 자연에서의 즐거운 순간을 떠올려 보라. 10~20분 동안 긴장을 풀고 눈을 감고 복부로 숨을 쉰 다음, 즐거운 추억 하나에 빠져 보라. 감각(당신이 본 것, 들은 것, 냄새 맡은 것, 맛본 것, 신체에서 느낀 것), 감정(이것들을 몸의 어디에서 느끼는지), 생각과 같이 가능한 한 많이 기억의 세세한 부분까지 회상하라. 그 감각과 감정, 생각과 함께 그 순간을 재경험한다고 상상하라. 그 당시 당신의 표정을 기억해 내어 지금 다시 그 표정을 지어 보라. 만약 이후에 일어난 불쾌한 사건과 같은 부정적인 생각이 침범한다면, 그 생각이 나의 경험을 망치게 하지 않겠다고 스스로에게 말한 뒤 즐거운 기억에 다시 집중하라. 며칠마다 다양한 추억을 가지고 이 작업을 수행해 보라.

기억의 재경험이 끝나면, 그 기억의 상세 내용을 적어서 기록할 수 있다. 이는 기억을 굳히고 강화하는 데 도움이 될 수 있다. 행복한 기억에 대한 기록은 스트레스 상황에서 좋은 자원이 될 수 있다. 사진이나 기념품과 같은 경험에 대한 단서를 참고하는 것도 도움이 될 수 있으며, 당신의 기록과 이것들을 함께 두어도 좋다. 기록하는 것이 너무 분석적이거나 감정적 경험을 깊게 만든다면, 하지 않아도 좋다.

역경 속에서 감사를 찾기 회복탄력적인 사람들은 인생에서 피할 수 없는 역경들을 이겨 내는 데 도움이 되는 대처 도구들을 갖고 있다. 감사는 그 도구 중 하나이다. 이는 우리의 정신을 고양하고 어려운 시기를 이겨 낼 수 있도록 관점을 변화시켜 준다. 일부 사람들은 고통 속에서 감사를 찾는다. 예를 들어, Viktor Frankl은 강제수용소 철조망 사이로 볼 수 있는 일몰을 감사히 여겼다.

역경에 대한 감사

훌륭한 테니스 스타인 Arthur Ashe는 심장 수술 중 수혈을 통해 에이즈가 걸렸다. "심장병과 에이즈로 고통받았을 때 '왜 나야?'라고 만약 묻는다면, 나는 그것들을 누릴 수 있는 내 권리와 축복에 대해 '왜 나야?'라고 물어야 할 것이다."라고 말했다(Ashe & Rampersad, 1993, p. 326).

감사 목록 작성 몇몇 사람은 삶의 좋은 것들을 충분히 감사하고 음미하기 위해 더 구조적인 접근이 도움이 된다고 여긴다. 다음의 양식을 사용하여, 매일 당신이 감사한 일들의 목록을 작성해 보라. 그다음, 각각이 당신에게 어떻게 도움이 되었고, 그것이 없는 당신의 삶이 얼마나 덜 풍성할 것인지 나타내 보라(어려운 시기를 감사하게 처리할 수 있는 전략을 제공하는 http://www.newharbinger.com/39409의 문항 13을 참고하라).

나는 (이것)에 대해 감사합니다.	이것이 내 삶을 (이렇게) 풍성하게 만들었습니다.	이것이 없다면 나의 삶은 (이렇게) 달라질 것입니다.

다음으로 넘어가기 전에, 잠시 다음의 구절들을 차분히 생각해 보는 시간을 가지라.

결국 당신의 능력을 높였으니, 당신을 힘들게 했던 사람들에게 감사하라.
—중국 위인 Chin Kung

가지고 있지 않은 것을 슬퍼하지 않고 가지고 있는 것을 기뻐하는 사람이 현명한 사람이다. —Epictetus(그리스 철학자)

당신이 원하는 모든 것을 얻지 못했다면, 당신이 원하지 않는 것을 가지지 않은 것에 대해 감사하라. —미상

컵에 담긴 물을 보며 비관주의자는 왜 그 물이 가득 차지 않았는지, 왜 다른 사람들은 더 많은 물을 가지고 있는지, 왜 그것이 와인이 아닌지 궁금해한다. 반면, 긍정주의자는 '저 아름답고 맑은 물을 보라.'라고 생각한다. —미상

우리가 가진 것에 대해 감사하지 않는다면, 더 가진다고 해도 우리는 절대 행복하지 않을 것이다. —David Rich

활동) 감사 실천하기

이 장을 훑어보며, 당신이 시도할 하나 또는 그 이상의 감사 활동을 골라 보라. 예를 들어, 구조화 활동 하나, 비구조화 활동 하나를 정해도 좋다.

- 구조화 활동: 감사 일기, 감사 편지, 감사 숙고 시트, 혹은 감사 회상
- 비구조화 활동: 자발적으로 타인에게 감사 표현하기, 다른 사람들과 당신이 감사하는 것에 대해 이야기하기, 당연시하는 것을 포기하기, 당신이 감사하는 일을 경계하기, 낮 동안 또는 심상으로 감사하는 것들을 음미하기

결론

무엇이 잘못되었는지 주시하는 결점 고착화 왜곡(flaw fixation distortion)을 기억하

는가? 감사는 삶의 저렴하고 단순한 즐거움을 포함하여 옳은 일을 포함하도록 당신의 초점을 넓힌다. 이렇게 당신의 초점을 넓히는 것은 행복을 증진시키고, 결국 리질리언스를 증가시킨다. 감사는 행복을 높이기 시작하는 좋은 지점이며, 특히 다음 장의 주제인 자아존중감과 관련이 있다.

제12장 자아존중감

인생의 폭풍우 속에서 안전하게 닻을 내리고 있는 자신을 조용히 기뻐하며, 어려운 시기에도 자신의 기본적인 내면의 가치를 바꾸지 않는다는 것을 아는 것은 왜 자아존 중감이 행복과 리질리언스에 중심이 되는지를 암시한다. 이 장에서는 건강한 자아존 중감이 무엇인지, 어떻게 길러야 하는지를 보여 줄 것이다.

우리는 자아존중감에 대하여 무엇을 알고 있는가

한국과 싱가포르(Diener & Diener, 1995; Zhang, 2005)처럼 개인주의가 약한 나라에 서도 자아존중감은 행복의 가장 강력한 예측 변수이다. 행복이 회복탄력성을 증가시 킨다는 '확장과 수립' 이론(Fredrickson, 2009)을 떠올려 보라. 자아존중감이 리질리언 스와 연결될 것이라고 예상할 수 있을 것이다. 그것은 여러 가지 면에서 그렇다.

자아존중감은 목표 추구에 대한 동기(Harter, 1986, 1999), 극도로 스트레스를 받는 환경에서 사는 어린이들의 높은 기능 수준(예: Cicchetti et al., 1993)과 같이 좌절에 직 면했을 때 증가하는 지속성 및 능동적인 문제 해결과 연결된다(Barker, 2007; Dumont & Provost, 1999 참조). 다시 말해, 보람을 느끼는 것은 우리가 최선을 다하도록 동기를 부여하고 압박감 속에서 인내하도록 한다.

자아존중감은 정신건강과도 밀접한 관련이 있다. 예를 들어, 자아존중감 부족은 9·11 이후 불안, 우울증, PTSD를 예측했다(Boscarino & Adams, 2008; Boscarino, Adams, & Figley, 2005). 반면에, 자아존중감을 갖는 것은 사람들이 스트레스를 많이 받는 시기에 우울증이 생기는 것을 막아 준다(Hobfoll & London, 1986; Hobfoll & Walfisch, 1984). 자아존중감이라는 닻이 없는 것은 고통스럽다. 그러므로 자기혐오와 약물 복용, 자살 충동, 그리고 위협을 받았을 때 과도한 스트레스 장애의 연관성은 자명하다.

끊임없는 비판을 받으며 살아가는 것과 같은 어려운 경험은 우리 자신을 바라보는 시각을 바꿀 수 있다. 건강한 정체성과 자아존중감을 회복하는 것은 치유 과정에서 중요한 부분이다.

📖 건강한 자아존중감은 무엇인가

우리가 자아존중감을 어떻게 정의하느냐가 중요하다. 자아존중감(self-esteem)이란 자기 자신에 대한 현실적이고 감상적인 의견이다. 여기서 '현실적'이라는 것은 우리가 자신의 장단점을 정직하게 인식하고 있음을 의미하며, '감상적'은 불완전함에도 불구하고 우리가 자기 자신에 대해 느끼는 것에 대해 전반적으로 긍정적인 인식을 가지고 있다는 것을 의미한다.

자아존중감은 완벽과 같은 것이 아니다. 만약 그랬다면 아무도 가질 수 없을 것이다. 종종 완벽을 향해 신경증적으로 움직이는 사람들은 내면의 안전감의 부족을 보상하려고 애쓴다. 자아존중감은 전능함이나 나르시시즘이 아니다. 나르시시즘은 다른 사람들보다 더 가치 있고 능력 있으며 존경받아야 한다는 잘못된 안전감이다. 이러한 깨지기 쉬운 가치관 때문에 위엄이나 특권의 느낌을 갖게 됨으로써 과잉보상을 하게 될 수도 있다. 그러나 11~12세 아동들을 대상으로 한 대규모 연구는 그렇지 않다고 시사하고 있다. 가장 공격적인 아이들이 소외감을 느끼고 괴롭힘을 당했다고 느꼈고, 부정적인 자아상을 가지고 있었으며, 스스로 즐기지 않았다는 점을 보여 준다(Sprott & Doob, 2000). 이는 건강한 자아존중감을 가진 사람의 모습이 아니다. 인간이 된다는 것은 불완전하다는 것이다. 우리는 침착하게 그것을 받아들이고 발전을 즐길 수도 있고, 아니면 자신의 가치를 증명하기 위해 허풍 떨거나, 자만하거나, 지나치게 경쟁적이 되어 이 현실과 싸울 수도 있다.

건전한 자아존중감은 건전한 겸손이 동반된다. 겸손함을 느끼는 사람은 모든 사람이 가치, 독특한 강점, 인생 경험에 의해 형성된 다른 관점, 기여해야 할 가치가 있다는 것을 인식한다. 겸손하다는 것은 우리가 누구에게나 배울 수 있고, 어떤 분야에서 우리보다 더 발전된 사람들이 항상 존재할 것임을 인식하는 것이다. 자아존중감처럼 겸손은 진실에 근거를 두고 있다. 겸손한 사람들은 자신의 강점(오만하거나 뽐내지 않음)과 다른 사람들의 강점을 인정하고 축하하는 동시에 한계를 인식한다. 겸손은 다른 사람들에게서 배우고 협력할 수 있도록 우리를 준비시킨다.

마지막으로, 자아존중감은 이기심이 아니다. 이기적인 사람은 오직 자기 자신만을 돌본다. 또 다른 극단적인 것은 오직 다른 사람만을 배려하는 것이다. 건전한 자아존중감을 가진 사람은 자신과 타인에 대한 건전한 배려와 존중이라는 '양쪽 초점'을 가지고 있다. 내부 안정은 우리가 다른 사람들을 더 의식할 수 있게 해 준다.

자아존중감의 기둥들

자아존중감은 세 기둥 위에 있다. 각 기둥은 자아존중감을 키우는 방법을 제시한다. 첫째는 사람으로서 평등하고 무조건적인 가치이다. 다른 사람들이 당신보다 더 사회적(social) 가치 또는 시장(market) 가치를 가지고 있을 수 있지만, 인간의 가치는 탄생과 함께 시작된다. 외모, 건강 상태, 교육, 습득한 기술, 우리가 사는 집, 우리가 운전하는 차, 우리가 입는 옷이나 유니폼, 또는 우리가 속한 집단과 같은 외부적인 것에서 사회적 가치 그리고 시장 가치가 발생할 수 있다. 주식시장, 나이, 인기, 실적,

승진, 해고, 포상, 또는 다른 사람들이 우리를 대우하거나 꼬리표를 붙이는 방식에 따라, 타인이 정의하는 가치는 변동할 수 있다. 이와 반대로, 사람으로서의 가치는 변하지 않으며 더 깊은 곳(우리가 누구인지를 인식하는 것)에 뿌리내리고 있다. 사람들은 각각 잘 사는 데 필요한 모든 속성과 잠재력 등 일련의 핵심 역량을 태어날 때부터 가지고 있다. 따라서 사람들은 사랑하고, 배우고, 희생하고, 즐기고, 공헌할 수 있는 능력을 가지고 있다. 다른 사람들은 특정 분야(예: 수학이나 유머)에서 더 발달할 수 있지만, 각각의 개인은 성장할 수 있는 씨앗과 같은 배아에서 이러한 핵심 능력을 가지고 있다. 한 사람을 다른 사람과 다르게 만드는 것은 강점의 독특한 혼합이다. 내면의 가치는 이미 존재하며, 창조될 필요가 없다. 운이 좋은 아이들은 부모가 그들을 대하는 방식에서 이것을 배울 것이다. 그들은 실수가 자기 내면의 가치를 떨어뜨리지 않는다는 것을 이해하게 되고, '실패'를 두려워하지 않는다. 그들은 자신들이 가치 있는 존재(worthwhile), 즉 잘 지내고 자신의 가능성을 실현할 수 있는 시간을 향유하는 존재라는 것을 깨닫는다.

무조건적인 사랑이 두 번째 기둥이다. 부모가 품에 안은 아기에게 이를 얼마나 효과적으로 전달하는지 곰곰이 생각해 보라. 그들은 무조건적인 사랑을 포옹, 미소, 시선, 달래는 소리를 통해 아이에게 전달한다. 부모님은 "네가 기저귀를 망치지 않는다면 나는 너만을 사랑할 거야. 네가 언젠가 우리를 대표할 사람이기 때문에 나는 너만을 사랑할 거야."라고 말하지 않는다. 무조건적인 사랑은 무조건적인 가치의식과 함께 아이의 정서적 성장의 든든한 토대가 된다. 다른 사람이 주는 사랑은 한 사람의 가치를 느끼는 데 도움이 될 수 있지만, 그 사랑이 한 사람의 가치를 만들어 주지 않는다는 것을 기억하라. 인생의 큰 임무는 무조건적인 사랑을 배우는 것이다. 만약 당신이 부모님에게서 그 방법을 배우지 않았다 해도, 당신은 여전히 자신을 무조건적으로 사랑하는 법을 배울 수 있다. 그렇게 하는 것은 인생의 여정을 훨씬 더 즐겁게 한다. 자기혐오에는 생존 가치가 전혀 없다.

세 번째 기둥인 성장은 우리의 강점을 실현하는 과정이다. 그것은 더 능력 있고, 배려 깊고, 생산적이 되는 과정이며, 자신과 타인을 모두 고양시키는 과정이다. 보람 있는 삶이 내면의 가치를 창출하거나 증가시키지는 않지만, 그것은 분명 우리가 자기 자신과 삶의 진로에 더 만족감을 느끼도록 돕는다. 그래서 우리는 자신을 가치 있게 만들기 위해 성장하지 않는다. 우리는 이미 존재한다. 오히려 우리는 우리가 누구인지 표현하는 것으로 성장하는 것을 즐긴다. 성장한다고 해서 완벽에 도달하는 것은 아니다. 성장은 오히려 개인적인 최선을 다하고 노력의 만족을 느끼는 과정이다. 성장은 자신의 가치에서 나오는 것이며, 성장이 가치를 위한 조건이 아닌 것을 알게 되었을 때 우리는 더 많은 기쁨을 느끼면서 실패에 대한 두려움을 덜고 우리가 통제할 수 있는 단 한 가지인 최선을 다하는 것으로 자유롭게 성장할 수 있게 된다. 핵심 가치는 씨앗이고, 사랑은 비료이다.

📖 자아존중감은 어떻게 길러지는가

우리는 세 개의 기둥을 각각 활용하는 기술을 익숙하게 다룸으로써 자아존중감을 기른다. 우리는 이미 존재하는 강점과 역량을 인식함으로써 가치감을 함양한다. 우리는 매일 자기 자신과 타인에게 가장 좋은 일을 하고 싶은 것을 결정함으로써 무조건적인 사랑을 경험한다. 우리는 기존의 강점과 역량을 바탕으로 성장한다. 다음은 내가 강의에서 가르치는 많은 효과적인 기술 중 몇 가지 예를 가져온 것이다(Schiraldi, 2007a, 2016b; 이 책에 대한 추가 정보는 추천 자료의 리질리언스 일반 섹션을 참조).

활동 자아를 명료하게 이해하기

자아존중감을 가진 사람들은 자신들을 더욱 명료하게 이해하는 방식으로서 현재

자신의 장점과 단점의 조합을 알고 있다. 우리의 장점을 아는 것은 자신감으로 이어지고 우리가 기여하도록 동기를 부여한다. 약점을 식별하는 것은 우리의 한계를 이해하는 데 도움이 되고, 도움을 구하거나 에너지를 투자하여 개선할 수 있는 시기를 아는 데 도움이 된다. 자존심이 있는 사람은 비판단적 호기심으로 장단점을 관찰한다(흥미롭지 않은가? 저기에는 강점이 있고, 여기에는 약점이 있다). 당신은 사람들을 다양한 완성 단계에 있는 독특한 모습으로 생각할지도 모른다. 서로 다른 영역은 서로 다른 모습이라서 더 밝게 빛날 수 있고, 어떤 특정 영역에서는 두드러질 수 없다(이는 전체적으로 다재다능하고 균형 잡혔으나 어떤 한 영역에서 반드시 뛰어나지는 않은 사람의 경우일 수 있다). 우리는 그림이 완성되는 과정을 즐기면서 각각의 모습을 즐겁게 바라본다. 우리는 개발이 덜 된 지역을 오히려 개발 잠재력이 가장 큰 지역으로 본다.

　다음의 활동은 당신이 현재 당신의 핵심 가치를 어떻게 표현하고 있는지 명확하게 그리고 감사하게 볼 수 있도록 도와줄 것이다.

작성 지침

1. **우선 인간을 묘사하는 다음과 같은 성격적 특성에 대해 자신을 평가하라.** 0에서 10까지의 척도를 사용하는데, 0은 특성의 완전한 부재를 의미하며(즉, 당신은 그것을 가지고 있지 않다), 10은 특성이 완전히 발달했다는 것을 의미한다(즉, 개인이 보이는 특성이며, 당신은 그 특성을 잘 드러내고 있다). 적절한 등급에 동그라미를 친다. 당신의 등급에서 가능한 한 공정하고 정확하도록 노력하라. 과장하지도 않고, 축소하지도 않는다. 어떤 항목은 자신을 더 높게 평가하고 다른 품목은 더 낮게 평가해도 걱정하지 말라. 그것은 정상이다. 이것은 다른 사람들과 경쟁하는 것이 아니다. 높은 점수가 더 큰 가치를 의미하지 않는다. 사람으로서의 가치는 이미 주어진 것이고 모든 것이 평등하다는 것을 기억하라. 당신은 단지 당신의 가치가 현재 표현되는 독특한 방법들을 알아차리고 있을 뿐이다. 모든 점수는 객관적이어야 한다. 전체 또는 모든 사람이 생각하고 지나치게 일반화하는 것을 피하라. 각 문항의 알맞은 점수에 표시를 하도록 한다.

지능/IQ	매우 낮음										매우 높음
	0	1	2	3	4	5	6	7	8	9	10

성격(도덕, 정직성, 윤리, 공정성)	매우 낮음										매우 높음
	0	1	2	3	4	5	6	7	8	9	10

창의성/문제해결	매우 낮음										매우 높음
	0	1	2	3	4	5	6	7	8	9	10

사리판단/지혜	매우 낮음										매우 높음
	0	1	2	3	4	5	6	7	8	9	10

친절/동정심	매우 낮음										매우 높음
	0	1	2	3	4	5	6	7	8	9	10

유머	매우 낮음										매우 높음
	0	1	2	3	4	5	6	7	8	9	10

존중/다른 사람에 대한 존경	매우 낮음										매우 높음
	0	1	2	3	4	5	6	7	8	9	10

자기존중	매우 낮음										매우 높음
	0	1	2	3	4	5	6	7	8	9	10

성장에 대한 잠재, 변화, 개선	매우 낮음										매우 높음
	0	1	2	3	4	5	6	7	8	9	10

2. 당신이 당신의 행복과 다른 사람들의 행복에 기여하는 방법을 설명하는 다섯 가지 추가적인 특징을 나열해 보자. 결단력, 지속성, 충성심, 격려, 유머, 절약성, 관대함, 친절성, 우애, 감사, 재치, 인간의 존엄성에 대한 경외심, 인내심, 근면성, 자기통제, 신중함, 질서, 조직성, 진실함, 따뜻함, 정의감, 청결함, 평온함, 순결함, 수용, 꾸준함, 용기, 감수성, 헌신, 침착성, 열정, 예의, 믿음성, 겸손 등 인간을 묘사하는 많은 속성을 고려한다면, 이것은 어렵지 않을 것이다. 기준은 당신이 이러한 속성을 완벽하게 소유한다는 것이 아니라, 단지 당신이 어떤 면에서 그것들을 소유한다는 것이다. 그런 다음, 첫 번째 단계에서와 같이 이러한 특성을 개발한 정도를 평가하라.

1.	매우 낮음										매우 높음
	0	1	2	3	4	5	6	7	8	9	10

2.	매우 낮음										매우 높음
	0	1	2	3	4	5	6	7	8	9	10

3.	매우 낮음										매우 높음
	0	1	2	3	4	5	6	7	8	9	10

4.	매우 낮음										매우 높음
	0	1	2	3	4	5	6	7	8	9	10

5.	매우 낮음										매우 높음
	0	1	2	3	4	5	6	7	8	9	10

3. **방금 한 일을 생각해 보라.** 인간은 너무 복잡하고 다양하기 때문에, 당신의 점수 패턴은 의심할 여지없이 다른 사람의 것과 다를 것이다. 당신은 아마도 어떤 부분

에서 더 높고, 다른 부분에서는 더 낮을 것이다. 당신은 0이나 10이 없는 것도 아마 알아차렸을 것이다. 왜냐하면 그러한 극단은 거의 존재하지 않기 때문이다. 이 활동은 다양한 발전 단계에서 복잡하고 독특한 개인적인 모습을 보여 준다. 이 복합물에서 나오는 것은 핵심 가치에 대한 보다 확실한 인식이다. 수치평가의 아이디어는 다른 사람들과의 비교를 유도하는 것이 아니라, 그 완전함과 가능성의 이미지를 제시하고 자신의 독특한 장점들을 혼합한 것에 대한 인식과 감상을 제공하는 것이다.

평가를 완료한 후 다음 질문에 답해 보라.

1단계와 2단계에 대한 답변을 숙고하면서 어떤 속성이 가장 마음에 드는가?

_____

_____

자화상의 비유를 생각해 보자. 공정한 관찰자가 당신의 초상화 전체를 살펴본다면, 어느 부분이 '가장 밝게 빛날까'? 다시 말해, 만약 어떤 사람이 시간을 내어 현재 있는 그대로의 당신을 보게 된다면, 그 사람은 어떤 분야에서 가장 감사하거나 기뻐할 가능성이 높은가?

_____

_____

당신의 삶에서 어떤 속성이나 강점을 더 많이 적용하고 싶은가?

_____

_____

나는 이 활동을 통해 _____를 알게 되었다.

🔊 아이의 눈으로 선명하게 보기

때때로 아이들은 우리에게 무엇이 가능한지를 알려 준다. Linda와 Richard Eyre(1980, pp. 149-150)는 교사가 아이들에게 줄넘기하는 법을 시범 보인 일에 대해 이야기하였다. 네 명의 아이는 포기하지 않았지만, 나머지 세 명은 크게 화를 내거나 포기해 버렸다. 포기하지 않은 아이 Jimmy는 약간의 당황함이나 자의식도 없이 관찰하고 시도했다. 이후 Richard와 Linda는 이 아이에게 몇 가지 질문을 했다.

Linda와 Richard: 줄넘기하는 걸 좋아하니?
Jimmy: 네. 하지만 잘하지는 못해요.
Linda와 Richard: 좋아. 그러면 줄넘기 시범을 그만 보고 네가 더 잘할 수 있는 것을 하고 싶은 거니?
Jimmy: 아니요. 왜냐면은, 어떻게 하는지 배우고 싶거든요.
Linda와 Richard: 네가 줄넘기를 잘할 수 없어서 속상하니?
Jimmy: 아니요.
Linda와 Richard: 왜?

Jimmy: 왜냐하면 저는 다른 것들도 더 잘하거든요.

Linda와 Richard: 예를 들면, 어떤 게 있을까?

Jimmy: 엄마는 제가 그림을 잘 그린다고 하셨어요.

Linda와 Richard: 오, 그렇구나.

Jimmy: 그리고 저는 특히 남동생을 행복하게 해 주는 걸 정말 잘해요.

Linda와 Richard: 그렇구나, Jimmy. 물어본 것을 잘 대답해 주어서 고마워.

Jimmy: 별말씀을요. 걱정 마세요. 저는 언젠가는 줄넘기도 잘할 거예요.

이 아이가 가치 있고 잠재력 있는 사람으로서 충분히 안정감을 가지고 있다고 볼 수 있지 않을까? 자신이 잘하는 것을 알고 있기에 이 아이는 지속적으로 시도하는 과정에서 자신이 잘하지 못하는 것을 잘 수용할 수 있다. 여기서 우리가 배울 점이 있지 않을까?

활동 자아존중감의 내적 대화

자신을 존중하는 사람들과 자신을 싫어하는 사람들은 서로 다른 자기대화를 한다. 제5장에서 당신은 자아존중감을 잠식하는 부정적이고 자기패배적인 자기대화를 제거하는 방법을 배웠다. 이제부터는 바람직한 자아존중감을 가진 사람들이 전형적으로 하는 내적 대화를 연습할 것이다. 이것이 당신에게는 새로운 신경회로가 생기거나 새로운 소프트웨어가 설치되는 것처럼 생각될 수도 있다. 운동선수에 관한 연구를 보면 상세하게 멘탈 리허설(상상훈련기법)을 하는 것이 실제 훈련과 거의 유사한 효과를 보인다고 보고하였다(Verdelle, 1960). 이 활동에서 당신은 핵심 가치를 확인하고, 안전감을 증가시키며 성장을 촉진할 수 있는 사고를 정신적으로 훈련할 것이다.

다음은 자아존중감의 내적 대화를 대표할 만한 문장 목록이다.

자아존중감에 관한 사고

1. 나에 대해 긍정적으로 생각한다. 이것은 좋은 것이다.

2. 나는 스스로를 수용할 수 있다. 왜냐하면 나의 현재 기술 수준, 결점, 또는 다른 외부 요인들보다 더 가치 있는 존재이기 때문이다.

3. 비판은 외부적인 것이다. 나는 그것을 향상할 수 있는 방식으로 처리한다. 또한 비판이 나의 존재 자체의 가치를 낮추게 만드는 결론을 피한다.

4. 나는 나 자신의 행동을 인간 존재로서의 가치에 의문을 두지 않은 채로 비판할 수 있다.

5. 나는 나 자신이나 타인에게 얼마나 무가치하게 보이는지에 관계없이 개별적인 사인(sign)을 성취와 나아감의 표시로 인식하고 즐길 수 있다.

6. 존재로서 그들이 나보다 더 가치 있다고 결론 내리지 않으면서도 나는 타인의 성취나 진보를 즐길 수 있다.

7. 나는 잘 살 수 있는 능력이 있다. 그리고 이를 위해 필요한 시간, 노력, 인내, 훈련, 지원을 잘 사용할 수 있는 능력이 있다.

8. 나는 타인이 나를 좋아하고 존경할 것이라고 기대한다. 만약 그렇지 않더라도 괜찮다.

9. 나는 진실하고 공손하게 대함으로써 대개 타인의 신뢰나 애정을 얻을 수 있다. 만약 그렇지 않더라도 괜찮다.

10. 나는 대인관계나 일에 있어서 적절한 판단을 내린다.

11. 나의 논리정연한 시각으로 타인에게 건설적인 영향을 미친다. 이는 내가 효과적으로 제공하고 설명하는 시각이다.

12. 나는 타인이 즐거울 수 있도록 돕는 것을 좋아한다.

13. 나는 새로운 도전을 즐기며, 일이 즉시 순조롭게 진행되지 않더라도 당황하지 않는다.

14. 내가 하는 일은 대개 질이 좋다. 그리고 나는 미래에 가치 있는 여러 일을 할 수 있을 것이다.

15. 나는 나의 강점을 인식하고 이를 존중한다.

16. 나는 때때로 나의 어리석은 실수들을 웃어넘길 수 있다.

17. 나는 내가 무언가를 기여함으로써 사람들의 삶에 차이를 만들어 낼 수 있다.

18. 나는 함께하는 시간 동안 타인을 더 행복하고 기쁘게 하는 것을 즐긴다.

19. 나는 나 자신이 가치 있는 사람이라고 생각한다.

20. 나는 특별한 인물이 되는 것을 좋아한다. 나는 독특한 것을 기쁘게 생각한다.

21. 나는 자신을 타인과 비교하는 것 없이도 나를 좋아한다.

22. 나는 일관되고 안정된다고 느낀다. 왜냐하면 나의 핵심 가치를 잘 알고 있기 때문이다.

이번 활동에서는 순서대로 제시된 개별 지시문에 초점을 맞추어 보라.

1. **조용한 공간에 앉으라.** 약 20분간 당신이 편안함을 느낄 수 있을 의자에 몸이 잘 지지되게 하라.

2. **편안함이 느껴진다면, 눈을 감으라.** 편안한 심호흡을 2회 정도 하고 가능한 한 깊이 그리고 완전히 몸을 이완시키라.

3. **눈을 충분히 떠서 첫 번째 지시문을 읽으라.** 그리고 나서 눈을 감고 지시문에 집중하라. 그것을 천천히 3회 정도 반복해서 스스로 이 지시문이 정말 정확하다고 느껴 보라. 지시문에 따라 실제로 생각하고 믿어 보는 자기 자신을 상상해 볼 수 있다.

4. **만약 이 지시문이 아직 당신에게 적용되는 것 같지 않은 것 같더라도 걱정하지 말라.** 이것을 단지 새로운 정신적 습관을 만드는 인내하는 연습이라고 생각하라. 대신 부정적이거나 비관적인 사고로 당신을 혼란스럽게 하거나 당신의 진전을 막지 못하게 하라. 실제로 일어나는 것이 무엇이든지 완벽함을 요구하지 말고 받아들이라. 만약 이 지시문이 여전히 괜찮다고 느껴지지 않는다면, 그것을 우회하고 추후에 다시 시도하라. 또는 괜찮다고 느껴지도록 수정함으로써 긍정적인 생각을 유지해 보라.

5. 각 지시문에 해당하는 단계를 세 번 반복하라. 모든 훈련과정은 약 20분이 걸릴 것이다.

6. 이 활동을 매일 반복하라. 최소 3일 동안 지속하라.

7. 활동을 한 후에는, 당신의 기분이 어떤지를 인식해 보라. 많은 사람은 이 훈련을 통해서 일련의 생각들이 더욱 안전하다고 느끼게 되는데, 마치 믿을 만한 친구가 되는 것 같이 된다.

활동 강점 수용

다음 활동은 특별히 자신의 강점을 현실적으로 수용하는 데 효과적이다. 이 활동은 세 명의 캐나다 학자(Gauthier, Pellerin, & Renaud, 1983)의 연구에 기반하였는데, 몇 주안에 자아존중감을 높이는 데 도움이 된다.

워밍업으로, 다음의 강점들을 살펴보라. 당신을 묘사하는 것에 모두 동그라미 표시를 하라. 또한 만약 당신이 때때로 혹은 한 번이라도 그러했다면 동그라미 표시를 하라.

타인에 대한 수용	너그러운	장난기 있는
모험적인	관대한	현명한, 지혜로운
용감한	온화한	시간을 잘 지키는
쾌활한, 명랑한, 유머 있는	우아한, 품위 있는	이성적인, 논리적인, 합리적인
깨끗한	감사하는	공손한

열성적인

칭찬하는

차분한

자신감 있는, 자기확신이
　있는

협동적인

공손한

문제를 창의적으로 해결
　하는, 상상력이 있는

호기심이 있는, 흥미를 갖는

신뢰할 수 있는, 책임감이
　있는, 믿을 만한

규율이 있는

용기를 북돋우는

에너지 있는

열정적인, 활발한

윤리적인, 도덕적인, 정직한

융통성 있는

손재주가 있는

겸손한, 수수한

근면한

자기를 성찰하는

직관적인, 직감을 신뢰하는

공정한, 공평한

친절한, 동정하는

사랑이 있는

충성스러운

개방적인

긍정적인

질서 있는, 단정한

체계적인

인내심 있는

고집 있는, 단호한

설득력 있는

아름다움이나 자연에 반응하는

겸허한

자기수용적인

자제력 있는, 정서를 조절할 수
　있는

세심한

차분한, 평화로운

진실된

자발적인

일관된, 지속적인

솜씨 좋은

검소한

믿을 만한

믿을 수 있는

따뜻한, 우호적인

판단에 있어 지혜로운, 중요한
　것을 구분하는

　당신의 강점을 표현할 수 있고, 당신이 능숙하게 하는 것을 묘사하는 역할이나 방식이 있다면 다음에 체크를 해 보라.

_____ 운동선수

_____ 치어리더, 서포터

_____ 환경미화원

_____ 요리사

_____ 상담사

_____ 토론자

_____ 의사결정자

_____ 취미를 즐기는 사람(Enjoyer of hobbies)

_____ 본보기(모범, 전형)

_____ 가족 구성원

_____ 재무 관리자

_____ 추종자

_____ 친구

_____ 돕는 사람

_____ 리더 또는 코치

_____ 학습자

_____ 편지 작성자

_____ 청취자

_____ 친구

_____ 중재자

_____ 실수 교정자(mistake corrector)

_____ 음악가 또는 가수

_____ 조직자(주최자)

_____ 계획하는 사람

_____ 요구자(requester)

_____ 위험감수자

_____ 웃는 사람

_____ 사교적인 사람

_____ 스토리텔러

_____ 비판을 수용하는 사람

_____ 생각하는 사람

_____ 일을 하는 사람

앞의 항목들에 동그라미 표시를 하기 위해서 완벽함은 필요하지 않다. 왜냐하면 아무도 적시에 또는 완벽하게 이러한 역할을 수행할 수 없기 때문이다. 하지만 만약 당신이 몇 개에 동그라미 표시를 하고, 복잡한 현재 세계에서 합리적인 분별력을 유지하기 위해 노력했다면, 스스로를 격려하라. 이것이 그저 워밍업이라는 것을 기억하라. 이어지는 일부 훈련은 자아존중감을 개발하는 데 굉장히 효과적인 것으로 밝혀졌다.

다음에 제시된 여백에 당신 스스로에 관한 의미 있고, 사실적이고, 진실한 열 가지의 긍정적인 설명을 적어 보라. 당신은 이 설명을 작성할 때, 이 훈련의 서두에 제시된 목록을 활용할 수도 있고, 스스로 설명을 만들어 낼 수도 있고, 두 가지 모두 가능하다. 예시로는 '나는 성실하고, 나의 가족들(또는 팀, 부서 등)에게 책임감이 있다.' '나는 깨끗하고 질서 있다.' '나는 경청하는 사람이다.' 등이 있다. 만일 당신이 잘 수행한 역할을 언급했다면, 그 이유를 설명할 수 있는 개인적인 특성을 덧붙이기를 시도해 보라. 예를 들어, 당신이 좋은 관리자라고 말하는 것 대신에, 당신이 다른 사람을 존중하면서 대하고, 새로운 생각에 개방적이고 결단력이 있다는 것을 더할 수도 있다. 역할은 변할 수 있지만(예: 실직이나 건강 악화), 기질이나 성격 특성은 여러 다른 역할에 걸쳐서 표현될 수 있다.

열 가지 긍정적인 설명

1. _____

2. _____

3. _____

4. _____

5. _____

6. _____

7. _____

8. _____

9. _____

10. _____

만일 당신이 목록을 완성했다면,

1. 15~20분 동안 방해받지 않으면서 이완할 수 있는 장소를 찾아보라. 한 가지 설명에 대해 숙고해 보고, 1~2분 동안 그 정확성에 대한 증거를 생각해 보라. 각설명에 대해서 이 과정을 반복하라.

2. 이 훈련을 7일 동안 매일 반복하라. 하루에 하나씩 여백에 추가 설명을 더해

보라.

3. 당신의 목록에 있는 항목을 하루에도 여러 번 살펴보라. 약 2분간 그것의 정확성에 대한 증거를 깊이 생각해 보라.

추가적인 설명

1. _____
2. _____
3. _____
4. _____
5. _____
6. _____
7. _____

당신이 원한다면, 인덱스 카드에 설명을 적을 수도 있고, 그것을 가지고 다닐 수도 있다. 어떤 사람들은 일상생활에서 쉽게 카드를 찾아볼 수 있다.

진가를 알아보는 생각과 사고로 '나는 쓸모없어.' 또는 '나는 강점이 하나도 없어.' 와 같은 왜곡들을 대체하는 논박 기술을 연습한 후, 당신이 어떻게 느끼는지를 알아차려 보라. 이 활동을 끝낸 후, 당신은 이 활동들을 끝낸 다른 여러 사람과 유사한 감정들을 느낄 수 있다.

- 와, 결론적으로 나 그렇게 형편없지는 않네.
- 연습을 하며 나는 나아졌어. 처음에 나는 그 문장들을 믿지 않았지만, 일하러 가는 길에 내가 웃고 있다는 걸 발견했어.
- 나는 이렇게 행동하기로 동기부여되었어.

- 나는 평화로웠고 편안했어.
- 나는 내가 인정하고 있었던 것보다 훨씬 더 많은 장점을 가지고 있다는 것을 알게 되었어.

📖 활동: 나를 사랑으로 바라보기

미군 목사 N. Alden Brown은 오랫동안 지속되어 온 부정적인 생각들과 연관된 감정들을 비언어적으로 대항할 수 있는 매우 강력한 방법을 가르쳤다. 그 방법은 거울을 바라보며 핵심 자기(core self)를 친절함으로 바라보는 것이다. 이는 아마 당신이 지금까지 스스로를 바라보았던 방식과 매우 다를 것이다.

당신은 당신이 거울을 볼 때 무엇을 보는지 알아차린 적이 있는가? 당신은 곧장 옷, 머리, 주름, 잡티와 같은 외적인 것에 초점을 맞추는가? 당신은 가혹하고 평가적인 방식으로 결점을 알아차리는가, 아니면 기분 좋은 감정으로 당신의 핵심 자기를 먼저 경험하는가?

1. 4일 동안 매일 거울을 여러 차례 보라.
2. 거울 속 당신의 눈을 사랑으로 쳐다보라. 당신은 눈과 눈 주변에서 스트레스를 알아차릴 수 있을 것이다. 진실한 이해심과 감정으로 이를 바라보라. 스트레스 뒤에 무엇이 있는지 이해하려고 노력하며, 이것이 진정될 수 있도록 하라. 당신이 깊은 사랑으로 바라볼수록, 당신은 당신의 눈과 얼굴 전체에서 변화를 알아차릴 수 있을 것이다.
3. 이 활동을 자주 반복하라. 차 거울 등 어떤 거울을 사용해도 된다.

시간이 지남에 따라, 이 간단하지만 심오한 활동은 굉장히 유익하고 좋은 기분이 자리 잡고 자라날 수 있도록 할 것이다. 당신이 눈을 바라보며 핵심 자기를 친절하게 바라봄에 따라 외적인 것들은 더 이상 가장 중요한 것이 아니다(즉, 부수적인 중요성). 거울은 더 이상 두려운 것이 아니라 최적의 수행과 성장을 위해 안전한 기초가 되는 감정인 핵심 자기에 대한 감사의 감정을 상기시키게 할 것이다.

또한 거울 속 외모를 점검해야 할 때, 잘못된 것보다 좋은 것에 초점을 맞추도록 하라. 대부분의 시간 동안 내 몸이 너무나 잘 기능한다는 것이 얼마나 놀라운 일인지를 생각하라. 매력적인 특징들을 알아차리고 안정되게 기능하는 장기들(놀라운 심장, 눈, 귀, 폐, 신장 등등)에 감사하라.

그리고 어디서 일어나며, 얼마나 작은지와 관계없이 모든 성취를 알아차리고 감사하라. 잘못된 것들에 대해 매달리기보다는 효과적인 노력들을 격려하라("잘했어." "훌륭해!" "와, 나 정말 많이 해냈다!"). 격려는 일반적으로 가혹한 비판보다 더 동기부여된다. 진실된 노력들에 만족하는 것은 겸손하지 못한 것이 아니다. 그리고 우리는 우리가 아직 배울 것이 많다는 것을 기억하며 건강한 겸손함을 유지할 수 있다.

📖 결론

다른 사람과 우리를 비교하는 것은 지치는 일이다. 이는 건강한 자아존중감이 줄 수 있는 내적인 안전성을 절대로 제공해 주지 못한다. 자아존중감 기술들을 훈련하면, 이것이 행복과 리질리언스를 높이는 데 큰 기여를 하게 된다. 그리고 자아존중감이 이 책의 다른 여러 기술과 마찬가지로 당신이 숙련할 수 있는 기술이라는 사실을 깨닫는 것은 굉장히 위안이 된다.

이 장은 당신이 당신의 핵심 가치와 타고난 강점들은 알아차리고 자기 자신을 긍정적으로 경험할 수 있도록 도왔다. 당신이 타고난 강점들을 당신과 다른 사람들을 위로하는 방식으로 성장시키는 것은 삶을 더 만족스럽게 만든다. 이는 마치 유리를 담

금질하는 것이 바람으로 인해 깨지는 것에 대한 저항력을 높이는 것처럼, 당신이 스트레스에서 쉽게 무너지지 않도록 만든다. 후속되는 장들에서는 당신의 강점을 기를 수 있는 방법들에 대해서 이야기해 볼 것이다.

| 제13장 | 현실적 낙관주의 |

Cierco는 "사는 동안 희망은 있다."라고 말했다. 자아존중감과 감사와 같은 낙관주의는 행복과 밀접하게 연결되어 있다. 또한 자아존중감과 감사와 마찬가지로 낙관주의는 연습을 통해 기를 수 있는 태도이자 기술이다. 이 장에서는 리질리언스의 중요한 힘을 향상하는 방법에 대해 설명한다.

현실적 낙관주의란 무엇인가

현실적 낙관주의를 가진다는 것은 모든 것이 완벽하게 진행될 것이라고 기대하는 것을 의미하지 않는다. 오히려 이것은 당신이 최선을 다한다면, 가능한 한 순조롭게 일들이 진행될 것이라는 관점을 가지는 것을 의미한다. 또한 이것은 일들이 나쁘게 진행되더라도 당신이 기대하고 즐길 수 있는 무언가를 여전히 찾을 수 있을 것이라고 기대하는 것을 의미한다. 의미 있는 삶을 만들어 나가는 것에 대한 강의를 할 날을 꿈꾸며 가시 철사 속에서 석양의 아름다움에 감탄했던 제2차 세계대전 강제수용소 생존자인 Viktor Frankl을 다시 한번 떠올려 보라.

📖 현실적 낙관주의의 이점은 무엇인가

Martin Seligman(2006)과 같은 연구자들은 낙관주의자들이 비관주의자들보다 행복할 뿐만 아니라, 정신적·의학적으로 건강하고, 스트레스에 강하고, 관계에 대한 만족감이 높으며, 스트레스가 높은 환경에서 좋은 수행을 보인다는 것을 발견한 바 있다. 낙관주의자들은 나쁜 결과와 좋은 결과 모두를 예상하는 경향이 있으며, 이에 맞추어 계획하고, 끊임없이 최선을 다한다. 그들은 부정적인 생각이나 결실 없는 활동들에 빠져 시간을 낭비하지 않는다.

📖 비현실적 낙관주의를 조심하라

낙관주의는 우리를 행동하게 한다. 그러나 현실적 낙관주의와 비현실적 낙관주의를 구분하는 것은 중요하다. 현실적 낙관주의를 가지고 있을 때, 우리는 개인적인 노력의 중요성을 인식한다. 우리는 긍정적인 결과를 바라고, 이를 위해 열심히 노력한다. 만약 한 가지 방법이 효과적이지 않다면, 우리는 유연하게 다른 것을 선택할 것이다. 일반적으로 우리는 호의가 만연하다고 기대하지만, 더 이상 할 수 있는 것이 없는 것 또한 수용한다.

반대로 비현실적 낙관주의는 성공하기 위해 필요한 노력과 어려움들을 온전히 고려하지 않은 상태에서 모든 것이 잘될 것이라고 무분별하게 믿도록 만든다. 우리는 자신이 할 수 있는 것보다 더 많은 것을 할 수 있다고 믿을 수도 있다. 이러한 거짓된 안전감과 자기 과신은 우리를 실망하게 한다. 따라서 비현실적 낙관주의를 가진 사람들은 건강을 돌보는 데 실패하거나 충분히 훈련받지 않았기 때문에 직업적으로 실패할 수 있다. 이제부터는 이를 학습 가능한 기술들로 바꾸어 이야기해 보자.

📖 설명 스타일

낙관주의자와 비관주의자는 나쁜 사건에 대해 다르게 생각한다(Seligman, 2006). 만약 당신이 어떤 사람에게 왜 나쁜 일이 생겼고 이것이 무엇을 의미하는지 물어본다고 가정해 본다면, 그 사람의 설명은 그가 자기 자신, 자신의 삶, 자신의 미래에 대해 어떻게 생각하는지를 나타낼 것이다. 낙관주의자인 동료와 비관주의자인 동료가 진급 시험에서 떨어졌다고 가정해 보자. 비관주의자는 실패의 원인을 다음과 같은 범주에서 찾을 것이다. 이는 개인적(personal)이고, 전반적(pervasive)이고, 영구적(permanent)인 것을 말한다.

- **개인적**: 비관주의자는 자기 자신 전체를 비난하며, 실패를 핵심적인 개인적 결점으로 귀인한다. 그 사람은 '나는 도대체 뭐가 문제인 거야? 나는 정말 무능력한 멍청이야!'라고 생각할 것이다.
- **전반적**: 비관주의자는 실패를 삶의 모든 영역에서 유지되는 패턴으로 바라본다. 그 사람은 '나는 모든 것을 망쳤어! 나는 어느 하나도 제대로 해내지 못할 거야! 내 인생은 망했어!'라고 생각할 것이다.
- **영구적**: 비관주의자는 모든 것이 바뀔 수 없거나 바뀌지 않을 것이라고 바라본다. 그 사람은 '나는 절대 잘하지 못할 거야. 나는 절대 승진하지 못할 거야. 나는 운이 다했어. 차라리 포기하는 게 나을 거야.'라고 생각할 것이다.

반대로, 낙관주의자는 사건을 굉장히 다른 방식으로 설명한다. 외부적이고, 구체적이고, 영구적이지 않은 것으로 자기 자신의 성공과 실패의 원인을 돌린다.

- **외부적**: 낙관주의자는 한 걸음 물러서서 큰 그림을 보며, 자기 자신의 수행을 비판하지, 자기 자신 자체를 비판하지 않으며 다른 영향력의 가능성을 염두에 둔다. 그 사람은 '나는 내가 공부할 수 있는 시간만큼 공부했어. 이건 어려운 시험이었어.

나는 벼락치기를 해서 피곤했어.'와 같이 생각할 것이다.

- **구체적**: 낙관주의자는 이것이 그저 한 가지 사건일 뿐이라는 것을 인식한다. 그 사람은 '나는 가끔 일을 망치기는 하지만, 지금 모든 걸 망치고 있지는 않아. 나는 그날 기대에 부응하지 못했지만, 가끔 이런 일이 생기기도 하는 걸.'이라고 생각한다.
- **비영구적**: 낙관주의자는 나쁜 결과가 바뀔 수 있고 일시적인 것이라고 생각한다. 그 사람은 '나는 배우고 성장할 수 있어. 내가 쉬고 더 많은 것을 배운다면, 나는 다음번에 더 잘할 수 있을 거야. 이게 내 남은 인생 전체의 방향을 의미하는 건 아니야.'라고 생각한다.

어떤 설명 스타일이 당신이 가장 좋은 수준에서 기능하고 느끼도록 동기부여할 것 같은가? 낙관주의자의 사고는 현실적이고 적응적이라는 것을 알아차리라. 또한 비관주의자의 생각은 낮은 자아존중감과 연관된다는 것을 알아차리라. 비관주의자의 사고방식은 무기력함, 수동성, 우울과 같은 감정들을 느끼게 할 가능성이 높다. 다행히도, 우리는 더 낙관적으로 생각하는 것을 배울 수 있다. 이 기술들을 숙련하는 것은 굉장한 혜택을 가져다준다.

활동 설명 스타일

이 활동은 두세 명으로 이루어진 팀에서 효과적으로 이루어질 수 있지만, 개인적으로 할 수도 있다.

1. 일어났거나 일어날 수 있는 나쁜 상황들에 대한 목록을 만들라. 예를 들어, 이 문장을 완성해 보라. 내 직업(또는 가정 또는 삶)에서 일어날 수 있는 가장 최악의

사건은 (   ).

2. 나쁜 사건을 한 가지 골라 설명 스타일 활동지를 완성해 보라([그림 13-1]). 비관주의적 사고와 낙관주의적 사고에 가능한 한 많은 생각을 채워 넣어 보라.

3. 활동지가 완성되면, '반대 입장 취하기'를 시작하라. 비관주의적 사고를 읽거나, 누군가가 읽게 하라. 각각의 생각을 낙관주의적 사고에서 반응하려고 노력해 보라. 예를 들어, 당신이 "나는 멍청해서 실패했어."라고 이야기하는 것을 듣는다면, "나는 잘못된 방법을 썼기 때문에 실패했어." 또는 "최선을 다하지 않았기 때문에" 또는 "문제를 해결할 수 없었기 때문에"라고 반응할 수 있을 것이다.

나쁜 상황(일어났거나 일어날 수 있는 상황에 대해 묘사하라): _____

_____

비관주의적 사고	낙관주의적 사고
개인적: 자신을 총체적으로 비난하는, 핵심적인 자신의 결점이 결과의 원인이 된다고 생각하는	외부적: 전체를 보는, 다른 사람이나 어려운 상황의 영향력을 보는, 낮은 성취에 대해 스스로 비난하지 않는, 성장하는 것에 초점을 두는
전반적: 모든 영역에서 일관되게 나타나는	구체적: 이 상황에 제한된
영구적: 바뀌지 않는	비영구적: 일시적인, 바뀔 수 있는

[그림 13-1] 설명 스타일 표

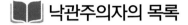 낙관주의자의 목록

　낙관주의자는 역경을 바라볼 때, 낙담하고 포기하기보다는 역경 이면의 긍정적인 측면을 보는 경향이 있다. 즉, 숨겨져 있던 이익, 어떤 옳은 가치, 인생의 새로운 장을 이끌어 낼 수 있는 것을 보는 것이다. 군사 작전 이후에 목록을 작성하는 것처럼, 낙관주의자는 역경을 마주한 후에 남은 것을 본다. 예를 들어, 자동차 사고로 중상을 입은 낙관적인 청년을 생각해 보자. 그는 재활 치료에 수년이 걸렸지만, 여전히 긍정적이었다.

- 다리 하나를 잃었지만, 더 안 좋았을 수도 있었다. 적어도 나는 시력을 잃지 않았다. 적어도 나는 죽지 않았다. 적어도 난 여전히 음악을 들을 수 있다.
- 적어도 나는 거의 모든 일에서 살아남을 수 있다는 것을 배웠다(이는 생존자의 자부심을 보여 준다).
- 적어도 나는 인생에서 가장 중요한 것이 무엇인지 배웠다. 적어도 나에게는 아직 목표와 신념, 그리고 유머감각이 남아 있다.
- 적어도 나는 여전히 좋은 사람들을 만나기를 기대할 수 있다.

활동　'적어도' 활동

　이 활동은 남은 일을 감사히게 하는 데 도움을 주어 역경에 대응하는 방식에 건설적인 변화를 이끈다. 어떤 일이 생겼음에도 불구하고 우리가 얼마나 잘 이겨 낼 수 있는지 묻는 것은 미래의 가능성에 대한 호기심을 불러일으키기 때문에 우리를 고취한다. 방법은 그저 역경을 직면하고 문장에 '적어도⋯⋯'라는 말을 넣어 완성하는 것이다. 가능한 한 많은 문장을 만들라. 어떤 제약도 없이 생각이 흐르게 하라. 그다음, 문

장들을 옆으로 치워 놓고 한숨 잔 뒤 생각을 더 해 보라. 끝나면 다른 사람들에게 본
인의 생각을 덧붙이도록 요청해도 된다.

📖 낙관주의 신념 강화하기

낙관적인 신념은 여러 가지 면에서 강화될 수 있다.

회복탄력적인 생존자들의 낙관적 사고를 드러내는 책을 읽으라.　Arthur Ashe(수혈로 에
이즈에 걸린 테니스 스타)와 제2차 세계대전의 생존자 Viktor Frankl, Irene Opdyke의
자서전 등이 대표적인 예이다(추천 자료의 '리질리언스 일반' 참조).

낙관주의에 관한 명언을 모으고 성찰해 보라.

> 미래를 바라보면서 살 수 있다는 것은 인간만의 특징이며, 때로는 쉽지 않
> 을 수 있지만, 이는 삶의 가장 어려운 시기를 극복하며 버티게 한다. ―Viktor
> Frankl

> 자유는 더 나아질 수 있는 기회로 볼 수 있지만, 노예가 되는 것은 확실히
> 최악이다. ―Albert Camus

> 낙관주의자는 모든 위험에서 기회를 보고, 비관주의자는 모든 기회 속에서
> 위험을 본다. ―Winston Churchill

> 우리는 모든 일에서 고난을 겪지만 좌절하지 않습니다. 우리는 혼란에 빠

지지만 절망하지는 않습니다. —고린도후서 4:8

낙관주의 설문지를 작성하라. 이 설문지는 역경에 직면했을 때 사용할 수 있는 낙관적인 생각을 제시한다. 또한 제22장에서 더 자세히 논의되는 능동적인 대처 행동을 강화한다(http://www.newharbinger.com/39409에 방문하여 질문 문항 4 다운로드).

자기지도 훈련을 사용하라. 이 훈련은 두세 명씩 집단을 만들어야 효과적이지만, 개별적으로도 할 수 있다. 개인이나 팀으로서 발생할 수 있는 어려운 상황(예: 위험, 실패, 패배 또는 손실)을 예상해 본다. 둘째, 상황 이전, 도중, 이후에 사용할 현실적이고 낙관적인 생각들을 브레인스토밍하라. 당신 스스로에게 무엇을 말할 수 있는가? 당신은 낙관주의 설문지를 아이디어를 위해 활용할 수도 있다. 그리고 다음의 아이디어 중 당신이 사용할 수 있는 것 옆에 표시해 보라.

이전

_____ 이것은 힘들어 보이지만, 최선으로 보이는 것을 한다면 가능한 한 잘될 것이다.

_____ 처음부터 잘되는 것은 보통 더 힘들다. 현실적인 목표를 유지하자.

_____ 나는 이 일에 대해 회의적으로 보지 않고 호기심을 갖고 접근할 것이다.

_____ 나는 지금이 전략을 바꿀 때가 되었는지 알아볼 것이다.

_____ 기타: _____

도중

_____ 이것은 어려운 상황이다.

_____ 진정하고 침착함을 유지한다. 나는 이것을 해결할 수 있을 것이다.

_____ 다른 전략을 시도해 보면 아마 더 좋은 결과를 얻을 것이다.

_____ 이 도전에서 내가 기대할 수 있는 모든 것은 내가 최선을 다하는 것이라

는 것이다.

_____ 기타: _____

이후

(좋은 결과에 대한 생각을 확인하라.)

_____ 잘했어.

_____ 대체적으로 나는 꽤 잘했다.

_____ 나는 필요한 자원을 끌어 모았고, 나의 능력과 기술을 사용했다.

_____ 이것은 다른 분야에서 성공할 수 있다는 자신감을 준다.

_____ 기타: _____

(나쁜 결과에 대한 생각을 확인하라.)

_____ 이것은 과거일 뿐이다. 내일은 내일의 태양이 뜬다.

_____ 이 도전은 나의 능력뿐만 아니라 더 발전시켜야 하는 영역까지도 보여
주었다. 나는 시간과 경험을 통해 발전할 것이다.

_____ 다음에는 새로운 전략을 사용할 것이다. 특히 _____

_____ 몇몇 상황은 내 통제 밖에 있었다.

_____ 부족했음에도 불구하고, 나는 여전히 가치 있는 사람이다.

_____ 기타: _____

희망 키트나 앨범을 만들라. 만약 희망의 불씨가 꺼져 간다면, 다시 불을 지필 수 있다. 당신은 당신에게 희망을 떠올릴 만한 것들, 즉 사랑하는 것들의 사진, 추억거리, 영감을 주는 글귀들, 내가 이룬 성취들이나 내가 이루고 싶은 꿈의 기록들, 그리고 내가 나의 목표를 언제 어떻게 이룰지에 대한 것들로 이루어진 앨범을 만들 수 있다 (Echterling, Presbury, & McKee, 2005). 희망 키트(kit)를 접근 가능하게 유지하고, 정기적으로 참조하라. 또한 당신은 희망적인 생각이 떠오르게 하는 것을 포함할 수 있다.

예를 들어, 나를 발전하게 하는 것이나, 혹은 내 노력이 충분하지 않다고 느낄 때, 내가 만족하는 법을 알았다고 생각하는 것이나, 이 또한 지나간다는 것이나, 나는 해결할 방법을 알아낼 수 있기 때문에 즐거운 미래가 기대된다는 것 등이 있다.

수동성, 폭력성, 그리고 다른 부정적인 주제들을 장려하는 텔레비전과 다른 형태의 오락거리로부터 떨어져 휴식을 취하는 것을 고려하라. 낙관주의자들은 비관주의자들보다 텔레비전을 덜 시청한다(Peterson & Bossio, 1991).

📖 밝은 미래를 그려 보기

낙관주의자들은 꿈을 갖고 있다. 그들은 더 좋은 삶을 상상하고 그것을 이루기 위해 목표를 설정한다. 언급했듯이, 4일 연속으로 30분씩 과거의 트라우마에 대해 적으면 기분이 나아지고 의료 서비스를 위한 방문을 줄일 수 있다. 같은 시간 동안 희망적인 미래를 창조하는 것에 대해 글을 쓰는 것은 훨씬 더 좋은 결과를 만들 수 있다(King, 2001).

활동 가능한 최고의 미래

열심히 노력하고, 장애를 극복하고, 당신이 가장 원하는 목표를 성취한 밝은 미래를 상상할 수 있는가? 당신은 더 나은 미래를 위한 생각에 열려 있는가? 이러한 종류의 미래를 그려 보는 과정은 실제로 해야 할 것을 상기시키고 목표를 구체화한다. 그리고 동기를 유발하여 목표 달성을 위해 필요한 힘을 실어 준다. 이 활동(Austenfeld, Paolo,

& Stanton, 2006; King, 2001; Lyubomirsky, 2007의 내용을 결합)은 4일 연속으로 20~30분 동안 이어서 글을 쓰는 것을 포함한다. 다음은 이를 수행하기 위한 지시사항이다.

1. **미래의 삶을 상상해 보라.** 모든 일이 가능한 한 잘 풀리고, 당신이 꿈꾸는 모든 것이 이루어졌다고 상상하라. 당신은 열심히 일했고, 장애를 극복했으며, 인생의 중요한 영역의 목표를 성취했다. 당신은 직업, 교육, 관계, 오락, 여가, 삶의 의미, 영성, 윤리, 건강 등의 영역에서 당신의 목표를 고려해 볼 수 있다. 지금으로부터 1년, 5년, 10년 후 등 인생의 다양한 시점에 있는 목표를 생각해 보라. 이제 이 삶에 대해서 묘사하라. 당신이 보고 느끼는 것과 같은 세부사항을 추가하라. 당신은 어디에 있는가? 당신의 삶에서 그곳에 있는 기분은 어떤가?

2. **이러한 목표들을 달성하기 위해 당신이 특별히 노력한 것들을 묘사해 보라.** 적어도 하나의 주요한 장애를 어떻게 극복할 수 있었는가?(작성 과정에서 목표를 하위 목표와 하위 목표를 달성하는 데 필요한 특정한 단계로 세분화할 수 있다. 이렇게 서면으로 작업하는 것은 과정을 구체화하는 데 도움이 된다.)

3. **작성을 해 보라.**

   '난 할 수 없어.' 혹은 '좋은 일은 절대 일어나지 않을 거야.' 따위의 비관적인 생각을 알아차리고 대체하라. 대신, '아마 할 수 있을 거야.' 혹은 '아마도 좋은 일이 일어날 거야.'로 대체하라.

   새로운 통찰이나 방향에 주의를 기울이라(예: '어쩌면 나는 더 적은 것, 완벽함보다는 우수함, 더 큰 내면의 평화와 같이 전혀 다른 무언가에 만족할 수 있을지도 몰라.' '어쩌면 새로운 전략이 내 예전 방식보다 더 잘 통할 수도 있을 거야.' '어쩌면 나는 나의 강점과 전략이 나를 여기까지 오게 한 것을 더 잘 이해할 수 있을 거야.' '어쩌면 내가 현실적으로 통제할 수 없는 것을 받아들일 수 있을지도 몰라.' '어쩌면 나는 내가 오래된 상처를 용서하는 것을 볼 수 있을 거야.' '아마도 나는 나 자신에게 친절하고 현명한 조언이나 격려를 하는 것이 나에게 얼마나 도움이 되는지 알 수 있을 거야.').

📖 결론

낙관주의를 강화하는 것은 우리에게 더 밝은 미래를 향해 앞으로 나아가라고 촉구함으로써 어려웠던 과거의 균형을 맞출 수 있다. 회복탄력적인 사람들은 좌절에도 불구하고 더 행복한 삶을 살기 위해 꿈을 유지한다. 과거의 부정적인 생각에서 벗어나지 못하고 있다고 느낄 때, 이 장의 활동들을 다시 펼쳐 보도록 한다.

제14장	이타심

8세기 불교 승려 Shantideva는 "세상의 모든 기쁨은 다른 사람들의 행복을 바라는 것으로부터 시작한다."라고 말했다. 이 인용문은 이 장의 주제인 이타심을 아주 잘 소개하고 있다. 이타심은 행복과 리질리언스에 매우 밀접한 관련이 있다.

📖 이타심은 무엇인가

이타심(altruism)은 사심 없이 다른 사람의 유익에 관심을 갖는 것을 의미하며, 다른 사람에게 도움을 주기를 바라는 것이다. 간단히 말해서, 이타심은 나 자신의 이익을 바라지 않고 진실되고 친절하게 생각과 말 그리고 행동으로 실천하는 것이다.

📖 이타심이 주는 유익은 무엇인가

이타심은 우리를 행복하고 건강하게 해 준다. 그리고 건강, 사랑, 직업에서 성공할 가능성이 높아지게 한다. 예를 들어, 유명한 하버드 연구에서 George Vaillant(1977)

는 10년 후 의학적, 심리적, 사회적, 직업적 성공의 지표에서 이타적인 기질이 있다는 것을 발견하였다. 행복에 대한 연구를 하는 Sonja Lyubomirsky(2007)는 이타적 행동이 우리 자신만을 돌보는 것에서 벗어나 사회적 유대감을 형성한다고 결론을 내렸다(사람들은 친절한 사람들을 좋아하는 경향이 있다). 거울 신경 세포는 행복감을 통해 도움을 주는 사람과 받는 사람 모두의 유사한 뇌 영역을 활성화시키는데, 이타적인 행동들을 하게 되면 이 세포를 통해 다른 사람들의 기분을 좋게 하고 우리의 뇌도 유사한 영역이 활성화된다.

친절함은 타인과 우리 자신을 보는 관점을 변화시킨다. 다른 사람을 친절하게 대해 주는 것이 자신의 가치를 높이게 된다. 우리는 자신을 더 유능하고 도움이 되는 강한 사람으로 바라보게 되며, 우리의 삶에서도 의미를 발견하게 된다.

이타심은 다른 사람들이 더 친절하고 덜 냉소적이 되도록 격려한다. 예를 들어, 16세의 Andrew는 남쪽에서 올라오는 허리케인의 피해로 큰 충격을 받았다. 그러나 용감한 구조대원들은 그에게 강한 인상을 주었고, 그는 다른 사람들을 돕는 응급의료인이 되기 위해 밤마다 훈련을 하기 시작했다(Goldman, 2005). 심리학자인 Jackie Lapidus는 9·11 직후 미 국방부 펜타곤 건물 생존자들을 돕기 위해 자신의 일을 잠시 중단하고 5일 동안 자원봉사를 지원하였다. 그 경험을 통해, 그녀는 "친절하고 용기 있는 많은 행동을 직접 보면서 내 이익만 생각하지 않게 되었다."라고 말했다(American Psychological Association, 2001). Victor Frankl은 "우리는 수용소에 살 때 막사 사이를 다니며 마지막 빵 한 조각을 나누어 주고 다른 사람들을 편안하게 해 주었던 그 사람을 기억한다. 그러한 사람들이 많지는 않았지만, 사람에게 모든 것을 빼앗아 가도 인간의 마지막 자유만은 가져갈 수 없다는 것을 증명하기에 충분했다. 인간은 어떤 상황에서든지 자신만의 태도와 가치를 선택할 자유를 가지고 있다."라고 말했다(1963, p. 73). 제2차 세계대전에서 잔인한 일본 수용소에 잡혀 있었던 한 포로는 나에게 자신의 부하를 보호하기 위해 대신 맞았던 리더에 대한 감명 깊은 이야기를 해 주었다. 다른 포로들은 동료들을 살리기 위해 자신의 음식을 나누어 주었던 이타적인 사람들에 대해 이야기하며 눈물을 흘렸다. 북베트남의 지저분한 감옥에서 병들었던 한 수감자는 우연히 자신의 틀니를 화장실 변기로 쓰였던 통에 빠뜨렸다. 한 동료가 그의 팔에서 어깨까지 그 변기에 넣어 틀니를 다시 찾아 주었다. 동료 수감자였던 Larry Chesley(1973)는 이 이야기에 깊은 인상을 받았고, 그런 사람과 함께 살았던 것이 영광이었다고 말했다.

모든 연령대에서 이타심을 실천하는 것은 텔레비전을 보거나 쇼핑을 하는 것처럼 수동적인 활동이나 취미생활 이상의 행복을 느끼게 해 준다(Seligman, 2002). 감각적인 쾌락과 달리, 이타심에서 오는 만족은 시간이 지날수록 더 커진다(우리가 지나치게 이타적이지만 않는다면). 흥미롭게도, 성직자, 소방관, 특수교육교사와 같은 이타적인 직업은 삶과 직업 영역 모두에서 만족도 순위가 가장 높은 것으로 나타났다. 변호사, 은행원, 다른 높은 지위의 직업들은 삶과 직업 만족도가 낮은 것으로 나타났다(T. W. Smith, 2007). Seligman(2002)은 변호사들이 가장 부유하면서도 가장 우울하며, 평균보다 높게 알코올 중독, 불법 약물 사용, 이혼을 경험한다고 보고하였다. (아마도 이들은 공격적, 비판적, 부정적, 비관적, 감정적으로 분리되도록 훈련을 받기 때문일 것이다.) 이 특별한 이타적인 태도를 기르는 두 가지 방법에 대해 살펴보자.

활동 친절 실천의 날

Sonja Lyubomirsky(2007)는 6주 동안 매주 하루에 다섯 가지 친절한 행동을 하면 행복을 증진하는 데 도움이 된다는 것을 알아냈다. 하루 동안 실천할 행동들에 집중하면 그 행동들을 많이 실천하려고 할 때보다 더 많은 행복감을 주었다. 이를 실천하기 위해 한 주 중 하루를 친절 실천의 날(kindness day)로 정해야 한다. 그리고 다섯 가지 친절한 행동을 계획하라. 자유롭고, 기쁘게, 그리고 어떤 개인적인 보상을 기대하지 말고 마음을 다해 실천하라. 만약 실천을 할 수 있다면, 도움을 주고자 하는 사람들과 함께 이야기도 하고 눈도 마주치면서 상호작용을 시도하라. 그 사람들이 도움을 필요로 하는 것을 부정적으로 비판하지 않게 하라. 너무 과하게 실천해서 자신에게 부담이 되지 않게 하고 값없이 주는 기쁨을 놓치지 않게 하라. 만약 이 일이 지겹게 느껴진다면, 잠깐 멈추는 것도 괜찮다. 친절 실천의 날을 도와줄 수 있는 다음의 활동들을 참고하여 실천해 보고 싶은 것들을 옆의 빈칸에 체크하라. 그다음 6주 동안 매주 친절 실천의 날을 정하고 각각의 하루 동안 실천할 다섯 가지 행동을 계획하라. 이타적인 행동들을 기대하는 것과 실천하는 것 모두 기분을 좋게 할 수 있다.

_____ 친구의 자녀를 돌봐 주기

_____ 인기 없는 사람에게 친구가 되어 주기

_____ 기념일에 수제 잼과 같은 가벼운 선물을 친구에게 전달하기

_____ 격리된 사람에게 음식을 갖다 주거나 잠깐 들러서 인사하기

_____ 누군가의 반려동물에게 간식을 주기

_____ 다른 테이블에 앉아 있는 사람에게 디저트를 사 주기

_____ 노숙자에게 음식을 사 주거나 전달하기

_____ 그냥 안부 전화를 해 보기

_____ 자선단체에 기부하기

_____ 가족들을 위해 깜짝 이벤트를 해 주기(좋아하는 음식 요리하기, 부탁하지 않은 집안일하기, 기다려 주기, 집중해서 경청하기, 칭찬하기, 내 물건을 나누어 주기)

_____ 연세가 있는 어르신들을 위해 병원 예약이나 도우미로 봉사하기

_____ 팁을 더 주기

_____ 마사지를 해 주기

_____ 이웃을 도와주기(쓰레기통 버리기, 잔디 깎기, 도로 청소하기, 텃밭에서 키운 야채를 나누어 주기)

_____ 자녀들의 숙제를 도와주기

_____ 깜짝 생일 파티를 열어 주기

_____ 우울해 보이는 사람과 점심, 영화, 산책을 같이 하자고 말해 보기

_____ 다른 차가 먼저 가도록 양보하기

_____ 톨게이트 또는 패스트푸드 드라이브 스루에서 내 뒤에 있는 사람의 요금
을 대신 지불하기

_____ 쓰레기를 줍기

_____ 경찰이나 군인들에게 "열심히 봉사해 주서서 감사합니다."라고 말해
보기

_____ "네가 걱정이 되었어."라는 문구나 쾌유를 바라는 카드를 보내기

_____ 새로운 선생님, 관리자, 학교장 또는 다른 영향력 있는 사람들에게 감사
인사를 전하기

_____ 다른 사람이나 집단에서 나의 지식이나 기술을 나누기

_____ 평소 인사를 잘 하지 않는 사람에게 인사하기

_____ 가족 중 한 사람과 함께 좋아하는 활동을 둘이서 하기

_____ 어떤 사람에게 가서 감사한 이유에 대해 이야기하기

_____ 누군가에게 개인교습을 해 주기

_____ 사회봉사활동 하기[예: 양로원, 무료급식소, 노숙자 임시숙소, 헌혈 캠페인, 학
교, 보육원, 아동지원단체, 청소년지원단체(Big Brothers Big Sisters of America)]

_____ 새 이웃에게 쿠키를 주며 환영하기

_____ 기타(이웃, 친구, 가족, 낯선 사람, 동료 등을 떠올려서 생각해 보기):

_____

📖 게릴라식 친절

친절 실천의 날은 계획적인 반면, 우연한 친절은 무작위적으로 친절한 행동을 실천하는 이타심에서 비롯된다. 한 기자는 Mother Teresa에게 가장 힘들고 가난한 사람들을 도와줄 수 있을지 물어보았다. 그녀는 간단하게 "와서 한번 보세요."라고 말했다. 다시 말해, 친절함은 일반적으로 계획, 연습, 노력을 통해 일어나지 않는다. 우리는 보통 그렇게 실천해야 했기 때문에 실천했을 뿐이다. 우리가 해야 할 일은 마음을 열고 도움을 주고자 하는 의지를 갖는 것이다. 그래서 우리는 이웃집 앞의 눈을 치워주거나 아픈 친구에게 먹을 것을 가져다주는 등 자신만의 독특한 방법으로 도움을 줄 수 있다.

만약 당신이 일기를 쓴다면, 한 주 동안 실천한 착한 일에 대해 기록하게 될 것이다. 연구자들은 이러한 습관이 행복감을 증진한다고 보았다(Lyubomirsky & Della Porta, 2010).

친절함에 대한 두 가지 이야기

몇 년 전, 한 신문에 Thomas S. Monson(2005, p. 4)의 이타심과 감사에 대한 이야기가 실렸다.

콜럼비아 지역 경찰은 금요일에 주인이 없는 자전거 100대를 경매로 팔았다. 첫 번째 자전거의 입찰이 공개되면서 11세 소년이 "1달러."라고 말했다. 그러나 호가가 더 높게 올라갔고, 소년은 다른 자전거가 나올 때마다 희망을 담아 "1달러."라고 반복해서 외쳤다.

잃어버리거나 도난당한 자전거들을 43년 동안 경매를 해 왔던 그 경매인은 경주용 자전거가 나올 때마다 그 소년이 매우 강렬하게 원하고 있다는 것을 알아차렸다.

그 이후에 경주용 자전거가 단 한 대 남아 있었다. 가격은 8달러까지 올라갔다. "9달러에 저기 저 소년이 샀습니다."라고 그 경매인이 말했다. 그는 8달러를 자신의 주머니에서 꺼내 그 소년이 가지고 있는 달러를 달라고 말했다. 그 소년은 동전 몇 푼을 주고 자신의 자전거를 받아 떠나려고 하였다. 그러나 몇 발자국밖에 나아가지 못했다. 조심스럽게 그 자전거를 세워 두고, 다시 돌아가서 감사한 마음을 담아 팔로 그 경매인을 안고 눈물을 흘렸다.

수년 동안 비밀 마약 수사관 일을 한 과거의 학생이 떠올랐다. 그는 냉소적인 생각을 갖지 않으려 했다. 사람들을 체포할 때 그는 선한 마음과 생각으로 그 일을 한다고 하였다. "판단하지 말라고 누군가 나에게 말했어요. 지금 잠깐 내리막을 내려가고 있는 사람들일 뿐이에요. 그들이 완전히 나쁜 모습만 있는 건 아니에요. 나의 삶에서 나를 도와주었던 많은 사람이 떠올랐어요. 아마도 그렇게 도움을 주는 사람들이 그가 다시 예전처럼 돌아올 수 있도록 도와줄 거예요."

📖 결론

친절한 행동을 하는 것과 쇼핑을 하는 것 중에 어떤 것이 더 만족감을 주는지 스스로에게 질문해 보라. 대부분의 사람들은 자신의 기쁨에 초점을 맞춘 행동보다는 이타적인 행동이 더 만족감을 준다고 말할 것이다. 만약 당신이 1달러 지폐에 키스를 한다면, 이 지폐는 다시 당신에게 키스를 해 주지 않는다. 그러나 친절함은 뇌를 활성화시킨다. 다음 장으로 넘어가기 전에, 이타심에 대한 다음의 생각들을 깊이 숙고해 보라.

내가 젊었을 때, 똑똑한 사람들을 존경했었다. 나이를 먹고 보니, 친절한 사람들을 존경하게 되었다. —Abraham Joshua Heschel

때때로 우리의 불이 꺼져도 다른 사람의 존재로 인해 불이 다시 붙게 되기도 한다. 우리 각자는 이 불을 다시 붙여 주는 사람들에 대해 깊이 감사한 마음을 간직하고 있다. —Albert Schweitzer

당신을 만나는 모든 사람이 당신과 헤어질 때는 더 나아지고 더 행복해질 수 있도록 하라. 당신의 얼굴과 눈과 웃음을 통해 하나님의 친절함이 드러나게 하라. —Mother Teresa

만약 다른 사람들이 행복해지기를 원한다면, 친절을 베풀라. 만약 당신이 행복해지기를 원한다면, 친절을 베풀라. —Dalai Lama

제15장 유머

Rodney Dangerfield는 "정신과 담당의가 나보고 미쳤다고 하기에, 나는 진단이 맞는지 안 맞는지 재확인 진단을 내려 달라고 했다. 그가 '게다가, 못생기기까지 했군.'이라고 말했다."라며 재치 있게 말했다. 유머란 무엇인가? 리질리언스와 유머의 관계는 무엇인가? 언제 그것이 건강하고 유용하거나 그렇지 않은가? 유머는 길러질 수 있는가? 이러한 질문들이 이 장에서 살펴볼 것들이다.

📖 유머란 무엇인가

'유머'라는 단어는 습기(moisture)를 뜻하는 라틴어에서 유래되었다. 실제로 유머는 삶을 촉촉하게 하거나 윤활하게 할 수 있다. 유머는 다소 복잡하지만 배울 수 있는 기술로, 이 책의 다른 기술들과 함께 가장 효과석으로 사용된다.

구체적으로 유머(humor)는 즐겁게 하고 즐거워하는 성향(Franzini, 2002)으로, 우습고 재미있는 것을 보고 많은 상황에서 즐거움을 찾는 능력이다. 농담(joking)보다 좀더 큰 의미로 유머는 명료함, 수용성, 장난기, 낙관주의와 함께 삶을 다른 시각으로 보는 방법이다. 우리가 비틀거릴 때, 유머는 우리가 생각하도록 해 준다. '나는 위대

하지 않을 수도 있지만, 나는 몇몇이 생각하는 것보다 더 나은 사람이다!'

유머는 심지어 나쁜 상황도 새로운 시각에서 볼 수 있게 해 준다. 재미, 내면의 평화, 희망으로 말이다. 유머는 스트레스와 관련된 조건들에 흔히 있는 심각한 상태에 대항하여 우리를 밝게 한다.

📖 유머는 리질리언스와 어떤 관련이 있을까

내가 인터뷰한 제2차 세계대전의 회복탄력적인 생존자들은 유머가 그들의 고난을 이겨 내는 데 도움을 준다고 믿었다. 그들은 항상 그 이유를 설명할 수 없었고, 또한 그들이 반드시 웃긴 것도 아니었지만, 유머가 중요하다는 것을 알고 있었다.

우리는 건강한 유머감각이 회복탄력적인 사람들의 필수적인 자산이라는 것을 배웠다. 그것이 최적의 정신건강과 사회적 건강을 위해 필요하다는 것은 일반적으로 합의된 것이다. 건강한 유머는 인생의 순간들에 즐거움을 가져다주어 행복을 증가시킨다. 행복은 결국 우리가 역경에 대처하는 더 많은 방법을 볼 수 있도록 경험에 개방적이게 만들며, 나쁜 순간과 좋은 순간 모두를 밝게 한다. 따라서 상승곡선은 계속된다.

건강한 유머감각은 행복한 기질에서 비롯되고 행복한 기질이 유지되도록 돕는다. 신이 아담과 이브를 에덴동산에서 쫓아내기 전에 그들에게 우아함과 침착함으로 삶을 헤쳐 나갈 수 있는 유머감각을 주었다고 생각하는 유대 전통이 있다. 낙관론과 마찬가지로 유머는 우리가 아무리 상황이 안 좋아도 즐길 거리를 찾을 수 있다고 생각하도록 돕는다.

📖 유머의 형태

유머는 이야기, 농담, 장난, 재치, 놀리기, 익살을 말한다(Yogi Berra의 "그 식당에 사람이 너무 많아서 아무도 더 이상 가지 않는다." 또는 Archie Bunker의 "마지막 유언장과 고환"을 떠올리라). 다양한 형태의 유머는 대체로 건전하거나 악의적인 것으로 분류될 수 있다. 거의 모든 유머의 이점은 정신건강, 더 만족스러운 관계, 더 나은 기능과 관련된 반면, 악의적인 유머는 더 안 좋은 정신건강 및 더 적은 행복과 관련이 있다(Martin, 2007).

건강한 유머(wholesome humor)는 정신을 고양하고, 우리를 편안하게 하고, 우리를 함께 끌어당긴다. 또한 우리의 공유된 어리석음을 따뜻한 웃음으로 이끌며, 우리 모두가 한 배에 탔다는 느낌을 전달한다(자기자비의 유사점을 주목하라). 이것은 다른 사람을 중요하지 않다고 깎아내리지 않으면서 누구나 할 수 있는 어떤 것에 대해서 농담하는 것과도 유사하다. 그것은 적대적이기보다는 선량한 톤을 가지고 있다. 예를 들어, Mother Teresa는 미소를 지으며 자선 선교사들에게 "웃음을 잃지 말고, 웃지 않는 사람이 있다면 그를 웃게 하라."라고 말했다(Petrie & Petrie, 1986). Carlos Mencia는 "신은 유머감각이 있다. 내 말을 못 믿겠으면 내일 월마트에 가서 (우리를 포함해서) 사람들을 관찰해 보라."라고 재치 있게 이야기했다. 이런 유머 스타일은 사람들에게 안전감과 즐거움을 준다. 또한 이런 유머 스타일을 가진 사람들은 자신을 받아들이면서 온화한 태도로 웃을 수 있다.

5학년 때, 나는 내가 좋아하는 선생님에게 바보 같은 일로 짜증을 낸 적이 있다. 그래서 나는 홍역에 걸렸고 곱슬머리를 한 선생님의 그림을 그렸다. 그림에 "이분은 Mulholland 선생님이다. 그녀는 홍역에 걸렸다."라는 설명을 다느라 정신이 없어서, 나는 선생님이 내 책상에 와서 그림을 가져가고 있는 것을 알아차리지 못했다. 겁에 질린 나는 그녀가 고개를 뒤로 젖히고 "아, Glenn, 내가 정말 이렇게 생겼니?"라고 웃는 것을 보고 고개를 들었다. 이 일로 나는 선생님을 좋아하는 마음을 굳혔다. 때때로 건강한 유머는 집단 구성원들이 집단 밖의 누군가에게 선의의 농담을 던질 때 그들을 결속시킬 수 있다. 혼자 있을 때, 우리는 나쁜 상황의 아이러니함을 생각하거나 재미있는 것을 생각함으로써 스스로를 즐겁게 할지도 모른다.

악의적인 유머(hostile humor)는 사람들을 비하하고, 빈정거리고, 깔깔거리고, 놀리고, 조롱하는 별명을 포함한다. 누군가를 배제하기 위해 그 사람에 대해 난처한 이야기를 하는 것은 이러한 유머의 예이다. 만약 누군가가 기분이 상하거나 당황하거나 유머를 시도하는 것을 즐기지 않는다면, 그 유머가 악의적일 가능성이 크다. Rodney Dangerfield는 "60년 동안 아내와 이야기를 나눈 적이 없다. 방해하고 싶지 않았다." 라고 유머스럽게 이야기했다. 이 말을 듣고 아내가 불편해하면 악의적인 것이 될 것이다. 만약 다른 사람이 문제를 삼을 때 당신이 "이거 그냥 장난이야."라고 말해야 했다면, 당신이 공격적인 유머를 구사한 것일 수도 있다. 또한 악의적인 유머는 습관적으로 자신을 비하하는 것을 포함한다. 우리가 건강한 유머를 사용하여 가벼운 마음으로, 받아들이는 방식으로 우리 자신을 놀릴 수 있는 반면, 악의적인 자기비하적 유머는 더 깊은 자기혐오를 드러낸다.

일부 코미디언들은 자기비하적 유머 스타일로 생계를 꾸리지만, 이런 스타일은 자신의 삶에 맞지 않는다. 이런 스타일의 유머는 다른 사람들을 실망시킬 수 있다. 왜냐하면 불안이나 부정적인 모습을 상기시킬 수 있기 때문이다. 코미디언에게 이런 스타일은 직접적으로 맞서는 것보다는 부정적인 면과 실제적인 고통과 불안감을 감추려는 습관을 강화할 수도 있다. 예를 들어, Chris Farley는 자기비하로 사람들을 웃게 만들었지만 내면은 몹시 불행했고, 어린 나이에 약물 과다 복용으로 사망했다. 요컨대 이런 스타일은 자존심을 손상시키고 조롱을 불러일으키며 다른 사람이 자신을 싫어하게 만들 수 있다.

건강한 유머는 한 사람이 자신이나 자신과 다른 사람들을 좋아하고 있다는 것을 드러낸다. 악의적인 유머는 그와 반대되는 경향이 있다.

📖 유머 측정

스스로에게 다음과 같은 질문을 하라.

- 내가 필요 이상으로 심각한가?
- 인생을 좀 더 재미있게 살 수 있을까?
- 내가 더 웃을 수 있을까?
- 인생의 코믹하고, 우스꽝스럽고, 아이러니하고 또는 예상치 못한 순간에서 더 많은 즐거움을 찾을 수 있을까?
- 다른 사람을 미소 짓거나 웃게 할 수 있는 더 많은 방법을 생각할 수 있을까?
- 다른 사람들과의 시간을 더 즐겁게 할 수 있을까?
- 좀 더 재미있게 놀 수 있을까?
- 인생을 즐기는 사람들과 더 많은 시간을 보낼 수 있는 방법이 있는가?

이러한 질문에 '예'라고 대답했다면 계속 읽어 보라.

역경 속에서 유머가 주는 안도감

유머는 우리가 가장 끔찍한 상황에서도 살아남을 수 있게 해 준다. 잠시 동안만이라도 유머가 고통을 줄이고 우리에게 아직도 내면의 자원과 승리의 희망이 있다는 것을 상기시켜 주는 즐거움을 불어넣을 수 있다면 말이다. 코믹한 안도감의 가장 심오한 예들 중 일부는 인생의 가장 어두운 순간에서 발견되었다.

Larry Chesley는 북베트남에서 여러 해 동안 수감되어 있었고, 그는 어려운 시기에 중용을 제공하는 유머의 예를 제공한다.

거기서 우리가 버틸 수 있도록 도와준 가장 중요한 것 중 하나는 서로 그리고 우리 자신에 대해 웃을 수 있는 유머감각이었다. 종전이 될 즈음에 우리의 활동에 대한 제한이 조금 줄어들었을 때, 한 죄수가 상상의 '오토바이'를 타고 캠프를 돌아다니는 것을 지켜보곤 했다. 그는 그것을 닦고 또 닦았다. 그는 심지어 어떤 것으로든 헬멧을 만들어서 가지고 있었다. 그는 높은 핸들 바를 가지고 있었고, 오토바이를 타는 척할 때 그럴듯한 소리를 내곤 했다. 물론 이 모든 것이 상상이지만 그는 다른 죄수들을 정말로 즐겁게 해 주었다. 포로수용소 간수들은 그를 어떻게 생각해야 할지 몰랐다. 그는 그들을 모두 당황하게 했다. 그들은 아마 그가 미쳤다고 생각했을 것이다. 어느 날 포로수용소 사령관은 그에게 수용소에 충분한 공간이 없고, 게다가 다른 죄수들은 오토바이를 가지고 있지 않기 때문에 더 이상 오토바이를 탈 수 없다고 농담을 했다.

우리는 일어났던 몇 가지 어리석은 사소한 일에 웃었던 적이 있었다. 나는 그때 수용소에서 내 인생에서 가장 크게 웃었을지도 모른다(1973, pp. 78-79).

유머 지침 및 원칙

웃기려고 하기 전에, 인생의 즐거운 면을 알아 두도록 하라. 예를 들면, 자연의 아름다움이나 남이 일을 잘하는 것을 보는 것 등이 있다. 모든 정직한 기회에는 비판보다 칭찬과 감사를 나누라.

그저 어울리지 않는, 코믹한, 재미있는, 아이러니한, 우스꽝스러운, 또는 터무니없는 것에 낄낄 웃기만 하면 된다. 그런 상황들이 우리 주변에 널려 있다. Will Rogers는 "나는 농담을 하지 않는다. 정부를 살펴보고 사실만 보고한다."라고 말했다. 그냥 알아 두라. 다른 사람들을 웃게 만든다면 금상첨화이다.

친절하고 다정하라. 유머로 벽이 아닌 다리를 만들도록 하라. 예를 들어, 선의의 방법으로 제공될 때에도 놀리는 것은 더 화가 난다. 비아냥거림, 지배하거나 품위를 떨어뜨리려는 유머, 또는 외부인을 비웃는 것에 특히 주의하라. 의견 충돌이 있을 때, 당신의 유머가 다른 사람의 관점을 무효화하거나 다른 사람의 심각한 문제 해결 시도를 방해하지 않도록 하라. 불안하거나, 우울하거나, 죄책감이 있거나, 지나치게 심각한 사람들을 향한 유머에 특히 주의하라.

유머가 어떻게 받아들여지고 있는지 잘 모르면 물어보라(예: "나는 그저 일을 가볍게 하려고 했을 뿐이야. 괜찮았나?"). 그리고 상대방의 반응을 들어 보라.

　자기에게 맞는 것을 하라.　유머를 강요할 필요는 없다. 웃긴 실제 이야기를 하는 것이든, 농담을 하는 것이든, 한 친구나 작은 친구들 모임에서 함께 코믹한 순간을 즐기는 것이든, 가장 편안한 유머 타입을 사용하라.

　웃기지 말아야 할 때를 알라.　모든 순간이 농담으로 바뀔 필요는 없다. 지나치게 촐랑거리는 사람은 진지하게 여겨지지 않는다. 누군가가 고통스러워할 때 가벼운 언급이 도움이 될 수도 있지만, 그것은 종종 역효과를 일으킬 수 있다. 사랑하는 사람에게 진정한 고민이 있을 때 그것을 농담으로 만들려고 하는 것은 그 사람을 좌절시킬 수 있다.

　자기만족을 위한 유머를 조금이나마 사용하라.　안전한 사람은 대개 자신의 결함을 비웃을 수 있고, 그렇게 함으로써 다른 사람을 안심시킬 수 있다. 하지만 너무 무리하지는 말라. 자신을 너무 많이 내려놓는 것은 다른 사람들이 정이 떨어지게 할 수 있다.

　자발적이어야 한다.　계획되지 않은 장난스러운 방식으로 대응하라. 대부분의 웃음은 자발적인 대화 유머에서 비롯된다. 두 번째로 큰 웃음의 원천은 아무도 심각하게 다치지 않았을 때의 불상사에서 비롯된다. 즉, 사람이 유머로 생각할 수 있을 때, 나는 내 실수 이상의 존재이다. 나는 압박감 속에서도 그들 주변에서 춤을 출 수 있다.

📖 유머 활동

　당신의 유머 선호도를 알아보라.　어렸을 때 당신의 유머감각이 어땠는지 기억하라. 무엇이 당신을 웃게 만들었는가? 어린 시절에 가장 가까운 친척들과 친구들의 유머를 어떻게 묘사할 것인가? 그들은 유머를 즐겼을까? 어떤 종류였는가? 그들은 일상적인 유머를 시작했는가? 그들은 스트레스를 받는 시기에 유머를 시작했는가? 누가 당신에게 가장 많은 영향을 미쳤고, 왜 그랬는가? 이러한 질문들을 곰곰이 생각해 보면, 아마도 당신이 가장 높이 평가하는 유머의 종류에 대한 통찰력을 얻을 수 있을 것이다.

추억에 잠기는 유머를 시도하라.　조용한 곳에서, 긴장을 풀고, 정말로 여러분을 힘들게 웃게 했던 재미있는 이야기 세 가지를 떠올려 보라. 사진을 똑똑히 보라. 그것들을 다시 경험하라. 당신의 웃음소리를 들으라. 당신의 몸이 웃는 것을 느끼라. 경험담을 일기에 자세히 기록하라. 가까운 사람과 한 가지 경험을 공유하라.

당신을 웃게 하는 것들에 신경 쓰라.　다섯 개의 파란 물체를 찾기 위해 주위를 둘러보라. 아마도 당신은 전에 거의 알아차리지 못했더라도 푸른 물체가 당신 주위에 있다는 것을 깨닫게 될 것이다. 비슷한 방법으로 찾으면 웃음이 나는 것들을 찾을 수 있다(A. Klein, 1989). 아름다운 아기나 일몰을 보고 웃거나, 뭔가 재미있는 것을 발견할 수도 있다. 일주일 동안 매일 찾아낸 것을 기록하라. 미소 짓고, 웃고, 장난칠 준비를 하라.

웃으면서 하루를 시작하라.　미소 짓는 것과 웃는 것은 뇌의 웃음 관련 기관을 활성화하고, 긍정적인 기분을 형성한다. 이것은 심지어 웃음이 강요된 상황에서도 나타난다. 아침에 일어났을 때 다음의 문단을 소리 내어 읽어 보라.

하 히 히 히, 하 호 하! 하 호 호 호 히
호 히 호 히 호 하. 하 호 히 히 하 하
호 하 히 호 하. 하 호 히 히 히 히 하
호 호 호 하 호 호. 하 히 호 호! (A. Klein, 1989, p. 112에서 인용)

이 같은 웃음소리 연습 활동은 수 세기간 시행되어 온 불교의 웃음 명상과 비슷하다(미소 명상을 http://www.newharbinger.com/39409의 문항 10에서 참조해 보라. 대안적으로, 하루를 부정적인 생각으로 시작하기보다, '나는 살아 있음에 행복해!'라고 생각하며 시작해 보라).

화가 나거나, 우울하거나, 불안할 때, 웃을 만한 무언가를 찾아보라. 언젠가 자동적으로 할 수 있을 때까지 이것을 의식적으로 계속하라. 상황의 심각성을 감소시키지 않고 자신의 기분을 밝힐 수 있음을 기억하라.

유머 컬렉션을 만들라. 가장 좋아하는 코미디 영화, 만화, 웃긴 책들, 농담들, 유머러스한 경험들, 카드의 목록을 만들라. 이 목록을 편리하게 보관하고 자주 참조하라.

농담을 던지거나 재미있는 이야기를 하라. 제일 좋아하는 것을 하나 정하고, 잘 말할 수 있을 때까지 연습하라. 특히 가장 웃음을 터트리게 만드는 펀치 라인을 연습하라. 여러 집단에게 말해 보고 반응을 살피라. 비틀어 보기도 하고, 또 다른 것을 시도해 보기도 하라. 스토리텔링에서 유머와 농담은 연습을 통해서 발전할 수 있는 것들이다.

언어유희를 즐기라. 이 단편이 보여 주는 것처럼 언어는 재미날 수 있다. Archie Buncher가 자신의 "마지막 유언장과 고환(last will and testicle)"을 쓰기로 결정한 것은 그가 화물칸에 갇혔을 때였다[역자 주: last will and testaments(마지막 유언)을 잘못 말한 것이다]. 어느 가게 표지판에는 "그 자리에서 즉시 귀를 뚫어 드립니다."(McGhee, 1999, p. 150)라고 쓰여 있다(역자 주: 귀는 즉시 뚫어 주는 것이 당연한 것인데 유머러스하게 표현한 것이다). Jay Leno는 의도치 않은 재미있는 신문 헤드라인과 결혼 발표로 웃음을 주는 방법을 보여 주었다. 언어유희를 편하게 생각하라. 대부분의 사람들은 말장난꾼만큼 영리하게 생각하지 못한다.

과장하라. 최악의 상황을 보고도 웃어넘기면 문제가 덜 심각해 보인다. 예를 들어, "나는 늙었기 때문에 더 이상 초록 바나나를 살 수가 없어."라고 말할 수 있다(역자 주:

초록색 바나나가 노란색이 될 때까지 오래 살 수 없음을 표현한 것이다).

당신 자신에 대해 유머스럽게 표현하라. 우리는 우리 자신에 대해서도 웃을 수 있다. 왜냐하면 우리 모두는 어리석은 일을 하기 때문이다. 실수, 약함, 결함은 외부적인 것일 뿐이며, 우리의 중심 가치를 정의 내리지 않는다는 점에 대해 경이로워하라. 그리고 스스로에 대해 웃을 때, 수용하는 방향으로 하라. 과하게 하는 것은 자아존중감이 낮은 것처럼 비춰질 수 있다. 유머 연구자인 Paul McGhee(1999, p. 203)는 다음과 같은 활동을 제안한다.

당신 스스로에 대해 마음에 들지 않는 점들을 목록으로 만들라. 이것은 실수가 세상의 끝남을 의미하지 않는다는 것을 깨닫는 데 도움을 준다. 이 목록을 바꿀 수 있는 것과 바꿀 수 없는 것으로 나누어 보라. 불완전함 그리고 당신이 가장 민감하게 반응하는 당황스러운 순간에 장난을 칠 수 있도록 연습하라(예를 들어, "내 발가락이 너무 길어서 내가 도착하기 2분 전에 벌써 도착해 있을 거예요."). 또는 완벽하지 않은 사람들이 모여 있는 집단에서 당신을 소개하는 상상을 해 보라. 익명의 알코올 중독자 집단에서, 당신은 이렇게 말할 수 있다. "나는 John이에요. 그리고 나는 돌출 귀를 가졌답니다." 그러면 그들은 "안녕하세요, John."이라고 가볍게 수용하며 대답할 것이다. 누구든지 불완전함 때문에 당신을 거부하는 사람은 심각한 문제를 가지고 있다는 태도를 취하면서 이것(자기 소개)을 실행하면 된다.

역경 속에서 유머를 찾으라. 과거에 역경에 감정적으로 어떻게 반응했는지 또는 일반적으로 어떻게 반응했는지 생각해 보라. 아마도 당신은 슬퍼하거나 불안해하는 반응을 할 것이다. 다른 옵션을 고려하라. 예를 들어, 당신은 이혼 후에도 집착하고 비참한 상태에 머물 수 있다. 아니면 밖으로 달려가 팔을 벌리고 "다음!"이라고 외치는 여자처럼 될 수 있다. 이 상황에서 무엇을 할 것인가? 역경 속에서 좋은 유머를 보여 주는 사람으로 빈칸을 채우는 것은, 역경을 재구성할 수도 있다(예를 들어, "나는 길을 잃은 것이 아니다. 나는 탐험 중이다."라고 할 수 있다). 아니면 재미있는 기억을 떠올려 나쁜 기억 위에 겹쳐 놓을 수도 있다. 육군 레인저 학교에서 친구와 나는 칠흑 같은 밤의 어둠 속에서 계곡을 건너야 했다. 우리는 협곡을 가로질러 쓰러진 나무를 발견했고, 마치 다락문처럼 무너졌을 때 조심스럽게 줄타기를 하고 있었다. 우리는 계곡 바닥으로 15피트 떨어졌다. 잠깐의 침묵 후, 친구가 큰 웃음을 터뜨리는 소리를 들었다. 우리 둘 다 다치지 않았다는 것을 깨달았을 때 나는 합류했다. 우리 둘 다 몇 분 동안 웃으면서 구겨진 더미 속에 그저 앉아 있었다. 어려운 기억이나 현재 상황에 코믹한 기억을 겹쳐 놓으면 덜 부담스러워 보인다. 연습을 하기 위해서 당신이나 다른 사람들이 역경 속에서 유머를 발견했을 때의 몇 가지 재미있는 기억을 적어 보라.

유머 스타일을 관찰하라.   며칠 동안, 이 장의 앞부분에서 설명한 건전한 그리고 악의적인 유머 형식을 사용하여 자신과 다른 사람을 관찰하라. 이러한 형태에 대해 생각할 수 있도록 이러한 관찰을 일지에 기록하라. 두 가지 형태가 당신과 다른 사람에게 미치는 영향을 기록하라.

쾌활한 사람들과 연락하고 지내라.   당신을 웃게 만드는 사람에게 전화하거나 방문하라. 매주 또는 더 자주 수행하라.

📖 결론

건전한 유머는 당신과 주변 사람들 모두를 기분 좋게 할 수 있다. 이러한 관점에서 볼 때, 건전한 유머는 일종의 봉사활동이 될 수 있나. 긴진힌 유머의 불꽃은 이미 당신 안에 존재한다. 그것은 종종 낙관주의, 연민, 자아존중감, 이타주의, 사랑과 같이 이 워크북에서 설명된 리질리언스의 다른 강점들로부터 파생하여 자연스럽게 생겨나기도 하고, 영양을 공급받기도 한다. 유머는 기본적으로 놀이와 오락에 개방적이라는 것을 기억하라. 이런 것을 감안하면, 유머는 매우 간단하고 자연스러운 것이다.

제16장 도덕적 강점

도덕적 생활은 행복을 키워 주고, 내면적으로도 더 평화롭고 자신에 대해 좋은 느낌이 들도록 도와준다. 평화와 만족과 같은 감정은 행복과 관련이 있으며, 행복은 리질리언스와 관련이 있음을 기억하라. 이와 반대로 종종 우리의 도덕적 능력에 부응하지 않은 결과로 나타나는 후회와 죄책감은 불안정한 내면적 혼란을 만들 수 있고, 또 우리를 스트레스 관련 조건에 더 취약하게 만들 수 있다. 이 장은 도덕적 강점에 대해서 논의할 것이다. 그것은 무엇이고, 그것이 왜 중요하며, 어떻게 그것을 배양할 수 있는지, 그리고 리질리언스와 무슨 관련이 있는지에 대해서 논의할 것이다.

📖 도덕적 강점이란 무엇인가

세계의 거의 모든 문화권에서, 사람들에게 도덕적 강점을 구성하는 것이 무엇인지 묻는다면, 포함되는 가치들은 아마 정직함, 존경심, 자비로움, 예의범절, 신뢰성, 책임감, 공정성 등일 것이다. 이 장에서 우리는 다른 사람들이 우리에게 부여한 가치에 대해서 이야기하지 않을 것이다. 오히려 우리는 이미 우리 안에 있어서 언제든 발달시킬 수 있는 내면의 힘에 대해서 이야기할 것이다.

윤리적인 것(being moral)은 간단하게 '선한 사람' '괜찮은 사람'이 되는 것이며, 달리 말해 좋은 성격을 가지는 것이다. 윤리성은 보편적인 선함이 무엇인지, 즉 자신과 타인 모두에게 유익한 것이 무엇인지 탐색한다.

우리는 사람들이 선하고, 선한 일을 하기를 원한다고 가정한다. 대부분의 사람들은 자신이나 타인에게 불친절함 속에서 찾을 수 있는 지속적인 행복이 없다는 것을 알고 있다. 반대로, 선하다는 것은 우리의 진정한 내면으로 연결되어, 궁극적으로 지속적인 행복으로 이어진다.

📖 도덕적 강점, 행복, 리질리언스

행복한 사람들은 양심의 평화를 도모하고 후회를 줄이는 방식으로 행동한다. 그들은 정직하게 산다. 이는 그들이 사는 방식이 그들의 최고의 가치와 일치한다는 것을 의미한다. 구조적 무결성은 무언가가 쉽게 깨지거나 찢어지지 않는다는 것을 의미하는 것처럼, 도덕적 무결성은 우리가 역경을 견디는 데 도움이 된다. 정직하게 생활하면 만족스럽게 삶을 되돌아보고 추억을 다시 즐길 수 있다.

양심의 평화는 완전함을 요구하지는 않는다. 그것은 우리가 최선을 다하기를 요구한다. 즉, 우리가 도덕적 우수성을 위해 노력하는 것을 말한다. 이것은 매우 기본적인 형태의 용기가 필요하다. 왜냐하면 도덕적 삶이 반드시 대중적이거나 쉬운 삶인 것은 아니기 때문이다.

행복이 선과 연결되어 있다는 생각은 오래되었다. Aristotle는 행복을 의미하는 'Eudemonia', 즉 '선한 영혼(good soul)'이라는 단어를 사용했으며, 행복은 고결한 삶에서 비롯된다고 가르쳤다. 대조적으로, 여러 전문 저술가는 깊이 새겨 온 도덕적 가치를 벗어난 고통에 대해 주목하였다. 예를 들어, Ed Tick(2005)은 도덕적 고통을 근본 원인으로 삼으며 참전 용사들의 PTSD를 '영혼의 상처'로 묘사했다. John Chaffee는 점진적인 함정 또는 유혹을 설명하며 "부도덕한 사람들은 정신의 질병에 의해 점진적으로 황폐화되고, 부도덕한 사람들은 핵심적인 내면에서부터 타락했다."(1998, p. 341)라고 언급했다. 또한 전쟁 관련 PTSD 전문가인 Jonathan Shay(2002)는 대부분의 도덕적 상처가 자기혐오감, 무가치한 느낌, 자존심 상실로부터 발생한다고 언급했다.

강박을 통해 도덕성이 지속적으로 향상되는 경우는 거의 없지만, 대부분의 사람은 리질리언스의 다른 강점들과 마찬가지로 도덕적 강점이 타고나며 강화될 수 있다는 데 동의할 것이다.

모든 이들이 도덕적 삶을 살 수 있다. Mother Teresa(Petrei & Petrie, 1986)에게 살아 있는 성인이 어떤 것인지를 물었을 때, "내가 있는 위치에서 거룩해야 하는 것처럼, 당신이 있는 위치에서 거룩해야 합니다. 거룩함은 당신과 나에 대한 단순한 의무입니다. 거룩하게 되는 것에 특별한 것은 없습니다."라고 대답했다. '전체' '치유' '건강' 과 동일한 언어적 뿌리를 가지는 '거룩하다(holy)'는 자신의 가치와 행동 사이에 일관성을 갖는 것을 의미한다. 따라서 사람은 거룩한 교사, 부모, 환경미화원 또는 소방관이 될 수 있다.

Mark Twain(1971, pp. 261-262)은 자신의 공책에 "자신의 마음속 깊은 곳에서부터 스스로에 대해 상당한 존경심을 가지고 있는 사람은 없다."라고 썼다. Twain이 우울증에 시달렸다는 것은 흥미로운 일이다. 반대로 회복탄력적인 사람들은 자존심을 유지하려고 노력한다. 그것을 잃어버렸다면, 복구할 방법이 있기 마련이다.

📖 도덕적 강점을 키우는 방법

내면의 평화와 자기존중으로 향하기 위한 핵심적인 세 가지 경로가 있다.

1. **도덕적으로 살기를 미리 결정한 다음에, 그렇게 하라.** 무엇을 할 것인지 안 할 것인지에 대한 결정을 내리는 가장 좋은 시기는 역경이 닥치기 전이다. 일단 도덕적 행

로가 미리 정해지면, 당신이 협박을 받거나 피곤하거나 유혹을 받을 때 정직하게 행동하는 것이 훨씬 더 쉽다.

2. **잘못을 바로잡는 시스템을 갖추라.** 그리고 인간이기 때문에 불가피하게 만든 실수에 대해서 마음의 평화를 이루라. 잘못된 선택에서 벗어나는 것은 리질리언스의 중요한 부분이다. 우리는 이것을 도덕적 리질리언스라고 부를 수 있다. 많은 문화, 종교, 회복 집단에는 다음과 같은 단계들이 있다.

- **잘못을 인정하라.** 우리가 부인하는 것을 바꿀 수는 없다.

- **가능하다면 잘못을 바로잡으라.** 이것은 상처받은 타인들과 우리 스스로를 위해서도 치유가 되는 일이기에 자비로운 일이다. 때때로 진정성이 담긴 사과만이 유일한 방법일 수도 있다.

- **완화된 상황을 인정하라**(예: "나는 경험이 부족해." "나는 압박에 못 이겨 결정을 내렸어." 혹은 "나는 모든 정보를 가지고 있지는 않았어."). 이것은 핑계를 만드는 것이 아니라, 상황에 대한 이해를 높여 줄 수 있다. 나는 언제나 나의 미국 육군사관학교 동료인 Doug Madigan을 감사의 마음으로 기억한다. 동창회 때, 나는 미국 육군사관학교에서 나의 가장 큰 후회를 그 친구와 나눌 기회가 있었다. 내 룸메이트 중 두 명이 신입생 1학기에 낙제했고, 나는 내가 더 좋은 친구였다면 그 친구들이 낙제하는 것을 막을 수 있지 않았을까 하는 생각이 들었다. 두 룸메이트와 역시 친했던 Doug는 진심으로 걱정하며 "우리가 겨우 18살이었을 때 무엇을 알 수 있었겠어?"라고 말해 주었고, 이 말에 나는 왠지 기분이 나아졌다. 좀 더 일반적으로 생각해서, 우리는 서른 살이 되었을 때 무엇을 알 수 있을까? 쉰 살이 되면 무엇을 알 수 있을까? 우리 모두는 여전히 배우고 있고, 인생을 살아가기 위해 노력하고 있다.

- **넘어진 후 자신을 일으켜 세울 권리를 인정하라.** 가치가 있는 사람들은 불완전함 때문에 가치를 잃지 않으며, 개선을 계속할 권리를 상실하지도 않는다.

- **더 강한 힘으로 화해하라.** 예를 들어, 용서를 구하고, 하나님께서 고통을 가져가시도록 허용하고, 용서가 올 것이라고 믿음을 가지라.

- **자신을 용서하라.** 어떤 사람들은 범법 행위로 인해 우울하고, 의기소침해지고, 심지어 자살을 하기도 한다. 그들은 그들이 회복할 방안이 없다고 결론을 내릴 수도 있고, 그것을 한 후로 다시는 그렇게 할 만큼 충분히 좋아질 수 없다고 생각할 수도 있다. Follette와 Pistorello(2007)의 제안에 따라 스스로에게 물어보라. "내가 길에서 벗어났다고 해서, 또는 한두 번 아니면 심지어 몇 년간 돌아갔다고 해서 정직, 친절, 미덕을 소중히 여기는 것을 그만두었겠는가?"

- **더 나은 행동을 취하고 실수를 반복하지 않기로 결심하라.** 가는 길을 바꿀 수 있는 지혜를 가지고 최선을 다하라. 그것이 우리가 자녀에게 요구하는 전부이다. 그리고 만약 당신이 넘어지면 다시 시도하라. 도덕적 강점을 키우는 것은 평생에 걸친 과정이다.

3. **도덕적 탁월성을 계속 추구하라.** 많은 문화권의 사람들이 앞서 언급한 도덕적 강점을 중요하게 생각한다는 것을 기억하라. 이러한 강점들은 개인, 가족 및 집단이 더 행복해지는 데 도움이 되는 것으로 보인다. 다음 활동은 이와 같이 합의된 미덕을 함양하는 데 도움이 되며, 당신이 지금까지 이룩한 발전에 대해 스스로에게 공로를 돌리기 위한 것이다.

활동 용감하고, 탐색적이며, 친절한 도덕성 척도

이 활동은 익명의 알코올 중독자가 사용한 도덕성 척도를 본뜬 것이다. 식료품상은 진열대의 재고를 정리할 때, 진열대 위에 무엇이 있고 없는지를 판단하지 않고 계산하기만 한다. 용감하고, 탐색적이며, 친절한 도덕성 척도를 활용할 때에도 이와 마찬가지로 현재의 도덕적 상태를 간단히 살펴보기만 한다. 우리는 이 척도에서 부도덕한 항목뿐만 아니라 강점을 알아차린다. 그리고 우리는 더 강하게 성장하기 위해 우

리가 해야 할 일을 알아차린다. 비난이나 부인이 없기 때문에 그 과정은 두려움이 없고, 탐색적이며, 친절하다. 단지 적절한 속도로 성장하고 더 행복해지려는 의도만 있을 뿐이다.

척도를 살펴보기 시작하기 전에, 청렴성에 대해 잠시 숙고해 보라. 청렴성은 우리에게 자존감, 내면의 평화, 행복, 신뢰를 가져다준다. 조용히 앉아 이 질문을 생각해 보라. 내면의 평화를 방해하거나, 나 자신에 대한 명성을 손상시키거나, 다른 사람들이 나를 불신하게 만드는 것이 있는가? 이제 용감하고, 탐색적이며, 친절한 도덕성 척도를 작성하기 위해 다음 단계를 따라 보라.

1. 첫 번째 열에 있는 성격 강점의 정의를 읽는 것으로 시작한다. 적절하다고 느끼는 대로 정의는 조정할 수 있다.
2. 두 번째 열에서는 현재 1에서 10까지의 척도로 당신의 현재 상태를 평정하라. 이때 10은 당신이 할 수 있는 한 이 강점을 발휘하며 살고 있다는 것을 의미한다.
3. 세 번째 열에서는 과거 이 강점을 보여 준 시기를 기술한다. 이것은 이미 존재하는 강점과 잠재력을 상기시켜 줌으로써 당신에게 개선 동기를 부여하는 데 도움이 된다.
4. 네 번째 열에서는 도덕적 강점을 더 잘 그리고 더 자주 발휘할 수 있도록 도덕적 우수성에 더 가까이 다가갈 수 있는 구체적인 방법을 파악한다. 예를 들어, 정직성을 높이기 위해 당신은 정직-부정직 일기를 일주일간 쓸 수 있다. 매일 듣는 거짓말에 대해 나열하고(그 거짓말을 듣는 기분이 어떤가?), 당신이 한 거짓말(선의의 거짓말도 포함)에 대해 나열하라(그들에게 거짓말하는 기분은 어떤가? 그것이 당신을 더 행복하게 만드는가?). 그리고 당신이 말한 진실들을 나열하라. 그것이 어렵게 느껴진다면 진실을 말한 것에 대한 수고를 스스로 인정해 주라(그것은 당신이 내면으로 어떻게 느끼게 하는가?).

주말에는 당신이 어떤 한 주를 보냈는지 확인하라. 그리고 개선 목표를 설정하라.

예를 들어, 당신은 하루 종일 완전한 진실을 말하는 것(또는 다른 도달 가능한 목표)을 목표로 할 수도 있다. 선의의 거짓말도, 기만도, 체면을 차리기 위한 변명도 없다. 진실을 말하면 일어날 수 있는 최악의 일은 무엇인지 스스로에게 물어보라. 일어날 수 있는 가장 좋은 일은 무엇인가?

〈도덕성 척도〉

도덕적 강점	자기 평정 (1~10)	과거에 이 강점을 보여 준 순간을 설명하라.	이 강점을 더 잘 그리고 더 자주 보여 주기 위해 무엇을 할 수 있는지 설명하라.
용기란 다른 일을 해야 한다는 압박감에도 불구하고 옳은 일을 계속한다는 것을 의미한다.			
정직이란 언제나 진실만을 말하는 것을 의미한다. 선의의 거짓말도 없고, 반쪽 진실도 없고, 속임수나 도둑질도 하지 않는 것이다.			
진실성은 당신의 행동이 당신의 가치와 일치하고 당신이 가식 없이 진지하고 진솔한 자신을 보여 준다는 것을 의미한다.			
존중이란 사람을 존중하고 가치 있는 사람으로 대하며, 정중하고 예의 바르다는 것을 의미한다.			
공정성은 규칙을 따르고, 다른 사람을 불명예스럽게 이용하지 않으며, 다른 사람을 공평하게 대한다는 것을 의미한다.			
충성심, 충실함, 신뢰성은 당신이 헌신과 비밀을 유지하고, 다른 사람들의 뒤에서 그들을 나쁘게 말하지 않으며, 믿음직스럽다는 것을 의미한다.			

책임감은 당신이 유효한 필요와 의무에 기꺼이 대응할 수 있고, 신뢰할 만하며, 자신과 다른 사람들을 보호할 수 있다는 것을 의미한다.			
친절함과 배려심은 당신이 다른 사람들의 안녕에 관심이 있고 그들의 성장을 돕고 지지하기를 원한다는 것을 의미한다. 당신은 사려 깊고 관대하며 마음이 부드럽다.			
성적 진정성은 상대방에 대한 사랑과 관심의 맥락에서 성적 표현을 사용하고 결코 이기적이거나 착취적인 방식으로 사용하지 않는다는 것을 의미한다.			
관용은 당신이 다른 사람들의 차이와 불완전함에 인내심을 가지고 있다는 것을 의미한다. 당신의 너그러움을 의미한다.			

여기 도덕적 강점을 키우려는 노력에 동기를 부여하고 지지할 수 있는 두 가지 추가적인 아이디어가 있다.

큰 위험이나 불편에도 불구하고 옳은 일을 한 사람들의 고무적인 이야기를 찾으라. 예를 들어, 제2차 세계대전 중 리투아니아의 일본 영사로 일하던 Chiune Sugihara는 나치에게서 6,000명 이상의 유대인을 구하기 위해 비자를 발급하였다. 그 결과, 그는 러시아인들에 의해 투옥되었고, 전쟁 후 그의 정부에게 외면당했다. 어려운 사람들을 돕도록 가르친 사무라이 규칙의 영향을 받아 그와 그의 아내는 단지 그것이 옳은 일이라는 이유만으로 결과를 감수하기로 결정했다. 고통에도 불구하고, 그들의 도덕적 용기는 조롱과 거절에 대한 두려움에서 그들을 해방시켰다. 이 외에도 Arthur Ashe, Joshua Chamberlain(높은 평가를 받는 남북전쟁 장교), Viktor Frankl과 같은 조용한 도덕적 용기로 존경받는 사람들이 있다.

도덕적 강점에 관한 문장을 완성하라. 당신이 성장하고 싶은 도덕적 강점을 생각해 보라. 이 문장 줄기를 생각할 수 있는 만큼 많은 응답으로 완성해 보라.

"내가 좀 더 _____ (예: 정직하게, 친절하게 또는 관대하게) 되었을 때의 긍정적인 결과는 _____ 이다."

이 활동은 매우 동기부여가 될 수 있다.

정직에 관한 이야기

저는 현직에 있을 동안 추천서를 써 달라는 많은 요청을 받았는데, 저는 먼저 요청자들을 초대해서 좀 더 개인적인 추천서를 만들기 위한 인터뷰를 했습니다. 그리고 어느 순간부터 저는 그들의 성격에 대해 물어보았습니다. 저는 "당신을 구별 지어 주고 고용주에게 가치를 부여하는 것은 무엇입니까?"라고 물어보곤 했습니다. 유별나게 성취지향적이고 동기가 높은 한 젊은 여성은 자긍심을 가지고 "저는 정직합니다."라고 답했습니다. 저는 그녀에게 청렴이 무엇을 의미하는지 물었는데, 그녀는 "필요가 없을 때, 아무도 보지 않을 때에도 옳은 일을 하는 것입니다."라고 답했습니다. 저는 추가로 그녀에게 예를 들어 달라고 부탁했습니다. "저는 직장에서 회사 물품을 받지 않아요. 온라인으로 오픈북이 아닌 시험을 칠 때에도, 저는 책을 보지 않았어요." "다른 건 없나요?"라고 제가 물었습니다. "우리 반이 콘서트에 참석하도록 배정되었을 때, 다른 친구들은 참석확인서를 받고 바로 떠났어요. 하지만 저는 참석 여부를 말해야 한다는 것을 알고 콘서트에 계속 머물렀습니다."

추천서를 쓰고 있을 때 오랜 친구인 그녀의 아버지에게 전화를 걸어 딸의 가장 큰 힘이 무엇이라고 생각하느냐고 물었습니다. 그러자 그는 주저 없이 말했습니다. "Kelly는 정직합니다." 저는 그녀를 믿을 수 있는 젊은 여자라고 느꼈고, 자신의 가치관에 충실하면 내면의 평화를 가질 수 있을 것이라고 생각했습니다. 지적인 지능뿐만 아니라 도덕적 지능도 가지고 있었기 때문에 그녀를 주저 없이 추천하는 것은 기쁜 일이었습니다.

📖 결론

도덕적인 삶에 전념하는 것은 우리의 진정한 행복한 본성과 우리의 높은 자아와 연결되는 데 도움이 된다. 이 헌신은 행복을 증진하고, 어려운 시기에 우리가 닻을 내려 버틸 수 있도록 한다. 다음 장으로 나아가기 전에 도덕적 힘에 대한 이러한 성찰들을 곰곰이 생각해 보라.

행복과 도덕적 의무는 불가분의 관계에 있다. —George Washington

훌륭하고 명예로운 삶을 살라. 그러면 나이를 먹고 다시 생각해 보면 삶을 두 번 더 즐길 수 있다. —Dalai Lama

정직한 사람의 베개에 마음의 평화가 있다(양심에 따라 자신이 혼자 책임을 지게 되는 것을 인식하라). —미상

당신의 명성보다는 당신의 성격에 더 신경을 쓰라. 왜냐하면 당신의 성격은 당신이고, 당신의 명성은 단지 다른 사람들이 당신을 생각하는 모습이기 때문이다. —Coach John Wooden

착한 일을 하는 것에 마음을 쓰라. 몇 번이고 반복하면 기쁨이 충만할 것이다. 바보는 그가 다른 사람에게 가했던 해가 자신에게 돌아올 때까지만 행복하다. 하지만 선한 사람은 선한 꽃을 피우기 전까지는 고통을 겪을 수 있다. —Buddha

진정한 것은 변하지 않았다. 정직하고 진실한 것이 가장 최선이다. —Laura Ingalls Wilder

당신의 분명한 양심보다 더 소중한 친구는 없다. —Elaine S. Dalton

도덕적으로 지내려면 도덕적 나태를 보일 수 없다. —Oswald Chambers

고통과 함께 살 수 있는 선한 마음

　나치는 가냘픈 발레리나 Edith Eva Eger를 아우슈비츠에 살려 두어, 나치 군인들이 그녀의 가족을 죽이는 동안 그녀가 그들(나치 군인)을 즐겁게 하도록 지시했다. 이후 그녀는 과거로부터 해방되기 위해 그들을 용서했다. "결국 열린 수용소 문을 통해 그들이 도망치는 것을 보면서 독일 장교들과 군인들에게 안쓰러움을 느꼈던 것이 기억이 난다. 그때 난 스스로 '나에게 일어난 일들에 대한 기억은 나를 고통스럽게 만들겠지만, 그들 역시 항상 그들이 한 짓들에 대한 기억을 가지고 살아갈 것이다.'라고 생각했다. 나는 아우슈비츠에서 가족을 잃었고, 그것은 매우 충격으로 남아 있다. 그러나 나는 그 경험을 통합했고, 그 경험으로 인해 지금의 내가 되었다고 할 수 있다."(Siebert, 1996, p. 238)

| 제17장 | 의미와 목적 |

최근에 아침마다 당신의 눈을 번쩍 뜨게 하여 깨우는 것이 무엇인지 생각해 보았는가? 당신이 열광하는 성취는 무엇인가? 무엇이 당신에게 행복감을 가져다주고, 삶을 만족하도록 하는가? 당신의 삶이 중요하다고 느끼는가? 이러한 질문들은 우리의 관심을 리질리언스의 중요한 측면, 즉 의미와 목적으로 돌리게 한다. 이제부터 우리가 이 주제에 대하여 무엇을 알고 있는지 논의해 보고, 이러한 것들로부터 어떻게 도움을 받을 수 있을지 이야기해 보자.

📖 의미와 목적은 무엇인가

목적(purpose)은 하기로 결정한 것, 성취하기로 한 목표를 가리킨다. 의미(meaning)는 한 사람의 목적, 행동, 혹은 경험들이 그 사람에게 가치가 있고 중요하다는 것을 뜻한다.

📖 의미와 목적이 어떻게 리질리언스에 영향을 미치는가

　자신의 삶이 의미 있고 목적이 있다고 느끼는 사람은 일반적으로 더 행복하고 더 회복탄력적이다. 무엇이 이를 설명할 수 있을까?

　의미와 목적에 관한 심오한 생각은 정신의학자 Viktor Frankl에 의하여 표현되었다. 그는 자신의 생각을 주로 제2차 세계대전의 강제수용소에서 겪은 자신의 경험을 기반으로 말하였다. Frankl은 독일 철학자 Friedrich Nietzsche가 말한 "삶의 이유를 아는 사람은 그 어떤 시련도 견딜 수 있다."라는 명언을 좋아하였다. 다른 말로 하면, 의미와 목적은 우리가 생존하도록 도와주며, 심지어 힘겨운 상황 속에서도 즐길 수 있게 해 준다.

　Frankl은 고통을 가장 잘 견디는 사람들은 삶의 이유가 있다는 것을 발견하였다. 그들에게는 삶이 그들에게 기대한 어떤 것, 그들이 지속적으로 추구하도록 하는 어떤 것, 그들의 영혼을 고양하는 어떤 것이 있었다. 몇몇 사람은 죽음의 수용소에서 고통받는 동료들을 도우면서 기쁨과 의미를 발견하였다. 사실 Frankl은 자신의 건강이 큰 위험에 놓였을 때, 발진티푸스로 아픈 수감자들을 돕는 데 자원하여 절실히 필요한 자신의 의료기술을 사용하였다. 이뿐만 아니라 그는 사랑하는 아내를 상상하고, 죽음의 수용소에서 얻은 교훈에 대해 강의하는 미래의 자신을 상상함으로써 캠프 생활의 비참함을 초월하였다. 또한 그는 죽음의 수용소에서 생활하면서 자연의 아름다움에 더할 나위 없는 기쁨으로 경탄했다. 자신의 경험을 통해서 Frankl은 신체적 자유는 빼앗길 수 있을지라도 내적인 자유는 아무도 빼앗을 수 없다고 확고하게 말했다. 사람들은 고통에 대한 태도를 선택할 자유가 있고, 심지어 엄청난 역경에서도 의미를 부여할 수 있는 능력이 있다. Frankl의 경험은 실제로 로고테라피(logotherapy)라고 불리는 심리치료 분파를 설립하도록 하였다. 로고테라피는 사람들이 자신의 삶에서 의미를 찾도록 돕는다. Frankl은 다른 사람의 삶의 의미와 목적을 찾도록 도우면서 자신의 삶에서 엄청난 만족을 느꼈다. 그는 인간에게 필요한 것은 "긴장이 없는 상태가 아니라, 가치 있는 어떤 목표를 위해 애쓰고 노력하는 것이다."(1963)라고 썼다.

심리학자 Philip Zimbardo와 John Boyd(2008)는 더 나아가 의미 있는 미래를 기대하는 것은 만족스러운 목표를 세우고, 계획을 짜고, 성공하고 건강해지기 위하여 더 열심히 일하도록 자극한다고 말했다. 이러한 행동들은 행복, 건강, 리질리언스를 증진시킬 것이다. 의미 있고 목적 있는 미래를 만드는 데 집중하는 것은 아마도 과거 경험의 부정적인 측면에 갇히는 경향을 막음으로써, 외상 후 스트레스 장애와 전반적인 정신장애를 방지하는 데 도움이 된다.

의미와 목적을 갖는 것은 개인적인 선택이다

삶의 상황들, 특히 어려운 상황들은 능력, 가치, 사랑, 욕구, 경험과 지혜 등과 같은 당신의 강점을 불러오게 할 것이다. 당신의 강점을 의미 있는 방식으로 적용하는 것은 굉장히 사적이며, 창조적이고, 진심 어린 과정이다. 아무도 당신이 가진 강점을 같은 방식으로 결합할 수 없을 것이다. 중요한 도전적인 대의에 몰입할 때, 의미와 목적은 증가한다(Nakamura & Csikszentmihalyi, 2003). 덧없는 물질적인 쾌락과 달리, 의미 있는 노력에서 성취한 만족감은 지속되는 경향이 있으며, 심지어는 시간이 흐를수록 증가하는 경향이 있다.

의미와 목적을 어떻게 키울까

우리 삶에서 의미와 목적을 어떻게 발견하고 키울까? 세 가지 영역, 즉 삶의 전반, 일, 위기를 고려해 보는 것이 유용할 것이다.

삶의 의미

Frankl은 사람들이 의미와 목적을 향한 자신만의 고유한 길을 각자의 속도에 맞게 찾는다고 강조했다. Frankl의 연구를 기반으로 만들어진 의미와 목적 체크리스트(Schiraldi, 2016a에서 수정)는 의미와 목적으로 향할 수 있는 길들을 제시한다. 아이디어를 촉진하기 위한 연습으로, 현재 또는 미래에 추구하는 데 관심이 있을 항목 옆에 체크 표시를 해 보라. 다시 말해, 당신의 삶에서 의미와 목적을 향상시켜 줄 것이라고 생각되는 항목들에 체크하라. 이 체크리스트를 완성하면서 삶에서 정말로 원하는 것이 무엇인지 그리고 삶을 통해 기여하고 싶은 것은 무엇인지 생각해 보라. 이 항목들은 세 가지 광범위한 영역으로 분류된다. 삶에 만족하는 대부분의 사람들은 일반적으로 이 세 가지 사이에서 균형을 유지한다.

의미와 목적 체크리스트

세상에 의미 있는 것에 기여하기   이 영역은 세상이 더 나은 곳이 되도록 기여하는 영역이며, 당신의 강점을 중요한 방식으로 사용하는 것이다.

_____ 당신을 가슴 뛰게 하는 사회적 혹은 정치적 활동을 하거나 주기적으로 참여하기[정치, 과학, 종교(교회 혹은 유대교 회당), 음주운전을 반대하는 NGO(Mothers Against Drunk Driving), 살해된 어린이 희생자 부모를 위한 국제적인 지지 모임(Parents of Murdered Children), 어린이들을 위한 도시 보호 구역, 청소년 멘토링, 가정의 친목 다지기 등등]

_____ 예술작품, 시, 글쓰기 창작 활동을 하거나 새롭고 아름답거나 유용한 것을 만드는 다른 창의적인 표현활동을 탐색하기

_____ 가치가 있는 활동에 돈을 기부하거나 물질적인 지원을 하기

_____ 이타적인 봉사에 참여하고, 자기초월적인 것을 추구하고, 다른 사람을 지지하거나 도와주기

_____ 소소한 방식으로 다른 사람을 돕거나 기쁘게 하기. 가령, 길가의 쓰레기를 줍거나, 당신이 아닌 이웃의 이익을 위하여 마당을 가꾸거나, 직장 동료, 배우자 혹은 이웃에게 기대치 않았던 도움을 주거나, 사소한 방식(미소, 감사 인사, 경청 등)으로 다른 사람을 기분 좋게 하기

_____ 오늘 당신의 일에 최선을 다할 것을 다짐하기

_____ 타인의 필요를 채우기 위하여 무엇을 할지 또는 할 수 있는지를 관찰하기

_____ 자신의 고통을 경감하는 데 도움이 되었던 것들을 다른 사람에게 공유하기

삶의 건강한 즐거움과 아름다움을 경험하고 즐기기   삶의 아름다움에 경탄하거나 단순한 즐거움에 흠뻑 빠지는 것은 우리에게 삶이 가치 있다는 것을 일깨워 준다. 긍정적인 정서를 경험하는 것은 우리의 삶이 중요하다는 느낌을 준다. 다음을 즐기라.

_____ 모험

_____ 대성당들

_____ 이웃과의 유대감

_____ 운동하기

_____ 좋아하는 사람들의 얼굴 표정을 보면서 감동받기

_____ 친구들

_____ 친밀한 사랑

_____ 자연(예: 일찍 일어나서 일출을 보기, 밤하늘의 별자리를 보기)

_____ 다른 사람에게 감사할 수 있는 부분을 찾기(그들에게 말하기)

_____ 오락

_____ 협동작업

_____ 아이들이 노는 것을 보기(아이들의 웃음소리를 듣기)

개인적인 강점과 태도를 발달시키기   이는 본질적으로 만족스러운 작업이며, 의미 있는 방법으로 세상에 기여할 수 있도록 우리를 준비시킨다.

_____   자신의 삶에 책임을 질 수 있도록 용기를 북돋우기(Yalom의 1980년 문헌에 따르면, "저는 할 수 없어요."는 종종 "저는 제 삶에 책임을 질 수 없어요."를 의미한다고 한다. 이는 회피의 한 형태이다.)

_____   정신을 수양하기

_____   의리와 정직성

_____   마음의 평화, 평온

_____   개인적인 성장, 신성함, 선한 품성, 자기실현

_____   비난, 불평, 투덜거림, 뒷담화 그리고 다른 부정적인 행동을 자제하기

_____   이해, 공감, 인내, 연민

의미와 목적은 우리의 깊은 가치에서 비롯한다. 계속 진행하기 전에, 부디 잠시 다음의 질문들을 생각해 보라. '체크한 항목들에 대해 알아챈 것은 무엇인가? 이들은 당신이 삶에서 무엇을 가치 있게 여긴다고 말하고 있는가? 세 영역 사이에 균형은 맞는가? 이 체크리스트는 당신에게 어떤 행동들을 해 보라고 제안하는가?' 만약 일기가 있다면, 이것에 대해 일기를 써 보아도 좋다.

일의 의미

많은 사람은 자신의 일에서 의미와 목적을 찾는다. 이상적으로 당신이 좋아하는 직업을 찾으라. 일터에서 행복한 사람들은 더 성공적으로 사는 경향이 있다. 당신이 가장 사랑하는 직업을 가질 수 없다면, 당신이 가진 직업을 어떻게 하면 좋아할 수 있을지 생각해 보라.

어떻게 하면 당신의 직업이나 커리어를 당신의 강점이 의미 있고 만족스러운 방식

으로 사용되는 천직으로 바꿀 수 있을까? 어떻게 하면 당신이 자신의 직업을 힘들고 단조로운 일이라기보다 소명이라고 재정의할 수 있을까? 연습으로, 사람들이 지원하기를 희망하도록 당신의 직업 설명을 다시 써 보라. 특히 당신의 강점, 기술, 가치, 다른 사람과의 상호작용을 포함하여 당신에게 가장 큰 기쁨을 주는 직업의 측면들을 고려하라. 이 직업 설명을 마친 후, 당신을 고용하는 것을 상상해 보라. 새로운 직업 설명을 가까운 곳에 보관하라. 상사로 인해 좌절스러운 마음이 들 때 혹은 당신이 하고 있는 일을 왜 하고 있는지 의문이 들 때, 이 직업 설명을 읽어 보라.

Amy Wrzesniewski와 동료들(1997)은 병원 청소 직원의 3분의 1이 자신의 직업을 소명이라고 보는 것을 발견하였다. 환자와 직원들에게 긍정적인 병원 경험을 만들어 주는 소명으로 여겼다. 나머지 3분의 2는 낮은 존중과 낮은 임금에 대하여 불평을 토론했지만, 이 소수 집단은 이 일이 중요하다고 믿었다. 이들은 직업이 요구하는 일을 넘어서 꽃을 가져오고 환자들에게 웃음을 보였다. 이들은 환경을 아름답게 만드는 것이 환자들이 치유되도록 도울 것이며 의료진들이 더 효과적으로 일하는 데 도움이 될 것이라고 생각하였다. 비슷하게, 고객 서비스 담당자는 자신이 끊임없이 직면해야 하는 무례한 사람들을 생각하면서 냉소적으로 변할 수 있다. 혹은 좌절된 사람들의 기분이 나아지도록 도와주었던 것을 기억하면서 의미를 찾을 수도 있을 것이다.

각각의 직업은 의미가 있을 수 있다. 제2차 세계대전 때 George Patton 장군은 자신의 트럭 운전사들에게 이들이 없었으면 전쟁은 졌을 것이라고 말했다. 만약 당신의 모든 일이 만족스럽지 않다면, 당신은 일을 완수하는 것과 관련해 어떤 부분에서 만족감을 찾을 수 있는가? 만약 가까운 미래에 과제를 완수하는 것이 불가능하다면, 진행 과정에서 만족감을 찾을 수 있을까?

당신은 일에 대한 목표와 기대를 다시 생각해 볼 수도 있다. 예를 들어, 의사는 명망, 수입, 직업의 지위를 통하여 부모님을 만족시키기 등 외부적인 보상에 초점을 맞출 수 있다. 대안적으로 그는 다른 사람을 돕는다는 내재적으로 만족스러운 목표에 집중할 수도 있을 것이다.

위기의 의미

Barbara Fredrickson과 동료들(2003)은 회복탄력적인 사람들이 위기로부터 긍정적인 의미를 찾는 경향이 있기 때문에 위기 후에 더 긍정적이라는 것을 발견했다. 이들은 의미와 목적이 아마도 긍정적인 정서를 함양하는 데 가장 강력한 방법일 것이라고 제안하였다. (긍정적인 정서는 압박 속에서 성과를 향상시키는 데 도움이 된다는 것을 기억하라.) 우리가 삶의 어려운 상황들을 다루면서 부정적인 감정들을 느낄 수 있다는 것은 이해할 만하다. 그러나 긍정적인 의미를 찾는 것은 우리가 어려운 상황 중에 그리고 그 후에 더 잘 대처하도록 도와준다. 이들은 역경 속에서 의미를 찾기 위한 다음과 같은 활동을 제안하였다.

활동 역경 속에서 의미를 찾기

갈등, 관계의 끝, 너무 많은 해야 할 일, 문제 있는 가족 구성원, 이사, 주요한 삶의 변화, 사랑하는 사람의 질병 혹은 죽음, 또는 당신 자신의 질병과 같이 현재 자신이 마주하고 있는 문제를 찾아보라. 시간을 내어 숙고한 후에 다음의 질문들에 서면으로 대답해 보라.

- 이 문제가 어떻게 당신의 삶을 긍정적으로 바꿀 것인가?
- 현재 상황에서 필요한 당신의 강점은 무엇인가?
- 지금까지 이 문제를 다루면서 나온 긍정적인 결과는 무엇인가?
- 장기적으로 보았을 때 이 상황에서 얻을 수 있는 이점은 무엇인가?
- 이 상황은 미래의 역경에 당신을 어떻게 준비시켜 줄 것인가?

- 장기적으로 보았을 때, 이 상황 혹은 당신이 겪은 어려움의 결과로 다른 사람들은 어떤 이익을 얻을 것인가?
- 이 경험을 통하여 배운 것은 무엇인가?
- 여전히 기분이 좋다고 느낄 수 있는 것은 무엇인가?
- 이 경험에도 불구하고 삶에서 어떠한 것이 당신에게 여전히 중요한가?

고려해 볼 추가적인 질문은 다음과 같다.

- 어떠한 내면의 강점들이 당신이 겪을 수 있는 것보다 덜 고통스럽도록 하였는가?
- 무엇이 당신이 삶을 지속하도록 하였는가?
- 삶은 여전히 당신에게서 무엇을 기대하는가?
- 무엇이 당신을 그만두지 않도록 막는가?

의미 만들기: 놀라운 이야기

제2차 세계대전 당시 Corrie ten Boom과 그의 여동생 Betsie는 네덜란드에서 나치를 피해 도망치는 유대인을 도왔다는 이유로 독일 강제수용소에 잡혀 있었다. 이 지독한 시련의 시기에 그들은 마치 Viktor Frankl이 그랬던 것처럼 그들의 고난에 의미를 부여하고자 했다. Corrie와 Betsie는 전쟁 이후 간수들을 위한 '강제수용소'를 지을 계획에 대해 이야기했다. 그곳은 '증오와 힘의 논리로 비뚤어진 사람들이 새로운 방식을 배울 수 있는' 공간이었다(ten Boom, Sherrill, & Sherrill, 1971, p. 215). 그곳은 벽이나 가시철사가 없을 것이고, 막사는 꽃으로 가득 찰 것이며, 사랑에 대해 배울 수 있노록 도울 것이었다.

Betsie는 강제수용소에서 숨졌고, 그녀는 죽기 전에 Corrie에게 말했다. "우리는 우리가 여기에서 배웠던 것에 대해 사람들에게 이야기해야 해. 그 어떠한 깊은 구덩이도 하나님만큼 깊지는 않다고 말이야. 그들은 우리 이야기를 들을 거야, Corrie. 왜냐하면 우리는 직접 여기서 경험했잖아."(p. 227) 전쟁이 끝나고 독일 정부는 이전의 강제수용소를 Corrie에게 맡겼고, 그녀는 그곳에서 1946년부터 1969년까지 휴식과 돌봄이 필요한 사람들의 회복을 도왔다. 또한 그녀는 네덜란드에서도 해방된 수감자들과 전쟁 피해자들을 위한 쉼터를 열었다. 그녀는 일생 동안 헌신하며 살다가, 91번째 생일(1983년 4월 15일)에 세상을 떠났다.

핵심 주제

의미와 목적을 찾기 위한 하나의 정해진 길은 없지만, 다수의 경로는 핵심 주제들을 공유하고 있다. 대체로 의미와 목적은 우리의 강점을 키우고 그 강점을 자기 한 사람보다 큰 무언가에 투자하고자 하는 것과 관련이 있다. 삶에서 의미 있는 것들은 대부분 우리의 강점을 활용하여 타인을 높여 주고, 섬기고, 사랑하는 것과 관련되어 있다. 요약하자면, 타인을 행복하게 돕는 것이 궁극적으로 우리의 행복의 원천이 된다는 것이다(강점을 찾기 위해 추천 자료들을 참고하라). 이러한 노력은 매우 개인적인 것이며, 우리 개개인의 역량을 통해 일관되게 이루어질 수 있다.

행복은 우리가 의미 있고 만족스러운 활동에 몰입해 있을 때 커지는 경향이 있다. 즉, 우리가 갖고 있는 최선의 모습을 활용하여 도전적이지만 압도되지 않는 정도의 활동에 참여할 때 행복이 늘어나는 것이다. 행복을 위해서는 의미 있는 목표를 찾고, 내가 할 수 있는 것을 하되, 과도하게 자신을 소모하지는 않아야 할 것이다.

결론

이 책에서 반복하여 행복과 리질리언스의 높은 관련성을 강조하였다. 의미 있는 목표를 가지는 것은 우리를 행복하게 하며, 힘든 시기를 견딜 수 있도록 도와준다. 의미와 목표에 대한 다음의 성찰을 참고하라.

인간에게 가장 근본적인 동기는 의미를 추구하는 힘이다.

우리가 삶에 무엇을 기대하는가가 중요한 것이 아니다. 오히려 삶이 우리에게 기대하는 것이 무엇인가가 중요하다. —Viktor Frankl

당신이 후회하는 것이 무엇인지 정의해 보라. 이는 당신이 아직도 소중하고 중요하고 의미 있게 생각하는 것들을 말해 준다. —John Butt

인간은 자신 그리고 자신의 목표에 대한 단단한 아이디어 없이 삶을 살아갈 수 없다. 아무리 빵에 둘러싸여 있더라도, 그는 자신의 존재를 없애 버릴 것이다. —Fyodor Dostoyevsky

한때 나는 사람들이 [베트남전쟁에서] 헛되이 죽었다고 말하곤 했다. 나는 이제 잘 알고 있다. 타인의 자유를 위해 목숨을 잃은 사람은 풍요로운 자일뿐 아니라 하나님의 오른편에 앉아 있을 것이라고 믿는다.
—Sergeant David A. Somerville

| 제18장 | 사회지능 |

타인과의 좋은 관계는 우리를 행복하게 하고, 사랑하고 또 사랑받고 싶다는 본능적인 내적 욕구를 충족해 준다. 당신과 신뢰할 만한 좋은 관계를 쌓은 사람들은 정서적인 지지를 제공해 줌으로써 힘든 시기에 리질리언스를 발휘할 수 있도록 돕는다. 이 장에서는 사회과학자들이 사회지능(social intelligence)이라고 일컫는, 타인과 좋은 관계를 맺기 위한 기술들에 대해 탐색해 보고자 한다. 이 장을 통해 진심 어린 사랑이 사회지능의 핵심에 놓여 있음을 알 수 있을 것이다.

📖 사회지능이란 무엇인가

사회지능은 단순히 관계에 대한 지식을 갖고 있는 것을 의미하지 않는다. 사회지능은 다양한 상황에서 빠르고 효과적으로 대인관계 기술을 활용할 수 있는 것을 포함한다. 대인관계 기술은 우리가 사랑하고, 주도하고, 북돋우고, 동기를 주고, 설득하고, 잘 지내고, 반응하고, 함께 일하고, 도움을 요청할 수 있게 해 준다. 이러한 기술들은 우리가 일상생활을 살아가고 위기 상황을 극복해 내는 것을 도와준다. 예를 들어, 대인관계 기술은 가정의 행복을 증진할 수 있으며, 홍수 피해를 극복하고자 하는 지역

사회의 통합을 도울 수도 있다.

사회지능이 높은 사람들은 호감이 가고, 존경을 받고, 믿음이 가고, 진실하고, 긍정적이고, 다가가기 쉽고, 자주 감사해하고, 재미있으며, 열정적이다. 그들은 말하기보다는 경청하며, 타인의 감정에 세심하게 반응한다. 연구자들(예: Sanders, 2005)은 사회지능이 높은 사람들이 대체로 더 행복하고, 정신적으로나 심리적으로 건강하며, 직업적으로도 성공하고, 더 윤리적임을 제시하고 있다.

사교성 검사(다섯 문항으로 이루어진 온라인 검사로, http://www.newharbinger.com/39409에서 다운로드할 수 있다)는 당신이 타인과 관계 맺을 때 사용하고 있는 기술들을 평가할 수 있도록 도와줄 것이다. 그러나 사회지능의 가장 핵심에는 우리가 통상적으로 사랑이라고 부르는 것이 있으며, 이 장에서는 사랑에 초점을 맞추게 될 것이다 (사회지능과 관련해 추가적인 읽을거리를 원한다면 온라인 자료의 문항 6을 참고하라).

📖 사랑의 힘

회복탄력적인 제2차 세계대전 생존자들을 인터뷰한 후, 나는 성숙하고 진심 어린 사랑이 리질리언스의 핵심이며, '사랑'이야말로 리질리언스를 가장 잘 대표하는 단어라고 결론지었다. 이들은 자신의 안위보다 가족, 조국, 친구들, 신, 자유를 더 사랑했다. 그들은 친구를 살기 위해 음식을 포기하거나, 사랑을 위해 용기를 냈던 감동적인 이야기를 회상했다. 용기의 핵심에는 사랑이 있으며, 실제로 영어에서 '용기(courage)'는 '마음'을 의미하는 불어와 라틴어 어원에서 기원하였다.

처음에는 사랑에 대한 나의 결론을 공유하는 것이 비과학적으로 보일 것 같아 망설였다. 그러나 과학의 발전은 이제 이러한 나의 결론을 뒷받침해 주고 있다. 모든 긍정적 감정이 행복, 건강, 수행을 증진하기는 하지만, 사랑은 특출한 효과들로 인해 최고의 감정으로 제시되고 있다(Fredrickson, 2013).

사랑은 우리의 신체와 정서에 영향을 준다. 좀 더 구체적으로 살펴보겠지만, 사랑은 우리를 건강하게 하고, 사랑이 없는 상태는 우리를 아프게 한다. 사랑은 행복을 증진함으로써 사랑을 주는 이와 받는 이의 수행에 긍정적인 영향을 미친다. 또한 사랑은 때로는 고난을 견딜 이유를 제공해 준다(사랑하는 아이들을 위해 슬픔을 극복하는 과부의 사례를 생각해 보자). 성숙하고 진심 어린 사랑은 경솔하고 미성숙한 사랑과 달리 다음의 특징을 지니고 있다.

- **감정**: 우리는 진실한 사랑을 자연스레 알아차리고 그것에 반응한다. 우리는 사랑을 설명하기 위한 책이나 수업이 필요하지 않다. 사랑하고 사랑받기 위한 역량은 우리 존재의 핵심을 이룬다.
- **태도**: 사랑은 매 순간 사랑하는 사람들의 최선을 바라게 되는 태도이다.
- **일상생활에서 내리는 결정과 헌신**: 우리는 힘들거나 하고 싶지 않은 때에도 사랑하는 사람을 위해 결정하고 헌신한다.
- **연습을 통해 쌓은 기술**: 다른 리질리언스 기술과 마찬가지로, 사랑은 타고나기도 하지만 개발되기도 한다.

📖 긍정 울림

뛰어난 치료자인 Karl Menninger는 사랑은 주는 사람과 받는 사람 모두를 치료해 준다고 설명한다. Barbara Fredrickson(2013)은 굉장히 단순한 형태의 사랑인 '긍정 울림(Positive Resonance: PR)'에 대해 연구했다. 긍정 울림은 타인과 따뜻하고 상호적인 연결 속에서 안전함과 기분 좋음을 느끼는 짧은 순간을 의미한다. 긍정 울림은 길에서 작은 미소나 목례를 나누는 것이 될 수도 있고, 상대의 좋은 하루를 조용히 빌어 주는 것이 될 수도 있다. 또한 누군가와 대화하기 위해 멈춰 서서 (문자를 하거나 딴생각하지 않고 주위를 돌아보지도 않으며) 나의 시선과 마음을 모두 그 사람에게 두는 것이 될 수도 있다. 어쩌면 장난스러운 놀이를 함께하거나 친절한 관심을 나누는 것이 될 수도 있다. 이러한 순간들은 모두 느긋하다. 몸은 편안하게 서로를 향하며, 부드러운 눈과 열린 마음으로 서로를 대한다.

Fredrickson(2013)은 긍정 울림이 두 가지 생물학적 변화를 일으킨다고 보고했다. 먼저 진정과 연결의 호르몬인 옥시토신이 증가한다. 옥시토신은 편도체 반응을 억제함으로써 두려움을 진정시키고, 타인에게 더 큰 신뢰와 관심으로 다가갈 수 있도록 돕는다. 또한 스트레스 호르몬인 코르티솔이 덜 분비됨에 따라, 뇌가 더 건강해지고, 감기에 덜 걸리고, 비만 경향성이 줄어들며, 스트레스와 관련된 증상들 또한 줄어든다. 그녀는 긍정 울림의 부족이 흡연, 비만 및 과도한 음주보다도 더 해로울 수 있다고 말한다. 긍정 울림을 경험한 사람들은 집에 있는 것 같은 편안함을 느끼고, 온전하게 자신의 진실한 모습을 경험한다. 내가 제2차 세계대전 생존자들을 관찰하며 내린 결론과 동일하게, Seligman(2011) 또한 사랑하고 사랑받는 역량은 80대의 행복과 가장 강한 관련성을 보이는 변인임을 제시한다.

활동 긍정 울림 만들기

Fredrickson(2013)은 긍정 울림의 짧은 순간들이 모여서 더욱 커다란 행복과 리질리언스, 건강, 더 나은 관계로 이어진다고 제시한다. 하루 안에서 타인과 주고받는 수많은 상호작용을 생각해 보라. 단순히 지나치는 사람들이나 주의를 기울이지 않은 사람들과도 상호작용이 이루어질 것이다. 다음 표에서는 다섯 명의 사람을 선택하고, 그들과의 짧은 상호작용을 어떻게 긍정 울림의 순간으로 변화시킬 수 있을지 고민하라. 그 뒤에는 계획을 실행하며, 매일 하나의 긍정 울림 경험을 만들어 보라. 당신의 행동이 당신과 타인에게 어떠한 영향을 미치는지 주의를 기울여 보라. 만약 당신이 일기를 쓴다면 일기에 이를 기록해 볼 수 있을 것이다.

요일/날짜	대상	긍정 울림을 만들기 위해 할 일
1일		
2일		
3일		
4일		
5일		

📖 리질리언스 리더십: 진정성 있는 리더십

우리가 스스로를 이끌든, 다른 사람을 감독하든, 누군가의 본보기가 되든 우리는 모두 다 리더이다. 회복탄력적인 사람들은 자기 자신의 몸과 마음과 정신을 돌보는 동시에, 함께 살고 함께 일하고 함께 노는 사람들을 돌본다. 유능한 리더들은 자신이 권위 있는 자리에 있든 아니든 주위 사람들을 북돋운다.

사랑은 좋은 리더십의 핵심이다. 당신은 당신의 가장 큰 관심사를 마음에 두지 않은 사람을 진적으로 따를 수 있겠는가? 자신의 이모에 대해 "나를 사랑한다는 걸 알았기 때문에 나를 이끌도록 했다."라고 말했던 출판사 간부가 생각난다. 미 육군사관학교의 연구(Adamshick, 2013)는 12,000명의 육군 장교들을 대상으로 유능한 리더의 23가지 강점을 순위 매기는 설문조사를 수행하였다. 하위권을 차지한 강점들은 기술적이고 전술적인 전문지식과 관련이 있었다. 최상위 강점 중에는 남을 배려하고 염려하는 마음이 포함되었는데, 장교들의 90% 가까이가 이것을 필수적인 강점으로 꼽았다.

좋은 리더십은 서번트 리더십(servant leadership)이다. 좋은 리더들은 사람들이 마음껏 자신을 드러낼 만큼 안전하다고 느끼는 지지적인 분위기를 조성한다. 그들은 사람들을 일으켜 세워 그들이 실패에 대한 두려움 없이 자신감을 갖고 최선을 다하도록 돕는다. 좋은 리더들은 경청하고, 다른 사람들을 믿고, 다가가기 쉽고, 그들이 이끄는 사람들을 걱정한다. 그들은 다른 사람의 감정과 생각을 세심하게 감지하거나 맞추어 가며 공감한다. 좋은 리더와 함께하는 사람들은 리더가 자신과 '참호 안에서 함께하며' 자신을 개별적인 존재로 대한다고 인식한다. 좋은 리더는 자신의 요구를 차분하고 명료하게 전달하고 좋은 결과를 칭찬한다. 한 직원은 부하직원들과 소통하는 자상한 리더에 대한 그리움을 표현하며 나에게 "리더는 자신의 역할이 얼마나 중요한지, 자신이 우리에게 얼마나 영향을 미치는지 알아야 해요."라고 말했다. "좋은 아침입니다." "저녁 잘 보내세요."와 같은 간단한 인사를 하거나 "주말 잘 보내셨어요?" "가족들은 잘 지내세요?"라고 묻는 데는 5분이 채 안 걸리지만, 그 여운은 오래 지속된다. 서번트 리더는 개인적인 출세보다 자신의 사람들을 더 중시한다. 신기하게도 이런 리더십은 리더를 따르는 사람들의 충성심과 능력을 고취한다.

긍정 울림은 전염성이 있다. 리더가 사랑으로 충만한 마음을 가지고 있다면, 그것은 주변 사람들에게 영향을 미친다. 심장이 뇌보다 훨씬 더 많은 전자기 에너지를 방출하고, 이 에너지는 3m 떨어진 곳에서도 측정할 수 있다는 사실을 기억하라(Childre & Rozman, 2005). 일관된 마음은 리더 자신과 주변 사람들의 심장, 뇌, 장기, 옥시토신 수치를 동기화한다.

활동 당신이 이끄는 이들과 함께하는 긍정 울림

직접적이든 간접적으로든 집이나 직장에서 당신이 이끄는 사람들을 떠올려 보라. 어떻게 하면 그들과 함께 시간을 보내고 당신의 관심을 보여 줄 수 있는가? 어떻게 그들의 삶에 선한 영향을 줄 수 있는가? 어떻게 하면 그들과 함께하며 그들의 최선을 이끌어 낼 수 있는가? 어떻게 그들의 말에 경청할 수 있는가? 어떻게 하면 그들의 강점을 발견하고 그들이 그것을 발휘할 수 있도록 도울 수 있는가? (리더들이 시간을 내어 그들을 알고 그들의 강점을 발휘하도록 돕는다고 느끼는 직원들은 더 행복도가 높고 일에 더 몰입한다.) 당신은 아마도 이러한 질문에 대한 답변을 쓰고, 당신이 이끄는 사람들과 더 가깝게 연결되기 위한 계획을 세우기 원할 것이다.

활동 일관된 마음으로 이끌기

당신의 마음이 일관성 있다면, 주위 사람들의 마음도 대체로 일관성 있을 것이다. 기억하겠지만, 성숙한 사랑을 경험하는 것이 일관된 마음을 갖는 가장 빠른 방법이다. 당신이 함께 일하는 집단이든 가족 구성원이든, 당신이 이끄는 사람들을 만나기 전에, 제3장에서 설명한 심박일관성 기술(Quick Coherence®)을 연습하라. 이것은 단지 몇 분밖에 걸리지 않지만 당신이 관계 맺는 사람들에게 긍정적인 영향을 줄 수 있다.

또한 팀 또는 집단이 특별히 어려운 작업을 시작하려고 하는 경우, 모든 사람의 마음을 동기화하기 위해 잠시 시간을 내어 팀 또는 집단으로 심박일관성 기술을 수행해

볼 수 있다. 이것이 효과적인 기능을 촉진하는 긍정적인 분위기를 만들어 내는지 한 번 확인해 보라.

📖 결론

우리의 대인관계에 더 많은 사랑(진심 어린 마음)을 가지는 것은 우리 자신과 우리가 관계 맺는 사람들의 행복, 건강, 기능을 증진하는 데 크게 기여할 수 있다. 사랑을 조금만 늘려도 큰 이익을 얻을 수 있다. 이 장에서는 일상적인 관계에서 긍정 울림과 마음의 일관성을 통해 사랑을 증가시키는 간단한 방법들을 탐구하였다. 다음 장에서는 가정에서 사회지능을 적용하는 것에 초점을 맞출 것이다.

| 제19장 | 사회지능을 높이는 가족관계 |

가정에서의 행복과 직장에서의 행복은 연결되어 있다. 사회지능이 높은 사람들은 가정의 행복을 위해 대인관계 기술을 이용한다. 가정에서의 행복은 결국 직장에서의 행복과 리질리언스에 전반적으로 영향을 미치는 경향이 있다. 이 장에서는 커플관계와 가족관계를 건강하게 하는 것에 초점을 맞출 것이다.

📖 건강한 커플관계

서로에게 만족하는 커플은 관계를 강화하는 방식으로 갈등을 다루며 공유하는 즐거움의 균형을 유지한다. 그들은 존경과 신뢰, 즐거운 추억을 쌓으며 함께 시간을 보낸다. 또한 그들은 한 팀의 동등한 구성원으로서 건설적이고 차분하게 문제를 해결한다. 대부분의 커플은 좁힐 수 없는 차이를 가지고 있다. 회복탄력적인 커플은 이러한 차이를 용인하는 법을 배운다. 많은 연구가 건강한 커플관계의 비결에 대해 다음과 같이 설명했다.

성공적인 결혼에는 어느 정도 시간이 걸린다. 부부가 안정적인 친밀감을 느끼는 데는 일반적으로 10~15년이 걸린다. 처음에 부부는 그들의 파트너가 완벽하고 자신의 모든 필요를 충족할 수 있다고 낭만적으로 생각한다. 시간이 흐르면서 그들은 자신과 파트너의 차이를 인식하고 그것을 해결하려고 애쓴다. 결국 그들은 한 팀으로 있는 것에 만족하기 때문에 함께 지내고, 협력하고, 서로에게 의지하기로 선택한다(Kovacs, 2007). 결혼생활을 만족할 가능성이 높다는 사실에 주목하라. 결혼생활이 너무 불행하다고 말하는 사람들 중 5년 동안 그것을 견디는 사람들의 80%는 그들의 결혼이 행복하다고 말할 것이다(Waite et al., 2002). 관계를 강화하는 방식으로 거절하는 방법(추천 자료에서 '회복탄력적인 커플 및 가족을 위한 기술' 참조)과 같이, 좋은 커플관계 기술을 배우면 성공적인 결혼생활의 가능성은 더 높아진다.

상호보완적인 성 차이를 인식하라. Tannen(2001)의 연구에 따르면, 두 성별 모두 존중과 평등한 대우를 받는다는 같은 목표를 가지고 있음에도 불구하고, 일반적으로 남성과 여성은 서로 다른 방식으로 갈등을 처리하는 경향이 있다. 성별의 차이 중 많은 부분은 두뇌의 차이로 설명될 수 있다. 그리고 일반적인 규칙에는 분명히 예외가 있지만, 성별의 차이를 이해하는 것은 커플들에게 큰 도움이 될 수 있다. 예를 들어, 여성들은 더 감정적이고 직관적인 단서를 포착하는 경향이 있고, 이에 대해 더 빠르고 쉽게 토론할 수 있다. 남성들은 감정을 말로 표현하기 더 어려워하는 경향이 있으며, "이걸 처리하는 데 시간이 걸려."라고 말해야 할 수도 있다. 남성들은 차분하고 예측 가능한 규칙을 따르며 논리적으로 생각할 수 있는 대화를 선호한다고 말할 가능성이 높고, 상황이 가열되면 빠져나오는 경향이 있다. 남성들은 문제를 빨리 해결하는 것을 좋아하는 반면, 여성들은 해결책을 결정하기 전에 복잡성을 탐구하고 싶어 하는 경향이 있다. 빠른 해결책을 제시하는 것은 본의 아니게 "당신은 이 문제를 해결할 만큼 똑똑하지 않아."라는 메시지를 줄 수 있다. 여성들은 "나는 당신에게 문제를 해결하라는 게 아니라, 모든 점을 고려할 수 있도록 도와달라는 거야."라고 말해야 할지도 모른다. 남성들은 "내 조언을 듣고 싶니, 아니면 그냥 가만히 있을까?"라고 말해야 할 것이다.

방어적인 태도를 취하거나 재빨리 문제를 해결하려고 하기보다는 먼저 파트너의 감정과 관점을 간단히 확인해 보라.   모든 커플은 갈등을 겪는다. 커플의 만족을 예측하는 것이 갈등의 해결 방법이다. 파트너가 속상해하면 앉아서 얼굴을 마주 보고 차분하게 "얘기해 봐."라고 말하라. "그게 얼마나 화가 날지 알겠어. 내가 이해할 수 있게 더 얘기해 줄래?"와 같이 말하며, 상대방의 감정을 인정하려고 노력하라. 당신이 들은 것을 다시 말하며 이해한 게 맞는지 확인하라("당신이 Y 때문에 X를 느끼는 것 같은데, 맞아?"). 당신의 파트너를 위해 읽거나 말하는 것을 개의치 말라. 당신의 파트너가 말한 것을 간단하게 다시 말해 보라. 당신의 파트너가 완전히 이해받았다고 느끼면, 비로소 당신이 문제를 어떻게 바라보는지 표현하라. 서로가 모두 이해받았다고 느끼려면 몇 시간 동안 차분히 말을 주고받아야 할지도 모른다. 당신의 커플이 이 지점에 도착하면, 문제를 해결하기 위해 브레인스토밍을 할 시간을 정하라. 그리고 긍정적인 말로 마무리하라(예: "우리가 이렇게 의견 차이를 보여서 안타깝지만, 그래도 그것에 대해 말해 줘서 고마워. 사랑해"). 이 접근법은 시간과 노력이 필요하지만, 이것은 가치 있는 노력이다. 특히 뜨거운 이슈일 때는 더욱 그렇다.

긍정적인 면을 강조하라.   기회가 있을 때마다 감사하라. 비판을 삼가라. 비판은 원한을 낳으며, 또한 되돌리기 어려운 습관이다. 상대를 공격하는 것 대신 문제를 해결하는 데 집중하라. 문제에 대해 이야기하지 않는, 재미와 우정을 위한 시간을 만들라. 재미있는 활동들을 브레인스토밍한 다음, 서로의 목록에서 번갈아 가며 실행하라. 만약 걱정거리나 비판거리가 있다면, 칭찬과 긍정적인 대화가 최소한 이것의 다섯 배보다도 더 많도록 하라.

매주 커플 회의를 통해 문제를 예측하고, 계획을 세우고, 파트너에게 감사하라.   잘되어가는 일을 강조하라. 파트너가 잘하고 있는 것에 대하여 감사하라. 이것은 30분 정도로 짧을 수도 있다. 이 시간을 재미있게 보내도록 노력하라.

파트너를 우선시하라.   다른 사람에게 인사하기 전에, 당신의 파트너에게 따뜻하게 인사하라. "부탁해." "고마워."라고 말하는 등 연애 초반에 사용했던 예절을 기억하라. 칭찬을 바라지 말고 몰래 파트너를 도와주라. 그러면 파트너 또한 의무감을 느끼게 될 것이다. 아무 이유 없이 파트너에게 전화하거나 사랑의 메모를 남기라.

당신의 파트너를 통제하는 대신, 그를 가치 있게 대하라.   두 파트너 모두 평등과 상호 존중이 있는 관계에서 가장 행복하다. 원하는 것을 위해 무리하게 밀어붙이지 말라. 부드러운 초대가 통하지 않으면, 마음을 가라앉히고 다른 방법을 시도하라.

100% 정직하고 상대에게 충실하라.   서로에게 충실한 커플들은 성적으로 활동적인 다른 모든 집단보다 더 성적으로 만족한다(예: Michael et al., 1994).

활동 ⟩ 건강한 커플관계 만들기

다음의 활동을 시도해 보고, 파트너와의 관계가 좋아지는지 확인하라.

당신의 파트너에 대해 당신이 가장 고마워하는 것들을 나열하라.   매주 한 개씩 공유하라. 가끔은 장난스럽더라도("내가 당신의 어떤 점을 좋아하는지 알지?") 항상 진실하게 하라. 처음에 파트너에게 끌리게 한 것을 기억하라. 파트너가 이러한 강점을 보여 줄 때 감사를 표현하라. 파트너의 잠재력을 기억하라.

매일 당신의 파트너가 하는 것을 주목하라.   파트너가 쓰레기를 내다 놓고, 침대를 정돈하고, 아이들과 시간을 보내는가? 말 또는 포옹으로 감사를 표현하라.

당신의 파트너에게 희망, 꿈 또는 두려움에 대해 물어보라. 이때 판단은 삼가라. 만약 파트너가 "나는 타히티 섬으로 여행 가고 싶어."라고 말한다면, "우리가 그럴 여유가 없다는 걸 알잖아."라고 말하지 말라. "언젠가 그렇게 하면 정말 좋겠다."라고 간단히 말해도 충분하다.

만약 당신이 당신의 파트너라면, 당신과 함께 사는 것이 어떨지 글로 묘사해 보라. 당신이 하는 일을 왜 하는지 설명하고, 당신의 파트너에게도 그렇게 해 달라고 부탁하라. 각자 쓴 것을 교환하라. 그런 다음, 이해를 구하는 방식으로 토론하고 경청하라. 이 과정은 종종 이해되지 않는 두려움과 우려를 드러내며, 분노를 공감으로 바꾼다 (Amatenstein, 2010).

좋은 소식을 공유하라. 당신의 파트너가 좋은 소식을 전할 때 전적으로 호응하라. 당신은 "그거 정말 굉장하다!"라고 대답할 수 있다.

📖 가족 연대감 높이기

유능한 부모는 가치 있고 존중받는다고 느끼는 자녀를 양육한다. 이 부모들은 기대에 대해 이야기하고("나는 네가 ~하기를 기대해."), 한계를 설정하며("그건 받아들일 수 없어."), 처벌과 약점보다는 성취와 보상을 강조한다. 유능한 부모의 다음의 습관을 살펴보고, 당신이 시도해 보고 싶은 것을 표시해 보라.

팀으로서의 가족 윤리를 배양하라. 유능한 부모들은 "팀으로 일하는 것이 중요합니다. 우리는 힘을 합쳐야 합니다."라고 말한다. 일을 끝내는 것보다 관계를 형성하는 것이 중요하다는 집안일의 목적을 설명하고, 아이들 옆에서 함께 일한다.

매주 가족의 시간을 가지라. 목적은 가족 간 유대와 추억을 만드는 데 있다. 게임, 소풍, 토론, 정원 가꾸기, 휴가 계획 세우기, 혹은 함께 배우기 등 재미있는 것이라면 무엇이든 된다.

정기적인 가족 모임을 진행하라. 이것은 가족 전체를 포함하는 부부 모임과 같다. 가족 구성원들은 함께 일정을 조정하고, 목표를 공유하고, 집안일을 처리하고, 계획하고, 격려한다. 그 분위기는 개방적이며, 안전하고, 긍정적이다. 예를 들어, 어느 가족은 구성원 각자의 지난달 목표와 진행사항을 공유하였다. 한 아이는 "내 목표는 매일 달리는 것이었고, 50% 성공했어요."라고 말했고, 가족은 모두 응원해 주었다. 실수에 초점을 맞추는 것보다 그것이 얼마나 더 많이 동기부여가 되는지를 스스로 생각하게 되었다. 각 사람이 해결하고자 하는 문제와 임시 해결책을 추가할 수 있는 의제를 게시해 보라. 이는 아이들이 문제해결사가 되도록 훈련시킨다. 회의 중에는 가족이 다 같이 브레인스토밍을 하고, 처음부터 비판하지 않으면서 아이디어를 적어 본다. (무엇이 나타날지 모르므로, 모든 아이디어는 장점이 있는 것으로 받아들여진다.) 그러고는 각 대안의 경중을 가늠하고 가장 좋은 대안을 선택한다.

가족 회의 후 부모와 각각의 자녀가 정기적인 대화시간을 가지라. 각 아이를 격려하고 경청할 정기적이고 기대되는 시간을 계획한다. "이 시간은 너의 흥미나 걱정, 성취, 목표 등에 대해 이야기하는 시간이야. 무엇에 대해 이야기하고 싶니?"라고 아이에게 말한다. 비난은 삼가고, 당신의 사랑과 걱정이 전달되도록 분위기를 긍정적으로 유지한다. 당신이 말하기보다 더 많이 들어 주도록 하라. 아이들이 질책 없이 자유롭게 말할 수 있다는 것을 알게 되면, 마음이 열리게 되고, 이러한 연습은 문제를 예방할 수 있다.

나는 한 젊은 부부와 3세부터 8세까지인 그들의 세 딸과 함께 지냈다. 그 세 어린 소녀는 즉각적으로 나를 감동시켰다. 그들은 너무나 행복하고 안전했으며, 이방인인 나에게까지도 매력적이었다. 또한 그들은 서로 잘 놀았다. 조용한 순간에 나는 아버지에게 소녀들이 어떻게 그렇게 잘 지내는지 물었다. "우선, 그들은 TV가 없어서 서로 어떻게 즐겁게 하는지를 배웠습니다. 또 그들의 관심사나 마음에 있는 무엇이든 나와 이야기 나누는 '월례 담소(monthly chats)'를 가집니다. 그 시간은 아이들이 저에게 질문할 수 있는 시간이죠. 저는 그들의 친구나 그들이 무엇을 생각하는지 알고 싶습니다. 어려운 10대 시절에도 우리의 신뢰와 열린 소통이 계속되기를 바랍니다. 저는 어떻게 하면 더 좋은 아빠가 될 수 있는지를 묻습니다. '이미 잘하고 있어요.'라고 자주 말합니다. 결국 저는 그냥 제가 아이들을 사랑하고, 그들의 아빠가 될 수 있어 감사하다고 말합니다. 그들은 담소를 고대하고 자주 '우리 월례 담소를 하지 않았어요.'라고 말합니다. 그러면 저는 '지금 하자.' 혹은 '오늘 밤에 할까?'라고 말합니다."

은밀하게 사적으로 바로잡으라.   모든 아이는 한계를 정해 줄 만큼 자신을 사랑하는 부모가 필요하다. 사적으로 바로잡아 주면 분노를 피할 수 있다.

가족 저녁 식사의 힘을 활용하라.   가족이 함께 저녁을 먹으면 아이들은 학교에서 더 잘하고, 더 잘 자양되고, 정신건강 문제를 덜 경험한다. 부모가 집에서 저녁을 먹을 수 있을 때, 그들은 더 큰 개인적 성공과 가족의 성공을 느끼고 직장에서 더 만족하고 생산적이게 된다. 그렇다면 현명한 관리자는 직원들이 저녁 식사를 위해 집에 돌아갈 수 있도록 도와줄 것이다(유연근무제를 제공하거나, 직원들이 저녁 식사를 위해 집에 가도록 하거나, 필요한 경우 집에 갔다가 다시 오도록 권고할 것이다). 현명한 부모는 정기적인 저녁 식사 시간을 계획하고 아이들이 그곳에 있기를 기대한다고 알릴 것이다. 전화와 전자 제품을 끄고, 아이들에게 준비나 뒷정리에 기여해 달라고 부탁하라. 만약 밖에서 음식을 산다면, 그것을 집에 가져와서 먹으라(Bergin, 2009; Jacob et al., 2008).

각 아이들이 소중하고 사랑받음을 느끼게 하라. 정기적으로 감사와 애정을 표현하라. 특별한 부모–자녀의 데이트 밤을 가지라(내가 아는 어느 가족은 아이가 좀 더 늦게까지 부모와 시간을 보낼 수 있는 VIP 밤들을 가졌다. 몇 년 후, 그 아이는 엄마와 대화를 나누며 빨래를 갰던 순간들을 추억했다). 사진, 기록된 기억과 인상, 성적표, 노트, 아이가 만든 예술작품 등을 가지고 스크랩북을 만들라. 기술보다는 마음이 중요하다. 내가 만난 어느 부모는 자녀에게 "너는 왜 이렇게 착하니?"라고 물었고, 아이는 "나를 사랑하는 걸 아니까요."라고 답했다.

가졌으면 하는 아이가 아니라, 현재 당신 아이의 부모 노릇을 하라. 아이들은 모두 다르고, 다른 욕구와 능력, 강점을 지닌다. 부드럽게 요청해도 말을 듣지 않으면, 자녀에게 책임을 묻는 경계를 기꺼이 설정하고 부정적 결과를 받아들이게 하라.

📖 결론

사람들은 좋은 가족관계가 그들의 행복을 증가시킨다고 지속적으로 보고한다. 다른 행복의 결정 요소와 마찬가지로, 가정생활에서 행복을 위해 시간과 헌신이 필요하다. 하지만 가족을 위해 노력하는 사람들이 후회하는 경우는 드물다.

제20장	용서

삶에서 거의 모든 사람이 다른 사람이 저지른 공격으로 인해 감정적으로 상처를 입을 것이다. 우리가 용서할 때 우리는 재차 희생당하지 않게 된다. 즉, 앞으로 나아가기 위해 화, 억울함, 복수심을 놓아 버리기로 결정함으로써 우리를 과거에 묶어 두는 속박에서 자유로워지는 것이다. 용서는 모든 관계에서 필요하다. 또한 치유 과정에서 필수적이며 거의 마지막 단계라고 할 수 있다.

용서는 한때 신학적인 개념일 뿐이라고 여겨졌다. 용서는 심리적으로 우리를 강하게 만든다는 연구 결과가 오늘날 꾸준히 보고되는데, 용서가 과거에 대한 우리의 반응을 변화시키기 때문이다.

용서란 무엇인가

용서(forgiveness)는 가해자가 빚을 자발적으로 탕감해 주는 것을 의미한다. 우리는 잘못을 저지른 사람이 요구했거나 받을 자격이 있기 때문에 용서하는 것이 아니라, 과거의 지배를 받고 싶지 않기 때문에 하는 것이다. 용서는 공격을 잊어버리는 것을 의미하지 않는다. 잘못한 사람과 다시 신뢰를 구축하거나 화해를 하는 것을 의미하는 것도 아니다. 잘못을 저지른 사람 또는 다른 사람을 해로부터 보호하기 위해 그를 재판에 세울 수도 있다. 하지만 용서 속에서 우리는 (분개 혹은 무관심과 같은) 부정적 감정을 연민이나 그 사람의 행복으로 바꾸려고 노력한다. 따라서 우리를 불구로 만드는 강한 고통스러운 감정을 가져가지 않고 경험을 통해 더 현명해질 수 있는 것이다. 그렇게 되면 용서는 우리가 스스로에게 주는 선물이 된다. 타인에 대한 선물이 될 수도 있다. 때로 우리의 연민이 잘못한 이의 마음을 녹이기 때문이다. 우리가 가해자에게는 느끼지만 의도치 않게 사랑하는 사람에게도 전달하는 분노를 풀게 되면, 사랑하는 사람들이 혜택을 받게 된다.

다양한 대중서나 과학서적에는 형언할 수 없는 끔찍한 범죄를 용서한 회복탄력적인 생존자들의 이야기로 가득 차 있다. 예를 들어, 『어둠에서 빛으로(From Darkness to Light)』(2000)는 Christopher (Hugh) Carrier에 대한 이야기이다. 그는 사람을 잘 믿는 10살짜리 소년으로, 크리스마스에 대해 생각하며 학교 버스에서 내렸다. 그때 David McAllister라는 사람이 다가와 "나는 네 아버지 친구인데, 아버지 선물을 고르는 걸 도와줄 수 있니?"라고 말했다. Hugh는 McAllister의 차에 타서 악어가 득실거리는 플로리다의 에버글레이즈로 가게 되었다. McAllister는 직장에서 술에 취한 그를 해고한 Hugh의 아버지에 대한 복수로, 얼음을 깨는 송곳으로 Hugh를 반복적으로 찔렀다. 그리고 McAllister는 소년의 왼쪽 관자놀이를 쏘아 눈을 멀게 하고, 그를 버리고 떠났다. Hugh는 거의 일주일간 의식이 없다가 비틀거리며 도로로 나왔고, 이를 발견한 운전자가 병원으로 그를 데려갔다.

Hugh의 삶은 추락해 갔다. 그는 혼자 잠을 자거나 밖으로 나가는 것을 두려워했고, 그의 처진 반쯤 닫힌 눈에 대해 깊이 분개하고 의식하게 되었다. 사건 후 3년이 지나, Hugh는 자신을 격려하는 친구들에게 그의 이야기를 공개하였다. 처음으로 Hugh는 자신의 분노를 내보낼 수 있으며 자신의 이야기로 다른 사람을 고무시킬 수 있다는 것을 깨닫게 되었다. 그는 대학을 졸업하고, 석사 학위를 땄으며, 결혼을 하였다. 그는 에버글레이즈에서 기적적으로 살아남을 수 있었던 것에 감사를 느꼈다. 자신의 아이를 품에 안았을 때 왜 신이 그를 살려 두었는지 깨닫게 되었으며, 그가 겪은 모든 것을 알게 되었을 때 많은 젊은이가 그에게 쉽게 마음을 여는 것을 보았다.

범죄 후 22년이 지나, McAllister는 양로원에서 그의 죄를 시인하였다. 범죄자를 마주하면 어떻게 할까 궁금해하면서, 경찰은 Hugh에게 연락을 취했다. McAllister 의 방 밖에서, Hugh는 안으로 들어갈 용기를 끌어다 모으며 숨을 깊게 들이마셨다. Hugh는 70파운드의 무게가 나가는 77세의 연약한 노인에게 자기 소개를 했다. 초반 에 McAllister는 "나는 당신이 무슨 얘기를 하는지 모릅니다."라고 말했다. 그리고 그는 몸을 떨며 울었다. 그는 "미안합니다. 정말 미안합니다."라고 손을 뻗으며 말했다 (Carrier, 2000, p. 105).

Hugh는 McAllister가 한 일이 그의 삶의 의미의 끝이 아니고 시작이었다고 말했 다. McAllister는 Hugh의 손을 꼭 잡으며 "나는 매우 기쁩니다."라고 속삭였다(p. 106). Hugh는 그 이후 3주간 거의 매일 방문했다. McAllister는 아버지 없는 삶, 소년 원, 10대 시절의 과음, 친구도 없고 분노와 수치심이 가득했던 그의 삶에 대해 이야 기했고, 신은 오직 멍청이들만 믿는 것이라고 믿어 왔다고 말했다. Hugh의 도움으로 McAllister는 기도하기 시작했다. 어느 날 밤, Hugh는 McAllister에게 "나는 천국에 갈 계획인데, 당신도 거기에 있었으면 좋겠습니다. 우리의 우정이 지속되었으면 좋겠어 요."(p. 106)라고 말했다. 그날 밤 McAllister는 자면서 숨을 거두었다. "이상하게 보이 겠지만, 그 노인은 스스로 가능할 수 없을 정도로 나에게 더 많은 것을 주었습니다. 그의 어둠에서 나는 여전히 나를 인도하는 빛을 발견했습니다. David McAllister를 용서하는 일은 내가 평생 간직할 수 있는 힘을 주었습니다."라고 회고했다(p. 106).

Hugh에게 용서가 쉽지 않았음을 주목하라. 처음에 그도 할 수 있을지 확신할 수 없 었지만, 그는 지속했다. 용서는 그가 10대부터 시작한 과정이지만 수년 후 완성될 수 있는 일이었다. 이 경우, 잘못을 저지른 사람과 그 피해지는 면대면으로 만나 화해를 하였다. 이것이 언제나 가능한 것은 아니다. 하지만 Hugh가 고통에서 벗어났을 때, 그의 삶에서 긍정적인 부분이 더 선명해졌다.

고통은 괴로운 일이다. 용서가 고통스러운 분노를 풀어 주고 사람들이 과거의 상 처에서 되돌아오도록 돕는 것을 연구해 보면, 용서의 유익한 효과를 입증할 수 있다.

Robert Enright(2012)와 같은 용서 연구가는 용서 베풂이 다음과 같이 자신을 돕는다는 것을 발견했다.

- 더 행복함(부정적인 감정을 해소하는 것의 결과이다)
- 더 높은 자부심(용서는 더 진실되고, 애정 어린, 고양된 자기와 연결되게 한다)
- 더 큰 소망(우리의 초점이 과거를 넘어 미래로 향하기 때문이다)
- 더 적은 스트레스, 우울, 불안, 적대감, 만성적 고통, 수면 문제, 고혈압, 물질사용 장애의 재발 경험(모두 해결되지 않은 고통을 반영한다)
- 더 유연함(과거를 흘려보내는 것은 창의적 기운을 분출한다)
- 더 큰 공감과 영성(용서는 타인을 의도적으로 혹은 의도적이지 않게 상처 주는 불완전한 사람들과 우리에 대한 연민을 가지도록 한다)

용서는 연습할수록 더 쉬워지는 기술이다. 다음 부분에서는 용서 받기, 스스로를 용서하기, 타인을 용서하기와 같은 용서의 세 가지 측면을 기술하겠다.

📖 용서를 받는 법

영화 〈Unbroken〉에서 다룬 Louis Zamperini는 그의 제2차 세계대전 폭격기가 태평양에서 추락한 후 구명 뗏목에서 47일 동안 살아남았다. 그는 자신의 목숨을 구하면 하느님을 섬기는 데 헌신하겠다고 약속했다. 그를 붙잡은 일본인은 그의 선전 가치 때문에 그를 죽이지 않았다(Zamperini는 전 올림픽 트랙 스타였다). 하지만 그는 잔인하게 고문을 받았다. 한 캠프 사령관은 그의 머리를 통나무에 올려놓고 매일 그를 참수하겠다고 위협했다. 특히 정상이 아닌 한 경비원이 정신적으로나 육체적으로 그를 무너뜨리려고 반복적으로 시도했다. 당연히 Zamperini는 전쟁 이후 심각한 악몽, 과음, 복수심, 싸움으로 고통을 겪었다. 그의 결혼생활이 무너졌다. 충동적이고 탐욕적인 선택들이 그를 파산에 이르게 했다. 그는 신을 찾고 섬기겠다는 약속을 지키지 못했음을 깨달았다. 어느 날 밤, 그는 자신의 삶을 하느님께 맡겼고 용서의 달콤한 향유를 느꼈다. 바로 그날 밤부터 악몽이 멈추었다고 그는 말했다. 그는 음주도 그만두었다. 용서받았다는 느낌은 그에게 고통을 용서하기 위해 일본으로 돌아갈 수 있는 평화와 힘을 주었다. 그는 여생을 문제 청소년들과 함께 지냈으며, 2014년에 평화롭고 유쾌하게 생을 마감하였다. 그의 분노는 사랑으로 대체되어 있었다(Hillenbrand, 2012).

활동 친절한 도덕적 권위자와의 내적 대화

어떤 사람들은 그들의 실수가 그들을 용서받거나 사랑받지 못하게 한다고 잘못 생각한다. 정신적인 연습은 이 활동에서 설명한 것과 같이 이러한 생각에서 해방될 수 있다(Litz et al., 2016).

1. 느긋하게 쉴 수 있는 조용한 장소를 찾아 마음을 맑게 하고 생각을 집중한다. 당신이 실패하여 당신을 괴롭힌 경험을 생각하라.
2. 용서하는 것에 대하여 깊게 생각하고, 당신에게 가장 좋은 것만 원하는 친절한 도덕적 권위자를 만날 수 있는 자신을 상상해 보라. 이것은 친구, 정신적 지도자, 리더, 코치, 신, 또는 다른 더 높은 영적 존재일지도 모른다. 친절한 도덕적 권위자는 당신이 더 이상 고통받지 않기를 바라기보다 단지 점점 더 편안해지고 안전해지는 것을 감지하면서 당신이 행복하기를 바랄 뿐이다.
3. 이런 친절한 도덕적 권위자와 경험을 공유하라. 그 경험으로 인해 당신이 어떻게 해 왔는지 묘사하라. 당신은 당신이 경험했던 자기혐오, 수치심, 슬픔, 공격

성과 당신이 초래한 상처로 인해 변화된 다른 방법들을 다시 언급할 수 있을 것이다. 친절한 도덕적 권위자가 당신의 고통을 큰 연민으로 지탱하고 있다고 상상해 보라.

4. 친절한 도덕적 권위자에서 우러나오는 친절과 동정을 감지하라. 날숨마다 친절한 도덕적 권위자에게 고통을 내뱉으라. 들숨에서는 친절과 연민을 흡수하고 그 정성이 당신의 몸을 가득 채우는 것을 느끼라.

5. 들으라. 친절한 도덕적 권위자가 당신에게 하고 싶은 말은 무엇인가? 친절한 도덕적 권위자는 용서의 가능성을 보여 주고, 어쩌면 정당한 비난까지도 수정, 동정, 그리고 전체로서의 희망으로 돌릴 수 있는가? 아마도 당신은 자신이 가치 있고, 사랑받고, 또는 목적이 있다는 확신을 들을 수 있을 것이다.

6. 사랑스러운 형상이 당신을 감싸 안거나 이해와 사랑으로 어깨를 어루만지는 상상으로 결론을 내릴 수도 있다.

당신의 신념과 일치한다면 영적인 명언이 이 과정에 도움이 될 것이다. 예를 들어, 구약성경에 나오는 이즈키엘 18장 21절을 생각해 보라. "그러나 악인들이 그가 저지른 모든 죄에서 돌아서서, 나의 모든 규례를 지키며, 합법적이고 옳은 일을 한다면, 그는 반드시 살 것이다."

📖 어떻게 자신을 용서할 것인가

나 자신을 용서하는 것이 어려울까, 아니면 다른 사람을 용서하는 것이 어려울까? 많은 사람이 스스로를 용서하는 것이 더 어렵다고 생각하지만, 나는 더 잘 알고 있었다! 아마도 그들은 비판적인 가정에서 자랐고, 결코 변할 수 없다고 잘못된 믿음을 갖고 있거나, 어떤 행동들은 용서할 수 없는 것이라고 믿거나, 자기 처벌만이 자신을 똑바로, 확실히 유지할 수 있는 유일한 방법일 것이라고 생각할 것이다.

자기를 용서하는 것은 당신이 한 일로부터 회복하는 중요한 측면이며, 다른 사람을 용서하는 것과 같다. 자기를 용서한다고 해서 과거의 잘못을 가볍게 여기는 것은 아니다. 이는 그것들을 인정하는 것이다. 자기용서는 부정적인 판단과 자기비난에 빠져 있기보다는, 더 나은 삶, 더 보람 있는 삶, 행복한 삶을 향해 가는 것을 포함한다. 자기용서는 불완전한 사람들이 여전히 가치 있다는 것과 세상의 많은 훌륭한 사람들이 심각한 실수를 저지른 후에 변화된다는 것을 알게 한다. 제16장의 '도덕적 강점을 키우는 방법'에 있는 단계와 함께 다음 단계를 시도해 보라.

1. **이중 잣대는 버리라.** 만약 당신이 다른 사람보다 자신에게 더 엄격하다면, 모든 사람들은 불완전하며, 무한히 완벽할 수 있다고 스스로에게 상기시키라! 우리는 모두 실수를 하고, 우리 모두는 배우고 개선하는 데 전념할 수 있다. 만약 당신의 아이나 가장 친한 친구가 실수를 해서 개선하려고 한다면, 당신은 그들을 곤경에서 벗어나게 하지 않겠는가? 자신에게 같은 선물을 주는 것이 어떠한가? 당신을 믿는 사람 또는 당신이 희망이 없다고 생각하는 사람 중 누가 당신에게 더 동기를 부여하는가? 당신 자신을 믿으라.

2. **자신의 실수가 자신을 규정하지 않도록 하라.** 우리 각자는 우리의 실수 그 이상의 존재이다. 잠시 실수하거나 돌아간다고 해서 여전히 자신이 소중하다는 사실이 부정되지 않으며, 좋은 삶을 사는 것에 문제가 되지 않는다는 것을 기억하라. 공자는 "우리의 가장 큰 강점은 결코 무너지지 않는 것이 아니라 떨어질 때마다 다시 솟아오르는 것이다."라고 말했다. 자신을 용서한 후, 자신이 무엇을 잘했는지 그리고 경험을 통해 무엇을 배웠는지를 기억하면서 감사를 떠올리도록 노력하라.

3. **자신에게 용서를 구하는 편지를 쓰도록 하라.** 이러한 점들과 계속 나아갈 권리를 자신에게 상기시키라.

📖 다른 사람을 용서하는 법

용서하는 것은 분노를 사랑으로 대체하는 것이다. 애정의 행동은 우리의 진정한 행복한 본성과 연결되는데, 이것이 용서를 배우는 사람들은 종종 행복하고 온전하게 느낀다고 말하는 이유이다. 비록 심각한 범죄를 용서하는 것은 매우 어렵지만, 그것은 가능하다. 이러한 단계를 통해 다음과 같은 도움이 될 수 있다.

1. **치료하라.** 트라우마의 상처는 숙련된 정신건강 전문가가 치료 과정을 안내해야 할 수도 있다. 숙련된 트라우마 상담사가 상처들이 곪아서 복수심으로 돌아가지 않도록 상처를 치료하고 치료할 수 있게 도와줄 수 있다. 어떤 사람들은 너무 일찍 용서를 하려다가 골치 아픈 증상이 남으면 놀라기도 한다. 덜 상처받은 경우, 당신은 이 책에서 살펴본 단계들을 시도해 볼 수 있다. 예를 들어, 글로 당신의 고통을 털어놓거나(제8장) 당신의 고통스러운 경험에서 비롯된 긍정적인 것에 대한 묘사(제17장) 같은 것들 말이다.

2. **상처 준 사람을 이해하려고 노력하라.** 그녀가 왜 그런 식으로 행동했을까? 상처 준 것을 묵인하는 것과 함께 상처 준 사람을 상처 준 사람으로 완전히 정의하지 않는다는 것을 인정하라. 당신의 실수가 당신을 완전히 정의하지 않는 것과 마찬가지로.

3. **개인적으로 받아들이지 말라.** 상처 주는 것은 상처 받는 사람을 반영하고 있으며, 당신의 가치에 대한 진술인 것은 아니다. 다른 많은 사람은 같은 방식으로 상처를 입었고, 많은 사람은 그로 인한 쓰라림을 극복했다.

4. **과거에 얽매이게 하는 생각은 버리라.** 내가 사랑하는 사람이 그렇게 할 수 있다는 것을 믿을 수 없다는 것과 같은 생각은 당신을 계속 꼼짝 못하게 할 수 있다. 사실 불완전한 사람들은 불완전하게 행동하며, 용서를 통해 상처 주는 사람과 격리함으로써 과거의 상처에서 자신을 해방시킬 때 계속 나아갈 수 있다. 아무리 존경받거나 사랑받더라도 누구에게나 좋은 대접을 받는 사람은 없었다.

5. **용서 절차를 시작하고, 이에 대한 시간을 주라.** 당신은 상처, 그것이 당신에게 미치는 영향, 상처 준 사람의 도전, 그리고 용서하려는 의도를 설명하는 용서 편지를 쓰는 것으로 그 과정을 시작할 수 있다(Schiraldi, 2016a; Schiraldi & Kerr, 2002). http://www.newharbinger.com/39409을 방문하여 편지 템플릿(문항 9)을 다운로드하라. 당신은 여전히 당신을 괴롭히는 모든 범죄에 대해 모든 사람에게 용서 편지를 쓸 수 있다. 상처 준 사람에 따라서 편지를 보내기보다는 불태우는 쪽을 택할 수도 있다. 부정적인 감정이 돌아오더라도 놀라거나 낙담하지 말라. 이 결과는 당신의 발전을 부정하지 않는다. 당신의 과정은 두 걸음 앞으로, 한 걸음 뒤로 갈 수도 있다. 천천히 하라. 일단 그 의도를 형성하면 용서가 의외로 올지도 모른다.

6. **가해자를 중립적으로 받아들이라.** 용서하는 것은 가해자가 자신의 상처받은 행동과 개선 의지를 인정할 때 더 쉽다. 그러나 가해자가 사과나 개혁을 하지 않는 경우가 많다. 아마도 당신이 용서하려고 최선을 다했음에도 불구하고 여전히 미완성적으로 보이는 상처들이 있을 것이다. 아마도 가해자는 위안을 주는 것을 꺼리거나 할 수 없을 것이다. 그렇다면, Baker, Greenberg, Yalof(2007)가 설명한 이 접근법을 시도해 볼 수도 있다. 가해자는 당신이 원하던 사람이 아니라는 것을 인정하라. 그 사람은 존재하지 않는다. 아직 가해자에게 긍정적으로 느낄 수 없다면 놓아 주고 중립적으로 받아들여 보라. 생각해 보라. '그는 내 사랑도, 신뢰도 얻지 못했다. 그래서 나는 그를 중립적으로 받아들인다. 나는 그를 생각하거나 기억하는 데 시간을 허비하지도 않는다.' 도표로 표현하면, 접근 방식은 다음과 같다.

혐오 ——————————————▶ 중립 ·········?·········▶ 사랑, 신뢰

이러한 단계를 밟은 후의 기분에 주목하라. 그것이 가해자의 이런 한계를 받아들이도록 도와주었는가? (아마도 그는 친절과 용서를 구하는 기술을 배우지 못했을 것이다.) 수

용은 영구적인 혹은 일시적인 해결책처럼 느껴질까, 아니면 더 완치된 후 언젠가 완전히 용서하고 싶을까?

📖 결론

　매우 어려울 수 있지만, 자신과 타인을 용서하는 것은 지녀야 할 가치가 있는 기술이다. 용서는 우리가 어려운 경험에서 벗어나 더 큰 행복, 치유, 회복력을 가지고 나아갈 수 있도록 도와줄 수 있다.

　이 워크북에서 지금까지 알아본 기술은 제2부의 마지막 장인 '균형과 건강의 즐거움'을 위한 준비이다.

제21장	균형과 건강의 즐거움

심리학자 Philip Zimbardo와 John Boyd(2008)는 시간에 대한 우리의 관점이 우리의 삶에 어떤 영향을 미치는지 연구해 왔다. 그들은 행복한 사람들이 과거와 현재 그리고 미래 사이에서 건강한 균형을 이룬다는 것을 발견했다. 행복한 사람들은 자신의 과거와 평화롭게 지내는 경향이 있고, 따뜻함과 향수로 추억을 회상할 수 있다. 그들은 어떻게 정착하고, 어떻게 하면 골치 아픈 기억을 뛰어넘을 수 있는지 알아냈다. 아마도 상담, 트라우마에 대한 글쓰기(제8장 참조), 용서(제20장 참조)가 그들을 도왔을 것이다. 추억의 스크랩북을 보관하거나, 긍정적인 기억들에 대한 감사를 표현하거나, 가계도를 추적하거나, 조상들의 문화를 축하하는 것 또한 과거에 대한 애틋한 유대감을 불러일으킬 수 있다.

행복한 사람들은 가치 있는 미래를 계획하고 목표를 향해 기꺼이 노력한다(Emmons, 1986 참조). 그들은 미래에 투자하지만 그것에 집착하지는 않는다. 미래에 지나치게 집중하면 계획이 좌절될 때 걱정이나 분노로 이어질 수 있다. 그래서 그들은 자신의 가치관에 의해 추진되는 계획을 가지고 있지만, 긴장을 풀 수 없을 정도로 목표지향적인 것은 아니다. 또한 도로의 장애물을 받아들일 수 없을 정도로 경직된 것도 아니다.

현재와 관련하여, 행복한 사람들은 비현실적이거나 까다롭지 않은 일상 경험에서 즐거움을 찾는다. 그들은 스스로 즐길 계획을 세우고, 그 계획을 실행하며, 그들이 계획한 것에서 즐거움을 찾는다.

당신이 과거의 더 괴로운 부분들과 화해하고, 즐거운 추억을 음미하기 위해 노력하고 있다고 가정해 보자. 더 나아가 당신이 미래를 위해 구체적이고 성취할 수 있고 장기적인 목표를 설정했으며, 그 목표가 가족, 친구, 학습, 직업, 신체적·정서적 건강, 영성과 유산이라는 중요한 영역들 사이에서 균형을 이루고 있다고 가정해 보자. 이제 시간적 압박이 있는 문화(time-urgent culture)에서 특히 중요한 기술 분야, 즉 현재 순간에 완전한 즐거움을 누리는 기술 영역으로 가 보자.

📖 일과 즐거움 사이의 균형 잡기

필자가 인터뷰했던 거의 모든 제2차 세계대전 생존자는 그들의 삶 전반에서 흥미롭고 기쁨을 주는 활동에 활발하게 참여했다. 80대의 사람들이 여전히 열정적으로 예술을 즐기고, 브리지 게임을 하고, 독서를 하고, 박물관 안내원으로 활동하고, 춤을 추며, 심지어 운동하는 모습을 발견하는 것은 드문 일이 아니다(Schiraldi, 2007). 취미 활동은 뇌를 젊게 하고 기분을 고양하는 데 도움을 준다. 또한 숙면, 운동, 식단, 사회적 유대감과 같은 직장 이외의 요인들도 업무 능력을 향상시키는 것으로 보인다.

심리학자 Peter Lewinsohn과 동료들(1986)은 우울한 사람들에게서 보이는 하향곡선을 발견했다. 첫째, 그들은 전형적으로 미치도록 바쁜 사람들이 스트레스 받는 것과 유사하게 스트레스를 받는다. 그들은 시간을 절약하기 위해 기분을 고양시킬 수 있는 취미 활동을 멈춘다. 그들은 우울감을 경험할수록 아무것도 기분을 낮게 할 수 없을 거라고 비관적으로 가정하고, 기분을 향상시킬 수 있는 활동들에 참여하는 것을 멈춘다. Lewinsohn 팀은 우울한 사람들이 다시 취미 활동에 참여할 수 있도록 돕기 위해 '즐거운 일 계획하기(pleasant events schedule) 표'를 개발했다. 그렇게 해서, 그들은 어느 정도 기분이 나아짐을 발견하였다. 다음 활동은 이 표에 기반하여 제시되었다.

활동　즐거운 일 계획하기

　이 활동은 삶에서의 균형을 확인하고 기분을 긍정적으로 변화시키는 데 필요한 조정을 할 수 있도록 돕는다. 이것은 다 완료하기까지 시간을 투자할 가치가 있는 상당히 효과적인 활동이다. 상당히 구조화된 방식으로, 당신은 과거에 즐겨 왔던 활동들을 확인한 다음, 당신의 기분을 높일 만한 즐거운 활동들을 계획할 것이다. 우리를 기쁘게 만드는 것이 우리를 더 회복탄력적이게 만든다는 점을 기억하라.

　1단계: 즐거운 일 계획하기(Lewinsohn, Munoz, Youngren, & Zeiss, 1986)는 큰 주제 아래 구성된 여러 활동을 나열한다. 1번 열(2번 열은 잠시 건너뛰기)에서 당신이 과거에 즐겼던 활동들을 확인하라. 그리고 각 항목에 대해서 얼마나 기뻤는지를 1부터 10까지의 척도로 점수를 매겨 보라(1점은 가장 기쁨이 없는 상태, 10점은 가장 기쁜 상태의 점수이다). 예를 들어, 당신이 행복한 사람들과 함께 있는 것을 적절히 즐겼으나 친구들이나 친척들과는 그렇게 하지 못했다면, 당신의 첫 두 항목은 다음과 같을 것이다.

　1번　　2번
✓5 ＿＿＿　＿＿＿　　1. 행복한 사람들과 함께하기
＿＿＿　＿＿＿　　2. 친구나 친척들과 함께하기

사회적 상호작용

　이 활동들은 다른 사람들과 함께하는 것이다. 그들은 우리가 수용되고, 인정받고, 환영을 받고, 이해받는다고 느끼게 하는 경향이 있다. (활동이 또 다른 집단에 속한다고 느껴지는 경우도 표시하라. 어떤 집단인지는 중요하지 않다.)

1번   2번

____ ____ 1. '행복한 사람들'과 함께하기

____ ____ 2. 친구나 친척들과 함께하기

____ ____ 3. 내가 좋아하는 사람에 관해서 생각하기

____ ____ 4. 내가 사랑하는 사람과 함께 할 활동을 계획하기

____ ____ 5. 새로운 누군가를 만나기

____ ____ 6. 클럽, 레스토랑, 술집에 가기

____ ____ 7. 축하행사에 있기(예: 생일파티, 결혼식, 세례식, 파티, 가족 행사)

____ ____ 8. 점심을 먹거나 술 마시려고 친구를 만나기

____ ____ 9. 개방적이고 솔직하게 이야기하기(예: 희망, 두려움, 흥미, 나를 웃게

만드는 것, 나를 슬프게 하는 것에 관해서)

____ ____ 10. 진실한 감정을 표현하기(언어적, 신체적)

____ ____ 11. 다른 사람에 관한 관심을 보여 주기

____ ____ 12. 가족이나 친구의 성공이나 강점을 인식하기

____ ____ 13. 데이트하기, 연애하기(결혼한 사람에게도 역시 해당된다)

____ ____ 14. 활발한 대화 나누기

____ ____ 15. 친구 초청하기

____ ____ 16. 친구를 만나기 위해 잠깐 들르기

____ ____ 17. 나를 즐겁게 하는 누군가를 불러내기

____ ____ 18. 사과하기

____ ____ 19. 사람들에게 미소 짓기

____ ____ 20. 내가 사는 사람들과 함께 문제에 관해 침착하게 이야기하기

____ ____ 21. 칭찬하기, 등을 토닥여 주기, 칭송하기

____ ____ 22. 장난치거나 놀리기

____ ____ 23. 사람들을 즐겁게 하거나 웃게 만들기

____ ____ 24. 아이들과 함께 놀기

_____ _____   25. 기타: _____

활동

이 활동들은 우리를 유능하고, 사랑스럽고, 쓸모 있고, 강하고, 적합하게 느끼도록 만든다.

1번   2번

_____ _____   1. 도전적인 일을 시작하거나 그것을 잘 해내는 일

_____ _____   2. 새로운 것을 배우기(예: 누수된 것을 고치는 방법, 새로운 취미, 새로운 언어)

_____ _____   3. 누군가를 도와주기(상담하기, 조언하기, 경청하기)

_____ _____   4. 종교나 자선단체 혹은 그 이외의 집단에 기여하기

_____ _____   5. 능숙하게 운전하기

_____ _____   6. 명확하게 나 자신을 표현하기(큰 소리로 또는 글쓰기로)

_____ _____   7. 무언가를 고치기(예: 바느질하기, 차나 자전거를 고치기)

_____ _____   8. 문제나 퍼즐 풀기

_____ _____   9. 운동하기

_____ _____   10. 생각하기

_____ _____   11. 모임에 가기(전시회, 사업 관련 모임, 사회 생활)

_____ _____   12. 아프거나 집에 갇혀 있거나 어려움을 겪는 사람 방문하기

_____ _____   13. 아이에게 이야기해 주기

_____ _____   14. 카드, 노트 또는 편지 쓰기

_____ _____   15. 외모 가꾸기(의학 또는 치아 관련 도움 받기, 식단 개선하기, 미용사 찾아가기)

_____ _____   16. 시간을 계획하고 관리하기

_____ _____   17. 정치적인 주제로 토론하기

_____ _____ 18. 자원봉사 활동이나 지역봉사 활동 참여하기

_____ _____ 19. 예산 계획하기

_____ _____ 20. 불평등에 저항하기, 누군가를 보호하기, 부당하다고 생각하는 사기나 학대를 멈추게 하기

_____ _____ 21. 정직하거나 도덕적인 면모 갖추기

_____ _____ 22. 실수를 교정하기

_____ _____ 23. 파티를 계획하기

_____ _____ 24. 기타: _____

그 자체로 즐거운 활동들

당신이 정말 좋아서 할 수 있는 활동들이다.

1번   2번

_____ _____ 1. 소리 내 웃기

_____ _____ 2. 이완시키기, 평온함과 고요함 누리기

_____ _____ 3. 건강한 식사하기

_____ _____ 4. 취미활동하기(요리, 낚시, 목공, 사진 찍기, 연기, 원예, 수집하기)

_____ _____ 5. 좋은 음악 듣기

_____ _____ 6. 아름다운 광경 바라보기

_____ _____ 7. 일찍 자고, 건강하게 자고, 일찍 일어나기

_____ _____ 8. 매력적인 옷 입기

_____ _____ 9. 편안한 옷 입기

_____ _____ 10. 콘서트, 오페라, 발레, 연극 보러 가기

_____ _____ 11. 운동하기(테니스, 소프트볼, 라켓볼, 골프, 호스슈즈, 프리스비)

_____ _____ 12. 여행이나 휴가 가기

_____ _____ 13. 나 자신을 위해서 좋아하는 것을 쇼핑하거나 구매하기

_____ _____ 14. 실외로 나가기(해변이나 시골 또는 산에서 나뭇잎을 차거나 모래 위를 걷거나 호수에 떠 있기)

_____ _____ 15. 미술 작업하기(색칠하기, 조각하기, 그림 그리기)

_____ _____ 16. 성경을 읽거나 신성한 작품 읽기

_____ _____ 17. 집 꾸미기(꾸미기, 청소하기, 정원 일하기)

_____ _____ 18. 스포츠 경기에 가기

_____ _____ 19. 책 읽기(소설, 시, 극, 신문 등등)

_____ _____ 20. 강연 들으러 가기

_____ _____ 21. 드라이브하기

_____ _____ 22. 햇볕을 쬐면서 앉아 있기

_____ _____ 23. 박물관에 가기

_____ _____ 24. 음악을 연주하거나 노래 부르기

_____ _____ 25. 보트 타기

_____ _____ 26. 가족, 친구, 고용주를 기쁘게 하기

_____ _____ 27. 미래에 있을 좋은 것에 관해 생각하기

_____ _____ 28. TV 보기

_____ _____ 29. 캠핑이나 사냥하기

_____ _____ 30. 나 자신을 정돈하기(샤워하기, 머리 빗기, 면도하기)

_____ _____ 31. 다이어리나 일기 쓰기

_____ _____ 32. 자전거 타기, 하이킹하기, 또는 걷기

_____ _____ 33. 동물들과 함께 있기

_____ _____ 34. 사람들을 관찰하기

_____ _____ 35. 낮잠 자기

_____ _____ 36. 자연의 소리를 듣기

_____ _____ 37. 등 마사지를 해 주거나 받기

_____ _____ 38. 폭풍, 구름 또는 하늘을 바라보기

___ ___	39.	여유 시간 가지기
___ ___	40.	공상하기
___ ___	41.	삶 속에서 하나님의 임재를 느끼기, 기도하기, 예배하기
___ ___	42.	꽃 냄새를 맡기
___ ___	43.	옛날 일이나 특별한 흥미에 관해 이야기하기
___ ___	44.	경매나 중고 판매에 참여하기
___ ___	45.	여행
___ ___	46.	기타: _____

2단계: 지난 30일간 활동에 참여한 적이 있다면, 2번 열에 체크하라.

3단계: 당신이 즐긴 활동의 번호에 동그라미 쳐 보라.

4단계: 1번 열과 2번 열을 비교하라. 과거에는 즐겼지만 현재는 자주 하고 있지 않은 활동들이 많은가?

5단계: 완성된 활동지를 활용하여 당신이 즐기는 25가지 활동에 대한 목록을 만들어 보라.

6단계: 더 많은 즐거운 활동을 하기 위한 계획을 세우라. 가장 간단한 것과 당신이 가장 즐길 만한 것에서부터 시작하라. 당신이 합리적으로 할 수 있는 한 가장 많은 즐거운 활동을 하라. 적어도 하루에 한 개의 활동을 하며, 주말에는 더 많이 해 보라. 달력에 계획을 쓰고, 적어도 두 주 동안 지속해 보라. 당신이 이러한 활동을 할 때마다, 1~5점의 점수로 기쁜 정도를 매겨 보라(1점은 전혀 즐겁지 않음, 5점은 굉장히 즐거움). 이는 스트레스가 유발한 어떤 것도 즐겁지 않다는 왜곡된 생각을 확인할 수 있도록 한다. 이 점수는 덜 즐거운 활동을 다른 것들로 대체하는 데 사용될 수도 있다. 다음은 계획을 세우고 유지하는 데 도움이 되는 조언들이다.

- 물리적인 환경에 주의를 기울이라. 당신의 생각에 관심을 덜 두고, 감각에 집중하라. 바람을 느끼거나 차를 닦으면서 생기는 비누거품을 느끼라. 보고 들으라.
- 활동을 시작하기 전에 이를 즐길 수 있도록 스스로를 준비시키라. 당신이 즐길 수 있는 세 가지를 확인하라. 예를 들어, "나는 햇빛을 즐길 거야. 나는 바람을 즐길 거야. 그리고 나는 오빠와 이야기하는 것을 즐길 거야."라고 말하라. 긴장을 풀고 각 문장을 말하면서 각각의 요소를 즐기는 자기 자신을 상상해 보라.
- 스스로에게 '활동을 즐겁게 하려면 내가 무엇을 할 수 있을지' 질문을 던져 보라.
- 당신이 어떤 활동을 즐기지 못할 것 같아 걱정이 된다면, 작은 단계들로 쪼개어 생각해 보라. 당신의 목표를 달성하는 데 만족할 수 있도록 작게 생각하라. 예를 들어, 10분 동안 집을 청소하는 것부터 시작해 본 뒤 멈추라. 그리고 스스로 칭찬과 격려의 말을 해 주라.
- 균형을 잡기 위해 일정을 확인하라. '하고 싶은 일들'에 대한 자리를 만들기 위해 '해야 하는 일들'을 조정할 수 있는가?
- 시간은 제한되어 있다. 그러니 이를 현명하게 사용하라. 편하다는 이유만으로 하기 싫은 일을 하지 말라.

기술과 평온함 사이의 균형 잡기

심리학자 Nick Baylis(2009)는 그의 책에서 어떻게 우리가 기술로부터 자유를 얻을 수 있는지에 대해 논하였다. 그는 시간을 절약하게 해 주는 기술에 대한 위대한 과학자 Albert Einstein의 말을 인용한다. Einstein은 "일을 줄여 주고 삶을 더 편하게 만들어 주는 이 대단한 과학이 왜 우리에게 행복은 가져다주지 못하는 걸까? 단순한 답변은 바로 우리가 아직 분별력 있게 이를 사용하는 법을 배우지 못했기 때문이다."라고 말한다(p. 254). 컴퓨터와 휴대전화 같은 당신의 삶 속 스마트 미디어 기기에 대해 생각해 보라. 그리고 이것들이 당신을 당신에게 중요한 것과 연결시키는지 또는 고립시키는지 질문을 던져 보라. 그리고 이에 맞게 다음의 상자에 체크해 보라.

〈나의 스마트 미디어 기기는……〉

나를 연결해 준다	나를 고립시킨다	
☐	☐	다른 사람들[스마트 미디어 기기가 관계를 방해하는 것과 관련된 스마트 미디어 방해(technoference)와 상대방 무시(partner snub)라는 것을 포함]
☐	☐	자연
☐	☐	자기 자신(내가 느끼는 것, 필요로 하는 것, 내가 누구인지)
☐	☐	성찰과 휴식의 시간
☐	☐	이 순간에 온전히 존재하기
☐	☐	단순한 기쁨
☐	☐	취미와 즐거운 여가 활동
☐	☐	창의력
☐	☐	수면, 운동, 건강한 식사

활동 | 미디어 기기와 행복

다음의 의견에 대한 당신의 반응을 작성하시오.

가상현실은 현실이 아니다. SNS를 하며 시간을 보내는 것은 친구를 직접 만나 시간을 보내는 것과 같지 않다. 밥을 먹는 동안 또는 식당에서 휴대전화를 끈다면 세상이 끝나는가? 우리는 정말 이메일을 보내며 SNS나 문자를 하고 화상채팅을 해야 하는가? 혹은 하나만 하기로 선택하거나 아예 하지 않기로 선택할 수는 없는 건가? 당신에게 기술은 재미있는 것인가, 혹은 중독적인가? 기술은 당신에게 힘을 주는가, 혹은 주체하기 힘든 피로를 안겨 주는가? 우리는 기술을 사용하는 시간을 줄이고 우리만의 고요한 시간을 확장할 수 있는가? 잠깐 스마트 미디어 기기를 꺼 놓고 그 시간에 사랑하는 사람들을 직접 만난다면 무슨 일이 생길까? 당신이 뉴스를 끄고 빠르게 잠자리에 든다면 무슨 일이 생기겠는가?

📖 결론

　Zimbardo와 Boyd(2008)는 스마트 미디어 기기를 통해 아낀 시간은 일하거나 단순히 돈을 모으는 데 활용된다고 이야기했다. 그러나 단순히 돈을 모으는 것은 큰 비용을 들이지 않고서도 얻을 수 있는 간단한 삶의 기쁨으로부터 경험되는 깊은 만족을 얻지 못하도록 우리를 방해한다. 이 장은 건강한 기쁨을 확장하고 스마트 기기에 과도하게 의존하는 것을 줄여서 당신의 행복 추구에 초점을 맞추었다. 이를 통해 배운 기술은 제3부 '잘 살아 내기: 최상의 기능 발휘 및 적응적 대처'의 튼튼한 기초가 될 것이다.

제3부

잘 살아 내기: 최상의
기능 발휘 및 적응적 대처

제22장 적극적 대처

지금까지 우리는 뇌의 준비도를 최고로 높이는 것, 몸과 마음을 진정시키는 것, 부정적인 정서를 관리하는 것, 그리고 긍정적인 정서와 태도를 기르는 것과 관련된 리질리언스 기술들에 대해 탐색해 보았다. 이 장에서는 이러한 기초적인 기술을 토대로 수행과 적응적인 대처를 최대화하는 다른 기술들을 다루어 볼 것이다.

적응적 대처(adaptive coping)는 문제를 해결하고, 어려움을 직면하고, 목표를 향해 나아가는 데 가장 적합한 것을 활용하여 변화하는 환경에 적응하는 것을 의미한다. 최상의 기능 발휘(peak functioning)는 목표에 도달하는 데 필요한 최선의 노력을 다하는 것을 의미한다. 당신의 목표는 일, 관계 또는 여가와 관계되어 있을 수 있다. 최상의 기능을 발휘하는 것은 세 가지 원리를 기반으로 한다.

- 목표를 설정하고 이를 달성하고 싶어 한다.
- 성공을 기대하며 내가 목표를 달성할 수 있다는 것을 믿는다.
- 목표를 달성하는 것, 열심히 일하는 것, 지속하는 것에 전념한다. 장기적으로 보았을 때, 전념하는 것은 선천적인 능력보다 중요하다. 전념하는 것은 초점화된 정신적 준비를 포함한다. 많은 사람은 신체적인 측면에서 충분히 준비하지만, 정신적으로 준비되어 있지 않기 때문에 생활 속 압박에서 무너진다. 따라서 우리

는 신체적인 단련을 하는 것만큼 정신적인 단련에 전념해야 한다.

지금까지 당신이 배운 기술들은 적응적인 대처와 최상의 기능을 발휘하는 것을 촉진한다. 예를 들어, 진정 기술을 연습하고 부정적인 정서를 관리하는 것은 압박 속에서도 침착하고 집중을 유지하는 것을 돕는다. 뇌 건강을 최적화하는 것 또한 뇌가 빠르고 효과적으로 기능할 수 있게 돕는다. 행복 기술은 사람들이 대처 전략에 더 개방적이며 효과적으로 대처 전략을 사용할 수 있도록 돕는다.

이 장에서 우리는 성공의 세 가지 기둥, 즉 적극적 대처, 자신감, 그리고 유연성과 창의성에 대해 살펴볼 것이다. 마지막 장인 제25장은 가능한 한 빠르게 최상의 기분과 기능을 회복할 수 있도록 하는 조기 치료를 준비할 수 있게 할 것이다. 먼저, 적극적 대처부터 시작해 보자. 많은 연구는 삶에 대해 수동적이고 회피적인 자세보다 적극적인 자세를 취하는 것이 이롭다고 설명한다. 둘 간의 차이를 살펴보자.

📖 적극적인 대처자

마음챙김 훈련은 우리에게 적극적인 대처자가 문제를 피하기보다 문제를 마주한다는 것을 가르쳐 준다. 이는 적당한 반응을 찾을 가능성을 높인다. 삶에 대해 적극적인 태도를 가지고 있는 사람들은 다음과 같이 행동한다. 자기 자신에 대한 인식을 높이기 위해서 당신을 묘사하는 말 옆에 체크 표시를 해 보라. 적극적인 대처자는 다음과 같다.

_____ **주도적인 행위자이자 문제 해결자이다.** 즉, 그들은 삶에 참여적이다. 그들은 위기가 닥치기를 기다리기보다 어려움을 예상하고 이에 대비한다. 그들은 상황을 평가하여 합리적인 행동을 취하고, 필요한 기술들을 적용한다 (때로는 필요한 기술들을 배우기도 한다).

_____ **모험심이 강하다.** 이는 그들이 새롭고 알려지지 않은 것에 대처하는 성향을 갖고 있다는 것을 의미한다.

_____ **호기심이 많다.** 호기심이 많은 사람은 스트레스를 받을 때 우울해지지 않고, 기쁨과 흥미를 가지고 문제에 접근한다.

_____ **문제가 존재한다는 것을 인정한다.** 그들은 문제에 대해 생각하고, 대안적인 해결책을 생각하고 평가한다. 행동에 대한 계획을 만들고 실현하며, 만약을 위한 대비책도 생각해 놓는다.

_____ **성실하다.** 그들은 더 나은 삶을 만들고자 결단한다. 그래서 열심히 일하고, 끈기 있으며, 필요한 자원을 활용한다(예: 친구나 힘이 되는 관계를 찾고, 필요한 정보와 도움을 구한다).

_____ **규율이 바르다.** 그들은 구조, 순서, 규칙을 만들고 체계화한다. 계획을 지킨다. 장기적인 목표를 위해 즉각적인 기쁨과 파괴적인 지름길을 포기하는 방식을 연습한다. 어려움, 공포, 위험 요소에도 불구하고 행동한다.

_____ **꿈을 간직하고 목표를 설정한다.** 이 목표들은 다른 사람들이 아닌 내적인 핵심 가치에 의해 설정된다.

_____ **상황에 대해 완벽하게 알지 않아도 결정을 내릴 수 있다**(상황을 절대 완벽하게 알 수는 없다). 그들은 결단력 있게 합리적인 수준에서 위험을 감수하고, 실수하고, 심지어는 망칠 수 있다는 것을 이해한다. 개인적인 약점과 상황적인 어려움을 알고 있다.

_____ **정서적인 욕구와 정서적인 생존 기술의 필요를 인식한다.** 그들은 위기 상황에서 기능하기 위해 정서를 차단할 수 있지만, 이후 최대한 빨리 필요한 방식으로 이를 다루어 감정이 그들을 지속적으로 괴롭히지 않도록 한다.

_____ **충동적이지 않다.** 그들은 행동하기 전에 최대한 많이 자신의 행동을 생각한다. 자신이 하고 있는 일을 생각하고 비합리적인 위험을 감수하지 않는다.

_____ **초점을 유지한다.** '목표에 더 가까워지기 위해 지금 해야 할 가장 중요한

일이 무엇인지' 끊임없이 묻는다.

책 『I Love a Fire Fighter』에서 Ellen Kirschman(2004)는 괴로운 감정에 대한 적극적인 자세뿐만 아니라 위기 상황에서 행동을 취한 후에 괴로운 감정을 인정하고 처리하는 모델을 설명한다. 그녀는 폭풍 속에서 배가 전복되는 동안 시행했던 수상 구조 훈련에 대해 말했다. 훈련 후 한 소방관은 모인 동료들에게 "여러분이 어떻게 느꼈는지 잘 모르지만, 저는 오늘 거기서 죽을 줄 알았습니다. 저만 그렇게 느낀 건 아닐 것이라고 생각합니다."(p. 180)라고 말했다. 선원들은 하나둘씩 마음을 열고, 다시는 가족을 보지 못하고 다시 물속에 들어가야 한다는 두려움, 젊은 나이에 죽는 것에 대한 분노, 불완전한 삶에 대한 슬픔을 표현했다. 이런 감정들을 인정하면서 이 팀은 하나로 뭉치게 되었다. 다음 날 모든 선원이 다시 훈련하기 위해 물로 나갔다. 이야기를 나누기 전까지 그들은 고립감을 느꼈다. 그들 모두가 정서적으로 같은 상황에 놓여 있다는 것을 깨달은 것은 실제로 그들이 감정을 넘어서서 훈련을 준비하는 데 도움을 주었다. 이와 반대로, 고도로 훈련되고 유능한 긴급대응 현장 인력들이 일이 끝나고 집에 돌아오면 감정을 회피하고 무시하거나 묻어 버리는 경우도 많다.

베트남 포로수용소는 많은 자유를 앗아갔다. 포로들은 도망칠 수 없을 때 최대한 적극적으로 활동함으로써 자신들의 자유를 행사했다. 예를 들어, Larry Chesley(1973)는 '하노이 힐튼 호텔(포로수용소를 일컬음)'의 많은 동료가 건강한 신체 상태를 유지하기 위해 배가 고파도 운동을 했다고 언급했다. 그들은 감방 안에서 머릿속으로 계획하고 생각하면서 양옆으로 세 걸음씩 오가는 운동을 했다. 어떤 이들은 윗몸일으키기, (수백 개에 달하는) 팔굽혀펴기, 무릎 굽히기 등을 놓고 경쟁도 벌였다. 또한 그들은 사기를 높이기 위해 감방 벽에 보이스카우트에서 배운 암호를 두드리는 등 은밀한 방법을 통해 소통했다. 말하는 것이 금지되어 있었기 때문에 좋아하는 노래를 흥얼거리거나 휘파람을 불어서 동료들에게 자신이 아직 살아 있다는 것을 알렸다. 인간이 경험할 수 있는 최악의 상황에서, 그들은 자신들의 상황에 적극적으로 대처했다.

📖 소극적인 대처자

소극적인 대처자들은 삶에 대해 회피적인 입장을 취한다. 그들은 문제를 해결하지 않고 내버려 둘 방법을 찾는다. 다음 항목 중 당신의 현재 대처 방식을 설명하는 것에 표시하라. 소극적인 대처자는 다음과 같다.

_____ **괴로운 생각, 감정, 상황에 대해 생각하지 않는다.** 따라서 그것들을 바꾸기 위해 노력하지 않는다.

_____ **부정적인 감정을 피하거나 차단하려고 한다.** 이러한 전략에는 지나친 유머, 약물, 일 중독, 징징댐, 걱정, 자살, 자극적인 유흥거리, 도박, 과도한 자신감 등이 포함된다. 이들 중 일부는 적극적으로 대처하려는 시도로 보일 수 있지만, 모두 감정을 피하는 부적응적인 방법이다. 예를 들어, 감정을 인정하거나 문제를 해결하기 위해 행동하지 않고 강박적으로(인지적으로 문제를 이해하려고 노력하는) 걱정할 수 있다.

_____ **어떤 것이 잘못되었음을 부정하거나 문제를 축소한다.** 예를 들어, '아무것도 잘못되지 않았어.' 혹은 '이 문제는 나를 괴롭게 하지 않아.' 또는 '이 문제는 이전에 나를 괴롭게 했지만 지금은 아니야.'라고 생각할 수 있다.

_____ **꼼짝 못하거나 얼어붙는다.** 예를 들어, 다음과 같다.

- 가망이 없다고 생각하고 포기함(어떤 상황에서도 할 수 있는 일이 있다.)
- 자신이나 타인을 비난함
- '이 상황에서 내게 요구하는 것은 무엇일까?' 혹은 '이 상황에서 어떻게 성장할 수 있을까?'보다는 '나에게 왜 이런 일이 일어났을까?'를 곱씹음
- 어떻게 이런 일이 있을 수 있나 생각함
- 더 나은 상황을 바람
- 벌어진 일을 잊으려고 노력함
- 갈피를 못 잡거나 과도하게 신중하거나 행동이 요구될 때까지 지시를

　　기다림

- 좌절감에 굴복함

_____ 냉소주의나 무신경하고 무관심한 태도를 통해 고통으로부터 자신을 보호한다.

_____ 직장에서는 문제를 직면하지만, 집에 돌아오면 텔레비전, 컴퓨터 게임 등을 통해 부정적인 감정을 다루지 않고 무시하거나 흘려보낸다.

_____ **철수한다.** 힘든 사람이나 장소, 상황을 피한다. 스스로를 고립시키고 다른 사람들에게 속마음을 말하지 않는다.

　　저자 Ben Sherwood(2009)는 위기에 직면한 사람 중 10%만이 결단력 있고 건설적인 행동을 취한다는 것을 발견했다. 80%는 얼어붙은 채로 지시를 기다렸으며, 10%는 자기파괴적인 행동 등 잘못된 행동을 했다. 예를 들어, 9·11 세계무역센터 공격 당시, 건물 안에 있던 대부분의 사람들은 상황에 당황하기보다는 오히려 무기력한 반응을 보였다(Ripley, 2008). 그들은 평균 6분을 기다린 뒤 계단을 내려왔다. 친척과 친구에게 전화를 하거나 이메일을 확인하며 45분이나 기다린 사람도 있었다. 많은 사람은 과도하게 반응했다가 창피해질지도 모른다는 두려움 때문인지, 마치 넋이 나간 것처럼 상황의 실체를 부정하듯 느긋하게 행동했다. (1977년 Beverly Hills Supper Club 화재에서도 비슷한 반응이 관찰되었는데, 이 당시 수동적으로 지시를 기다렸던 많은 사람이 사망했다.) 어떤 사람들은 9·11 사태 당시 잠겨 있는 옥상 문으로 나가려고 계단을 오르는 데 시간을 낭비하다 사망했다. Ripley는 위기 상황에서 위험을 인지하고, 모든 사람이 신속하고 결단력 있게 무엇을 해야 하는지 알 수 있도록 철저히, 반복적으로, 실제적으로 연습해야 한다고 주장한다.

📖 회피의 결과

　　회피적인 대처 스타일을 가진 사람들은 문제를 해결하지 않는다. 그들은 문제와 치열하게 싸우고 문제를 극복함으로써 더 강해지거나 자신감을 얻는 일이 없다. 장기적으로 회피는 더 많은 스트레스를 초래하며, 이는 다양한 부정적인 결과로 이어진다.

- 면역력 약화(예: 스트레스 호르몬인 코르티솔이 면역 체계를 약화시키기 때문에 더 많은 질병을 야기함)
- 손상된 관계(인정하지 않거나 직면하지 않는 문제는 지속되는 경향이 있다.)
- 인지, 업무, 운동 기능 저하(문제 해결, 준비, 기능 수행을 위해서는 완전한 집중이 필요함)
- 정신장애(고통스러운 생각이나 기억, 감정, 신체감각과 접촉하는 것을 꺼리는 사람들은 PTSD, 불안, 우울, 전반적인 괴로움에 시달릴 가능성이 더 높다.)

적극적인 대처는 일반적으로 반대의 결과를 보여 준다(제24장에서 몇 가지 예외를 살펴보겠다).

📖 적극적인 대처 능력을 기르는 법

우리는 역경에 대처하는 방식을 선택할 수 있다. 그것이 주어진 상황에 긴장을 풀고 최선을 다해 행동하는 것이든(사실상 이것이 최선의 방법이다), 아니면 그것을 벗어나려고 노력하는 것이든 말이다. 우리는 다음의 행동을 할 수 있다.

- **문제를 인정하라.** 가족의 불화든 테러의 위협이든, 다른 사람들의 저항에도 불구하고 대응 행동 계획(action plan)을 세우고 연습하라. Rick Rescorla는 세계무역센터에 대한 테러 공격을 예상하고, 탈출을 위한 대응 행동 계획을 개발했으며, 시야가 좁은 사람들의 불만에도 불구하고 압박을 주어서 계획을 성공적으로 실행할 수 있을 때까지 그들을 반복적으로 훈련시켰다.
- **괴로운 생각, 기억, 감정, 이미지, 감각과의 전쟁을 멈추라.** 우리는 이것들과 싸우거

나 피하거나 소극적인 체념으로 굴복하는 대신, 마음챙김 훈련이 제시하는 것처럼 이러한 것들을 적극적으로 직면하고 받아들일 수 있다(제6장 참조). 처음에는 조용하고 차분할 때 이를 연습하다 보면 결국 위기 상황에서도 모든 감정을 반갑게 받아들이고 침착하게 대응하여 최적의 성과를 낼 수 있게 될 것이다. 예를 들어, 우리는 판단 없이 침착하게 두려움을 인정하고 효과적으로 행동할 수 있다. 만약 그렇지 않으면 두려움은 우리를 움직이지 못하게 하거나 주체하기 힘든 반응으로 이어질 수 있다. 또한 제4장부터 제9장까지의 기술을 사용하여 고통스러운 감정을 관리하는 것을 기억하라.

- 문제를 도전 과제로 재구성하라. 적극적인 대처로 이끄는 자세인 낙관주의(제13장 참조)로 도전에 접근하라. 마찬가지로, 우리의 삶의 목적, 즉 살아야 하는 이유에 대해 생각하라. 이는 우리가 생산적으로 행동하도록 동기를 부여할 것이다.
- 우리가 선택지를 명확하게 볼 수 있도록 진정하는 기술을 사용하고, 그 다음에 행동하라. 모의 상황이나 실제 상황 훈련에서 모두 마음을 진정하는 기술을 반복적으로 연습한다.

활동 성공적인 대응 행동을 위한 동기 강화

동기와 추진력은 성과를 예측한다. 자신의 동기를 명확히 알면, 과도한 스트레스, 피로, 영양 또는 수면 부족, 소음, 과도한 걱정 등의 상황에서 인내하는 데 도움이 될 것이다. 스포츠 심리학자 Spencer G. Wood(2003)가 제안한 이 활동은 동기를 명확히 하고 동기 강화 대화를 개발하는 데 도움이 된다.

1. 당신이 행동하도록 동기를 부여하는 것이 무엇인지 결정하라. 당신의 삶에 적용

되는 항목에 체크하라.

_____ 경쟁적 우위

_____ 용기

_____ 즐거움

_____ 우수함

_____ 우정

_____ 최선을 다했다는 것에 대한 건강한 자부심

_____ 다른 사람의 치유를 돕는 것

_____ 소외계층을 돕는 것

_____ 사랑

_____ 전문성

_____ 의미와 목적의식

_____ 새로움과 자극

_____ 개인적 성장

_____ 생명을 구하는 것

_____ 안전

_____ 봉사

_____ 팀워크

_____ 삶의 의미

_____ 그 외 동기들: _____

2. 앞에서 체크한 동기와 일치하는 합리적인 목표를 3~4개 적는다. 예를 들면, 다음과 같다.

• 신뢰를 쌓고 즐거운 경험을 공유함으로써 친구들과 우정을 더 돈독히 한다.

- 집중력을 향상시킨다(소음이나 혼란스러움 따위보다 내 일에 초점을 맞춘다).
- 압박 속에서도 침착하고 차분한 자세를 유지한다.
- 내가 주어진 상황에서 최선을 다했다는 것에서 만족감을 얻는다.

이때, 결과보다 과정에 집중하라. 결과를 항상 통제할 수는 없다. 스포츠 역사상 가장 위대한 선수이자 코치였던 John Wooden은 선수들에게 성공이 점수판(때로는 다른 팀이 단순히 더 낫다)이 아니라 스스로 최선을 다했다는 것에 대한 만족감으로 정의된다고 가르쳤다. 주어진 순간에 최선을 다하는 것은 통제할 수 있다.

3. 멘탈 리허설이 신체적 준비만큼 중요함을 기억하는 것은 각 목표를 확인해 주는 대화의 심적 시연을 가능하게 한다. 예를 들어, 훈련 중인 운동선수는 집에서 혹은 운동 중에 도전적인 상황을 직면했을 때 적용해 볼 수 있는 다음의 자기대화를 해 볼 수 있다.

나는 침착하다. 심지어 가장 중요한 경기에서는 더욱 침착하다. 나는 기민하고, 침착하고, 편안하고, 유능하고, 준비되어 있으며, 집중하고 있음을 느낀다. 나는 무엇이 필요한지 알아차리고 침착하고 효과적으로 대응한다. 나는 피로와 산만함에도 불구하고 성공적으로 집중한다. 나는 친구들과 함께 일하고 응원해 주는 것을 좋아한다. 나는 소중한 사람들을 위해 나의 기술을 활용하는 것과 내가 좋아하는 일을 하는 것이 좋다. 나는 최상의 수행을 기대한다. 나의 움직임은 부드러우며 거의 힘을 쓰지 않는다. 나는 나의 능력에 대해 자신감이 있다. 나는 최선을 다하기 위해 결심하였다. 결과나 다른 사람들의 평가에 신경 쓰지 않는다. 나는 최선을 다하고 결과는 맡긴다. 나는 몰입해 있으며 온전하게 집중하여 최상의 수행능력을 즐긴다. 나는 서두르지 않고 신속하게 결정하고 확실하게 행동한다. 나는 내 안에서 일어나는 모든 감정에 대해 편안함을 느낀다. 모든 상황에서 판단하지 않고 편안하게 반응

한다. 그 후에 나는 내가 최선을 다했다는 것을 알게 되고, 잔잔한 만족감과
함께 나의 성취를 되돌아본다.

4. 멘탈 리허설을 하라. 이완하라. 적극적인 태도가 익숙해질 때까지 자기대화를
   반복하면서 동시에 연습 상황이나 실제 상황에서의 자기 모습을 그려 보라.

활동) 문제 해결적 글쓰기

글쓰기는 효과적으로 문제를 해결하는 데 도움을 줄 수 있다. 이 활동은 Pennebaker
와 Smyth(2016, p. 73)에 의해 개발되었으며, 다음의 과정을 통해 도움을 줄 수 있다.

1. 현재 직면하고 있는 문제나 도전을 써 보라. 철자나 문법을 신경 쓰지 말고 약
   10분 동안 자유롭게 작성하라.
2. 쓴 내용을 읽어 보고 주요한 장애물이 무엇인지 확인하라. 다시 10분 동안 이 장
   애물에 대해 글을 작성하라.
3. 글들을 합치라. 두 글을 다시 읽고 10분 동안 마지막으로 글을 작성하라. 문제에
   대해 새롭게 발견한 것들, 극복해야 할 장애물, 가능성 있는 해결 방법에 대한
   생각들을 통합하라.

때때로 이 활동이 즉각적인 통찰(또는 구체적인 해결방법)을 주기도 하지만, 대부분
의 경우 문제 해결로 이어지는 과정을 촉진한다.

📖 결론

　적극적 대처의 기본적인 개념은 문제에 대해 침착하고 비판단적인 방식으로 자신이 진전을 이룰 것이라고 믿는 것이다. 문제를 해결하게 될 수도 있고, 더 나은 대처방법을 발견하게 될 수도 있다. 완벽하게 수행해야 한다는 기대를 내려놓으라. 대신에, 최선을 다하라. 불완전함을 인정하고 최선을 다해 노력하는 것이 자기수용과 자기자비임을 기억하라.

제23장	자신감

자신감과 적극적인 대처 태도는 밀접한 관련이 있다. 적극적인 태도는 "나는 성공하기 위해 최선을 다할 거야. 그리고 해야 하는 일을 꾸준히 할 거야."라고 말하는 것이고, 자신감은 "나는 필요한 자원들과 기술들을 효과적으로 활용할 수 있기 때문에 할 수 있어."라고 말하는 것이다.

연구문헌에서 자기효능감으로 불리는 자신감은 리질리언스와 매우 밀접하게 관련이 있다. 자신감은 다음의 항목들과 관계가 있다.

- **낮은 회피성**: 우리는 할 수 있다고 믿을 때 도전을 성공적으로 직면하는 경향이 있다.
- **다양한 삶의 영역에서의 더 나은 수행**: 자신감은 기분을 고양하는데, 이는 뇌에 영향을 주고 수행능력을 향상시킨다. 또한 자신감은 최선을 다하는 데 방해가 되는 과도한 불안감과 자기의심 등에 대응한다.
- **높은 자아존중감**: 자신감이 자아존중감과 같은 의미는 아니지만, 사람들은 자신들의 가치가 인정되었을 때 자신감을 발달시킨다.
- **낮은 불안, 우울, 고통, 외상 후 스트레스 증상**: 자기의심은 스트레스를 유발하는데, 이는 스트레스를 유발하는 상황에서 증상을 악화시킨다.

📖 자신감의 원칙

자신감은 경험에 기초해야 한다.   자신감은 실제로 일어났거나 이미지로 상상해 본 성공 경험을 통해 향상된다. 신체적인 연습과 멘탈 리허설은 동일한 효과가 있다. 이상적인 것은 이 두 가지를 통합하는 것이다.

자신감은 현실적이어야 한다.   과도한 자신감은 회피와 자기기만의 한 형태이다. 이는 우리를 당황하게 하고 실패하게 하는 경향이 있다. 사람들은 자신이 할 수 있는 것이 무엇이고 할 수 없는 것은 무엇인지 알고 있어야 한다. 이러한 인식이 없다면, 더 잘하기 위해 노력을 하지 않을 수 있고 압박감으로 인해 성급하게 결정을 내리게 될 수도 있다.

훈련은 현실의 도전이 쉽게 느껴질 만큼 엄격해야 한다.   전설적인 농구 코치인 John Wooden은 자신의 선수들을 엄격하게 훈련시켰고, 선수들은 실제 경기가 훈련보다 쉽다고 느꼈다.

자신 있게 수행하기 위해 두려움과 불안을 조절하는 방법을 숙지해야 한다.   과도한 스트레스는 수행을 저하시키는데, 이는 마음챙김 명상, 복식호흡, 이완훈련과 같이 이 책의 앞부분에서 설명하고 있는 다양한 기술을 통해 조절이 가능하다. 연습을 통해 소음, 시각적인 방해물, 피로감에도 불구하고 집중력과 마음의 평정을 유지하는 법을 배울 수 있다.

규칙적인 운동(특히 유산소 운동) 및 스포츠는 자신감과 깊이 관련 있다.   미국 육군사관학교의 체육관에는 MacArthur 장군의 명언이 걸려 있다. "선의의 경쟁이 뿌린 씨앗은 승리의 열매를 맺을 것이다." 신체적 건강은 자신감을 불어넣는다. 운동경기는 집중력과 끈기를 가르쳐 준다.

평균 수준의 학습능력을 가진 대부분의 사람들은 많은 연습을 통해 어떤 분야의 전문가도 될 수 있다.   Nick Baylis(2009)는 음악 분야(또는 다른 유사 분야)에서 초심자가 아마추어 수준의 전문성을 기르기 위해 필요한 결정적 시간으로 매일 2시간씩, 매주 6일, 5년 동안 3,000시간이 소요된다고 설명하고 있다. 사실상 거의 모든 분야에서 전문가의 수준에 도달하기 위해서는 10,000시간의 집중적인 노력이 필요하다. 세계적인 수준에 도달하기 위해서는 적어도 10년 동안 한 가지 일에만 몰두하고, 헌신적으로 노력하는 것이 필요하다. 미국의 일류 피아니스트들의 부모님들 중 절반은 악기를 다루지 못했다. 그들의 부모님은 일반적으로 따뜻하게 격려하는 부모님(또는 선생님)이었다. 또한 뛰어난 능력을 보이는 사람들은 매우 편안한 마음 상태(더 많이 흡수하는)를 가지고 있는 경향이 있었고, 하나에 몰두하는 확고함이 있었다(멀티태스킹은 집중력과 학습능력을 저하시킨다).

완벽주의는 자신감을 저하시킨다.   완벽하지는 않았지만 꽤 잘했던 일 또는 매우 훌륭하게 해냈던 경험들에 집중하라. Baylis는 Shakespeare의 작품들 중 오늘날에도 사랑받는 것은 4분의 1 정도밖에 되지 않는다는 사실을 지적했다. 우리가 하는 모든 일이 다 걸작품이 될 수는 없으니 마음을 편하게 가지고 최선을 다하면 '종종 찾아오는 성공'을 즐길 수 있다(2009, p. 212).

자신감 있는 사람은 침착하다.   John Wooden(2003)은 '침착함(poise)'을 연기하거나 흉내 내지 않고 자신답게 행동하면서 다른 사람의 기대나 평가에 대한 걱정 없이 최상의 수행을 보이는 것으로 정의했다. 자신감 있는 사람들은 성공하는 사람들을 보며 배우고 영감을 얻으면서도 자신의 독특성을 고수한다.

자신감 있는 사람들은 준비가 되어 있기 때문에 평가를 즐긴다.   이러한 사람들은 준비가 되어 있기 때문에 도전적인 상황에서도 최선의 능력을 이끌어 낼 수 있고, 성공할 수 있다는 자신감이 있다.

자신감은 점진적, 지속적, 수용적인 환경에서 가장 잘 길러진다. 자신감을 향상시키는 기본적인 두 가지 훈련 모형이 있다. 그중 하나는 약자를 덮어 버리거나 제거하는 모형이다. 미국 해군 특수부대(Navy SEALS)와 육군 레인저스(Army Rangers)와 같은 엘리트 특수부대 훈련 프로그램들에서 이 모형이 활용된다. 이 프로그램들은 훈련생들을 혹독한 상황에 노출시켜 우수한 훈련생을 걸러 내는 것으로 시작한다. 프로그램에 끝까지 남아 있는 훈련생들은 어떤 상황에서든지 자신과 동료들을 신뢰할 수 있다는 것을 알게 된다.

두 번째 모형은 사람들에게 적절히 도전적인 상황을 제공함으로써 강점을 강화하고 구축한다. 예를 들어, 영국 특수부대 훈련에서는 멘토링 방식을 채택하여 훈련 조교가 훈련생들과 함께 훈련을 하고 격려와 지지를 제공한다. 조교들은 개인들의 역량과 준비도를 절대 초과하지는 않지만 훈련의 강도를 점차 도전적으로 만들어 간다. 조교들은 각 훈련생을 잃으면 안 되는 중요한 자원으로 간주한다. 리더들은 공포와 비난보다는 영감을 주고 훈련생들이 실수로부터 자연스럽게 배울 수 있는 환경을 구축한다. 아웃워드 바운드 프로그램(The Outward Bound program)은 이와 유사한 훈련 모델을 적용했다. 참가자들은 최상의 수행을 할 수 있도록 따뜻한 지지를 받으며, 두려움을 극복하여 고난이도의 밧줄 코스를 완료할 수 있게 된다. 참가자들은 자신들의 노력을 인정해 줄 뿐만 아니라 어떻게 그렇게 잘할 수 있었는지 질문하는 지지적인 리더 주변으로 모이게 된다. 이 모형은 이미 가지고 있는 강점을 이끌어 내고 강화시킨다. 이러한 환경에서 훈련받은 사람들은 엄격하고 권위적인 리더들에게 훈련받은 사람들과 비교했을 때 두려움을 덜 느끼고 압박감 속에서도 훌륭하게 수행을 지속해 나가는 경향이 있다. 이 모형은 일반적으로 대부분의 직업, 가족 그리고 학교 환경에서 효과적으로 적용된다. 이 접근은 '나는 너와 너의 성장에 관심을 가지고 있다.'는 태도를 취한다.

자신감이 있다는 것은 '실패'할 자신이 있다는 것이다. 인간은 언제나 틀릴 수 있으며, 불완전하고 실수하기도 한다. 실패를 성공을 위한 노력 또는 우리의 목표에서 조금 부족한 상태라는 관점으로 바꿀 때, '실패'는 덜 두려운 것이 된다. 판단이나 비난 없이 우리의 노력을 평가하고 수행능력의 향상을 목표로 하면 갈수록 실수가 줄어든다.

자신감을 향상시키는 방법

이 원칙들은 자신감을 향상시키는 다양한 접근을 간략하게 소개하고 있다. 만약 아직 이 원칙들을 실천해 보지 않았다면, 관련된 활동이나 운동 프로그램에 참여할 수 있다. 제1장에 소개되었던 복식호흡이나 다른 기술들을 연습하며 두려운 감정을 조절해 볼 수도 있다. 독서, 수업참여, 훈련, 실제 삶 속 경험 등을 통해 이를 연습할 수 있는 기회들을 찾아보라. 이 장의 나머지 부분에서는 일상생활의 도전에 대응하는 심리적 준비를 탐색하고자 한다.

활동 자신감 이끌어 내기

불안, 자신감 부족과 같은 부정적인 감정들은 최상의 수행을 하는 것을 방해한다. 다음의 기술들은 멘탈 리허설을 통해 자신감을 이끌어 내고 직장, 집, 스포츠 활동 등에서 마주할 수 있는 어려운 도전들로 인한 두려운 감정에 대처하는 데 도움을 준다.

1. **어려운 도전을 확인하기**: 중요한 승진 시험을 치는 것, 어려운 과제와 씨름하는 것, 또는 가족들이나 직장 상사와 갈등이 일어날 수 있는 주제에 대해 이야기하는 것 등이 포함될 수 있다.
2. **어려운 도전을 순차적인 항목들의 계단으로 세분화하기**: 도전을 시간 순서에 따라 총

12~24개의 항목으로 계단화하여 정리해 본다. 예를 들면, 중요한 승진 시험은 다음과 같은 항목으로 계단처럼 나열해 볼 수 있다.

a. 3개월 전부터 공부하기

b. 2주 전부터 공부하기

c. 1주 전부터 동료와 함께 시험에 대해 토론하기

d. 하루 전에 공부하기

e. 시험 날 아침에 복습하기

f. 시험장에 운전해서 가기

g. 시험장에 직접 들어가기

h. 자리에 앉기

i. 시험지를 받기

j. 첫 번째 문제를 읽기

k. 내가 답을 할 수 없는 문제를 읽기

l. 시험을 끝내기

m. 시험장을 나오기

3. **과거 성공과 성취 경험 목록 작성하기**: 살면서 자신감을 느끼고 수행을 훌륭하게 해 냈던 4~5가지의 상황을 작성하라. 아마도 그 당시에는 불안하기도 하고 수행을 하는 데 도전적인 상황들이었겠지만, 자신감 있게 포기하지 않고 수행했을 것이다. 각 상황과 관련된 주변 환경(날씨, 혼란스러운 분위기 등)과 그때 한 행동(포기하지 않고 훌륭하게 수행하는 자신의 모습), 그리고 이후에 느꼈던 감정(굳은 결심, 만족감, 활력)은 무엇인지 구체적으로 기술하라. 긍정적인 상황들을 기억하는 것만으로도 기분이 고양되고 자신감이 높아진다. 현재의 도전적인 상황과 연관된 과거의 성취를 생각해 낼 수도 있을 것이다. 예를 들어, 자전거를 배웠던 경험은 오토바이를 배우는 경험에 영향을 줄 것이다. 그러한 과거의 성취가 현재의 도전적인 상황과 반드시 관련이 있어야 하는 것만은 아니다. 어떤 성공 경험이든 지 효과가 있다. 떠올리는 것이 즐거운 경험을 선택하라.

4. **도전 계단의 첫 번째 항목부터 시작하기**: 1분 정도 충분히 상세하게 시각화하여 경험하라. 그런 다음 선택한 성공 또는 성취 경험을 가능한 한 상세하게 충분히 기억하라. 다시 떠올릴 수 있도록 완전히 몰두하라. 그런 다음 그 이미지를 당신의 도전의 이미지 위에 겹쳐 놓으라. 도전 계단에서 이 항목을 달성하는 자신감을 느낄 때까지 이런 경험을 지속하라.

5. **도전 계단에 있는 항목을 경험하고 이 과정을 반복하기**: 두세 개 이상의 항목을 경험하여 성공과 성취로 나아갈 수 있을 것이다.

이 전략의 힘은 성공이나 성취의 이미지가 당신의 실제 경험에서 나온다는 사실에 달려 있으며, 당신의 도전과 관련된 어떠한 부정적인 감정에도 대항할 수 있도록 당신의 진정한 자신감의 감정을 사용한다는 사실에 달려 있다. 이 계단은 다른 방법으로도 사용할 수 있다는 점에 유의해야 한다. 당신은 각 단계를 경험하고 이완, 주의력, 합리적인 자기 진술, 유머, 성공 또는 리바운드(rebound) 이미지를 상상하기(두 가지 모두 이후에 설명함)와 짝을 지을 수 있다.

활동 성공하는 이미지를 상상하기

성공하는 이미지를 상상하면서, 당신은 성공적인 수행과 관련된 뇌의 신경 경로를 강화하기 위해 멘탈 리허설 전략을 사용한다. 이런 전략과 실제 실천을 병행하는 것이 최선이다. 당신은 이 전략을 가정이나 직장, 또는 경기장 등 어떤 상황에도 적용할 수 있다. 성공의 열쇠는 여러분이 보고, 듣고, 냄새 맡고, 만지고, 맛보는 것 등 모든 세부사항을 생생히 상상하고 경험하는 것이다. 당신의 의식의 대부분은 당신이 내부에서 보고 감지하고 있는 것의 관점에서 비롯된 것일 것이다. 아마도 25%의 인식만이 비디오카메라를 통해 자신을 보는 것처럼 외부에서 무엇을 볼 것인가에 초점을 맞출 것이다.

1. **눕거나 편안하게 앉는다.** 약 5분 동안 휴식을 취하고 스스로를 진정시키는 데 시간을 보낸다. 복식 호흡, 진행성 근육 이완, 명상 또는 제1부의 다른 기술을 사용한다.

2. **약 15분 동안 자신이 성공적으로 대처하고 효과적으로 활동한다고 상상해 본다.**

   a. 압박감이 가득한 상황에서 자신을 보는 것부터 시작한다. 당신은 당신의 호흡이 차분하고 규칙적이라는 것을 알아차린다. 땀을 흘리지만 생각은 맑고 몸은 느긋하고 유동적이다. 당신의 몸은 자신감과 침착함으로 움직이고 있다. 몸 안에서 그것을 감지하라.

   b. 업무를 효과적으로(부드럽고, 거의 부담 없이, 높은 집중력으로) 수행하는 자신을 볼 수 있다. 당신은 당신이 무엇에 집중하고 있는지 아주 명확하게 알아차린다. 당신은 신체의 모든 부분이 매우 효과적으로 움직이는 것을 감지한다. 당신은 몰입하여 각각의 도전을 완만한 효율과 힘으로 충족하는 재미, 즉 흐름에 있는 즐거움을 즐긴다.

3. **성공하는 이미지를 상상하는 것을 자주 연습하여 멘탈 리허설을 했던 수행이 가장 중요할 때 자연스럽게 이루어질 수 있도록 한다.** 보통 다음 단계로 넘어가기 전에 성공적인 수행 행동이나 그 단계를 반복해서 연습하는 것이 좋다. Spencer Wood(2003)가 골프에 대한 성공 이미지에서 해낸 것처럼 결국 조각들을 모아서 종합해 볼 수도 있을 것이다.

   당신은 올해 가장 큰 골프 토너먼트에 참가하고 있다. 공을 칠 때가 가까워졌고 평소보다 더 멋진 티샷을 기대하고 있다. 당신은 최고의 기량을 발휘하고 있고 정말 멋진 컨디션을 즐기고 있다. 당신의 주변 풍경을 정말로 즐길 시간을 잠깐이라도 가지라. 숨을 깊게 들이마시라. 긴장을 풀라. 섬세하게 디자인된 언덕과 벙커가 있는 녹색 페어웨이를 보라. 정제된 스윙 궤도에 따라 허공을 가르는 클럽의 특유의 스윙 소리가 들린다. 골프공과 클럽 헤드의 탄탄한 연결고리가 들린다. 당신이 티샷을 할 때 당신은 믿을 수 없는 힘, 에너지, 그리고 당신이 사랑하는 게임에 대한 즐거움을 느낀다. 당신은 경쟁을 좋아하고 골프에서 경쟁하는 것을 좋아하는데, 이것은 당신이 세상에서 가장 좋아하는 일 중 하나이다. 당신은 정말 여유롭고 침착하다. 당신의 집중력과 초점은 최고조에 달하며, 당신은 매우 자신감에 차 있다. 당신은 최선을 다하는 데 전념하고 있으며, 최선을 다하고 있다. 당신은 아주 멋진 스윙을 한다. 정확하고 힘이 있다. 매끄럽고, 유동적이고, 힘들이지 않고, 정확하다. 자신감과 활력을 느끼고, 긍정적인 몸짓언어가 이를 보여 준다. 집중력이 대단하다. 당신은 이완되었고 편안한 마음으로 집중한다. 기상 조건, 상대편 또는 군중 소음과 같은 외부적인 산만함은 당신의 침착성, 집중력, 자신감에 영향을 주지 않는다. 당신은 대단히 멋진 폼과 정확성으로 퍼팅하고 있다. 당신은 관중들과 퍼팅 기술을 공유하는 것을 좋아한다. 모든 샷이 정확하다. 당신은 최선을 다하고 있다.

숨을 깊게 들이마시라. 긴장을 풀라. 이 따뜻하고 편안한 휴식 상태에서 원하는 만큼 시간을 써도 좋다. 당신은 편안하고 상쾌하다.

활동 리바운딩(대처) 이미지를 상상하기

리바운딩[rebounding; 또는 **대처**(coping)] 이미지를 상상하는 것은 과도한 불안, 긴장, 부정적이거나 잘못된 실행과 같이 수행을 방해하는 일반적인 상태에서 회복하는 기술을 추가하는 멘탈 리허설이다. 성공 이미지처럼 5분간의 여유로 시작한다. 당신은 압박감에 휩싸인 상황을 생생하게 상상하게 된다. 그러나 이번에는 이러한 일반적인 부정적인 상태 중 하나 이상을 경험하는 경우를 보게 된다. 침착한 자각과 판단력이 없는 상태에서 다음의 표와 같이 이러한 상태를 바로잡는 자신의 모습을 볼 수 있다. 많은 사람은 성공 이미지보다 이런 유형의 이미지를 선호한다. 왜냐하면 미끄러지고 나서 회복하는 것이 실생활에서 더 전형적이기 때문이다. 이 이미지의 단계를 수행한 후에는 앞에서 설명한 대로 성공 이미지의 단계를 완료하라.

이 상태에서……	당신이 하는 것
불안	잠시 멈춰서 판단 없이 마음으로 그 느낌을 받아들인다. 다음으로, 불안감에 대한 경각심을 녹인 다음, 집중력을 적절한 실행으로 되돌린다.
긴장	호흡을 진정시키고 근육을 이완시키기 위해 멈춘다.
부정적인 생각들, 예를 들어…… • 아, 안 돼, 실패하면 어쩌지? • 난 못 해. • 너무 불안해서 제 기능을 못 하겠어. • 나는 이것을 완벽하게 해야 한다.	차분히 생각해 보면…… • 최선을 다하는 것이 좋다. • 할 수 있다. • 나는 집중하는 것과 잘 지내는 것을 즐긴다. • 나는 순간순간의 과정에 초점을 맞춘다.
피로, 땀, 심박 수 상승	생각해 보니까, 마음이 너무 편안해.

실수를 했다.	침착성과 집중력을 빠르게 회복하고 다음 동작을 성공적으로 실행한다.

추수 자기대화

실생활에서 위압적인 도전을 통해 작업한 후에는 미래에 대한 자신감에 영향을 미치는 추수 자기대화(follow-up self-talk)에 주의를 기울여야 한다는 점을 기억해야 한다. 만약 당신이 꽤 잘했다면 당신의 성공을 강화할 수 있다. 당신은 잘했다고 생각할 수도 있고, 전반적으로 나쁘지 않았다고 생각할 수도 있고, 준비하고 성공하는 것이 좋다고 생각할 수도 있다. 당신이 성공하기 위해 한 일에 대한 만족감을 음미하는 시간을 가지라. 이것은 당신이 미래에 잘 할 수 있도록 동기를 부여할 것이다. 만약 일이 잘 풀리지 않았다면, 당신은 '그건 어려운 상황이었어. 다음에는 내가 다르게 준비할 거야. 이미 지난 일이니 나는 앞으로 나아갈 거야.'라고 생각할지도 모른다.

결론

과한 흥분으로 정신이 산란할 때 잘 기능하는 것이 가능할 수도 있다. 하지만 당신은 보통 침착하고 자신만만하지만 과신하지 않을 때 더 잘할 것이다. 자신감을 가지고 사는 것이 좋을까, 아니면 자기의심을 가지고 사는 것이 좋을까? 선택은 당신의 몫이다. 이 워크북의 다른 강점과 마찬가지로 자신감을 키울 수 있다는 것을 배우는 것은 좋은 일이다.

제24장 유연성과 창의성

   한 영역에서 최고의 성취를 이루는 사람들은 융통성과 창의성의 밀접하게 얽힌 두 가지 강점을 유연하게 적용한다. 이러한 강점은 새로운 세상으로 나아가게 한다. 유연성과 창의성은 엄격한 자기수양에 기반을 두고 있기에, 자기수양에서 시작해 보기로 한다.

📖 자기수양

   제22장에 언급된 바와 같이, 최고의 성취를 이루는 사람들(peak performers)은 상황에 따라 유연하게 인식한다. 이것은 그들이 그들 앞에 놓인 도전들을 호기심으로 바라보고, 자신의 안팎 자원을 활용한다는 것을 의미한다. 도전을 준비하기 위해 그들은 정보로 머리를 채우며, 다른 사람들의 조언을 구하고, 필요한 기술을 배우고, 실제 경험을 쌓음으로써 도전을 준비한다. 그들은 똑똑한 계획을 세우고 일이 어려워질 때 지속한다.

   저명한 심리학자 Mihaly Csikszentmihalyi(1996)는 최고의 연주자들이 집중을 하고, 산만함을 줄이고, 에너지를 보존하고, 시간 낭비를 최소화하도록 돕는 효율적인 습관을 가지고 있다고 언급했다. 이러한 습관은 하루 중 가장 생산적인 시간 동안 일하고 매일 간단하게 또는 같은 방식으로 옷을 입는 것을 포함한다. 그들은 충분한 수면을 취하고, 그것은 다음 날 더 많은 생산성으로 보답한다. 그들은 필요한 것을 찾는데 낭비되는 시간을 줄이기 위해 문서 보관함 같은 효율적인 검색 시스템을 사용한다. 그들은 TV나 컴퓨터 게임과 같은 수동적이고 정신적으로 지치는 오락물을 꺼 버린다. 원치 않는 산만함이 없는 일터를 만들고, 멀티태스킹으로 집중력을 나누지 않는 경향이 있다.

📖 유연성

최고의 성과는 정신적 유연성, 또는 변화하는 상황에 적응하는 능력을 필요로 한다. 최고의 성취를 이루는 사람은 표준 절차가 작동하지 않을 때 생각의 기어를 바꿀 수 있다. 당신이 좋은 계획을 세웠다고 가정해 보자. 당신은 일이 어떻게 돌아가는지 잘 알고 있고, 당신의 계획이 효과가 없다는 것을 깨닫는다. 무슨 일을 하고 있는가? 유연하게 행동할 것인가? 유연성 검사를 수행하여 현재 수준의 유연성을 측정하라.

유연성 지수 점검표

다음 척도는 당신의 유연성 정도를 보여 준다. 각 문장을 0점부터 10점까지 평가하라(0점은 당신이 전혀 유연하지 않다는 것을 의미하고, 10점은 당신이 최대한 유연하다는 것을 의미한다).

_____ 나는 보통 계획이 있지만, 내 계획과 '사랑에 빠지지는' 않는다(즉, 실행이 어려운 계획에 대해서 심각하게 집착하지 않는다).

_____ 성공을 향한 대안적인 경로를 끊임없이 생각한다.

_____ 항상 백업 플랜, 플랜 B가 있다.

_____ 나는 변화하는 상황에 기꺼이 신속하게 적응한다.

_____ 나는 언제 방향을 바꾸고 새로운 전략을 고안해야 하는지 안다.

_____ 목표를 이루지 못할 때, 나는 패배를 받아들이고 다른 날에 싸울 수 있도록 살아간다. 나는 언제 일에서 손을 떼야 하는지를 알고 있다.

_____ 나는 최선의 판단에 따라 행동을 취하고 싶지만, 내가 통제할 수 없는 것을 받아들인다.

_____ 나는 민첩성을 가지고 있다. 나는 즉시 결단을 내릴 수 있다.

_____ 언제 변화가 필요한지 보고, 환영한다.

_____ 나는 적절한 위험을 고려하고 감수할 것이다.

_____ 스트레스를 받으면 기꺼이 새로운 것을 시도한다.

_____ 나는 내 정신지도(내가 원하거나 기대하는 대로 사물을 보려 하는)가 사물을 실제 있는 그대로 보지 못하게 하도록 놔두지 않는다. 나는 모든 새로운 증거에 열려 있다.

_____ 현실적으로 바꿀 수 없거나 통제할 수 없는 것은 받아들이지만, 그러한 상황에 대처할 수 있는 방법은 몇 가지 생각한다.

_____ 나는 일이 계획대로 되지 않을 때 유연하게 대처해 나간다. 나는 당황하거나 화를 내지 않는다.

_____ 나는 빨리 적응하지만, 내가 합리적으로 확신할 수 없는 일에 서두르지 않는다.

_____ 항상 옳을 필요는 없다.

효과적으로 대처할 줄 아는 사람들은 일반적으로 자기 자신, 가치관, 효과가 있는 방법을 안정적으로 유지하고 있다. 그러나 변화가 요구될 때 변화할 수 있다. 유연성의 반대는 비유연성 또는 고착이다. 항상 똑같은 사람은 변화하는 상황에서 이점을 잃을 수 있다. 예를 들어, 항상 속구를 던지는 투수가 아무리 빠르더라도 홈 플레이트를 기준으로 볼의 위치나 속도를 바꾸지 않으면 결국 안타를 허용하게 된다. 그리고 훌륭한 제품을 생산하는 회사는 변화하는 요구에 적응하지 않으면 경쟁 사회에서 도태될 것이다.

추가적인 유연성 원칙

'승자는 절대 포기하지 않으며, 포기하는 자는 절대 이길 수 없다.'는 생각은 정확하지 않다. 연구에 따르면, 타당해 보이지 않는 목표를 추구하여 반복적으로 실패한 사람들은 다양한 건강 문제를 경험한다. 좌절감은 스트레스 호르몬인 코르티솔의 수치를 증가시켜 다양한 의학적·심리적 상태의 염증과 증상을 유발한다. 때때로 가장 현명한 방법은 불가능한 목표에서 벗어나 새로운 목표로 전환하는 것이다. "처음에 성공하지 못하면 시도하고 다시 시도하라. 그런 다음 그만두거나 새로운 목표를 찾으라. 바보가 되는 것은 의미가 없다."(Nixon, 2008, p. 7)라고 W. C. Field가 말했듯이 말이다.

과거의 훈련과 경험에 지나치게 의존하지 말라. 그리고 훈련이 당신을 완전히 준비시켰다고 가정하지 말라. 전문가가 되려면 수년이 걸리며, 전문가는 일반적으로 초보자를 능가한다. 그러나 규칙이 변경되면 차이가 줄어든다. 예를 들어, 자신감이 넘치고 만족스러운 전문가들은 오래된 습관에 의존하고 새로운 발전을 놓친다. 주의하라. 끊임없이 배우라. 과거의 패러다임(사물을 보는 옛 방식)에 갇히지 말라.

유연성에 대한 성찰

계속 읽기 전에 이러한 성찰을 고려해 보라.

> 변화에 대해 저항하는 죄보다 본질적으로 더 무자비하게 처벌받는 죄는 없다. —Anne Morrow Lindbergh

유연한 자는 축복을 받으리라. 저들은 틀에 꽉 막히지 않으리라. —미상

죽은 말을 타고 있다면 빨리 말에서 내리라. —Bill O'Hanlon

그러나 변화는 올 것이고, 당신이 단순하지만 명백한 삶의 사실을 인정하고 모든 변화에 적응해야 한다는 것을 이해한다면, 당신은 유리한 출발을 할 것이다. —Arther Ashe

초심자의 마음에는 많은 가능성이 있다. 전문가의 마음에는 거의 없다. —선불교

📖 창의성

유연성은 우리가 변화에 대비할 수 있도록 한다. 창의성은 가능성을 드러나게 한다. 역사는 사람들이 문제를 해결하고 조건을 개선하기 위해 창의성을 사용한 사례로 가득 차 있다.

제2차 세계대전 동안 연합군의 침공은 노르망디에서 중단되었다. 수 세기 동안 노르망디의 농부들은 가파른 땅, 돌, 두꺼운 초목으로 둘러싸인 작은 직사각형 밭을 만들어 왔다. 산울타리라고 불리는 언덕은 폭이 10피트에 이르고 높이가 8피트이다. 울타리 사이에는 좁은 길이 있었다. 미국 전차가 이 길을 따라 내려가면 독일군이 불로 그것을 폭파시켜 후방 전치를 막았다. 전차 운전사가 스텝 둑을 오르려고 하면 그들은 탱크의 비무장한 아랫배를 탱크 화재에 노출시켰다. 장교들이 장갑을 어떻게 두를지 토론하는 동안 Curtis G. Culin 상사는 허만로드 블록에서 고철을 가져와 서만 탱크의 전면에 뿔을 용접했다. 리노(코뿔소) 탱크(역자 주: 지형 탐색과 공격을 원활하게 하기 위해 불도저처럼 기능할 수 있도록 개발된 전차)라고 불린 이 탱크는 울타리를 뚫고

다른 탱크들이 통과하여 퍼져서 전개되도록 할 수 있었다. 이 단순한 발명은 수많은 생명을 구했다.

창의성은 새롭고 유용한 무언가를 떠올리는 것을 의미한다. 종종 창의성은 단지 이미 존재하는 것을 보고, 재정렬하거나 새로운 비틀기를 제공하고, 완전히 또는 부분적으로 새로운 것을 만드는 것일 때도 있다. 우리가 고안한 것은 건강, 성과, 기분 또는 여가와 같은 우리의 삶을 향상시키는 아이디어, 전략 또는 제품일 수 있다. 예를 들어, 자전거는 1861년에 누군가가 페달에 체인과 기어를 추가하여 더 오락적인 교통수단과 운행 방식을 고안하기 전까지 70여 년 동안 두 바퀴가 달린 작대기였다는 것을 생각해 보라. 또는 1900년경 지퍼가 발명되어 얼마나 많은 시간이 절약되었는지 생각해 보라.

오늘날 창의성은 복잡하고 빠르게 변화하는 세상에서 기능을 최적화하고 대처하는 데 필수적인 생존 도구이다. 창의력은 오래된 방식이 작동하지 않을 때 더 많은 옵션을 회수함으로써 역경에 처했을 때 유연성을 높이고 스트레스를 줄일 수 있다.

대부분의 사람들은 다음과 같이 오해를 한다.

- 창의성은 예술에서만 발견된다.
- 창조적인 탁월함을 갖출 수 있는 것은 유전적으로 결정된다(당신이 창의적일지 아닐지는 정해져 있다).
- 창의성은 항상 열심히 노력하지 않아도 갑자기 폭발한다.
- 창의력을 발휘하기 위해서는 놀라운 완성품을 고안해야, 비로소 '창의적이다'라고 생각하는 것이다.

리질리언스와 마찬가지로 창의성의 발현에는 규칙(표준)이 있다. 모든 사람은 시간, 규율, 노력으로 성장할 수 있는 창의적인 잠재력을 가지고 있다. 일반적으로 통용되는 규칙은 그 분야에서 뚜렷한 표식을 만들 수 있으려면 적어도 10년 동안 그 분야에 몰두해야 한다는 것이다. 예를 들어, Einstein은 이론이 완성되기 전에 10년 동안 상대성 이론을 연구했다. 학교에서 교육받지 않은 많은 사람도 창의적일 수 있다. 완전한 결과를 얻지 못하더라도 창의적인 과정을 즐길 수는 있다. 창의력을 강화하면서 최종 목표에 가까워지고 있다는 사실을 알면 부분적인 성공에서도 만족을 찾을 수 있다.

창의성은 여러 가지 방법으로 입증되고 육성될 수 있다. 두뇌 가소성으로 인해 한 번의 창의적인 노력으로 강화된 신경 경로는 다른 창의적인 삶의 영역에서 사용될 수 있다. 다음 목록은 당신의 삶에서 이미 창의성을 발휘할 수 있는 방법을 되새기고 예술가만이 창의적이라는 오해를 없애는 데 도움이 될 것이다.

창의성 지수 점검표

다음은 사람들이 창의성을 표현하는 방법이다. 0점부터 10점까지 각각 점수를 매기라. 여기서 0점은 전혀 창의적이지 않다는 것을 의미하고, 10점은 최대한으로 창조적인 사람임을 의미한다.

_____ 돈 벌기(기본적인 욕구 충족, 창작에 필요한 물건 구매 등을 하기 위해)

_____ 다른 사람(친구나 자녀 등)을 즐겁게 하기

_____ 자기 자신을 즐겁게 하기

_____ 독특한 방식으로 자신의 강점 적용하기

_____ 판매원과 흥정하기

_____ 매력적이거나 질서 정연하게 공간 꾸미기

_____ 다른 사람들에게 기쁨이나 친근함을 가져다주기

_____ 청소하기

_____ 요리하기(조리법을 변경하거나 조리법 없이 처음부터 무언가 만들어 보기)

_____ 사람들의 혁신을 장려하는 환경 조성하기

_____ 춤추기

_____ 여가 활동을 즐기거나 계획하기

_____ 단순하고 명확하게 설명하거나 가르치기

_____ 감정 표현하기

_____ 어려운 상황에서 즐거움 찾기

_____ 어려운 상황에서 의미 찾기

_____ 빨리하는 방법 찾기, 시간 절약하기

_____ 자신을 진정시키고 위기 상황 속에서도 집중할 수 있는 방법 찾기

_____ 원예(정원 꾸미기)

_____ 문제보다 앞서 있기(문제가 발생하기 전에 예상하고 해결책을 모색하기)

_____ 다른 사람들이 건설적으로 협력하도록 유도하고, 팀워크 구축하기

_____ 게임 발명하기(또는 오래된 게임에 새로운 변형을 제공해 보기)

_____ 해결책을 지향하는 방식으로 상황을 바라보기(예: "내 상사는 폭군이 아니다. 그는 화가 났을 뿐이다.")

_____ 가족의 추억 만들기

_____ 다양한 옵션을 고려한 후 올바른 결정하기

_____ 새로운 디자인, 프로세스, 아이디어 또는 프로그램 만들기

_____ 다른 사람을 웃거나 기분 좋게 만들기

_____ 만족스럽고 의미 있는 삶 만들기

_____ 작업을 더 쉽고 간단하게 하기

_____ 사람들에게 동기를 부여하거나 격려하기

_____ 조직하기(예: 방, 행사, 임무), 혼돈이나 혼란을 질서 있게 만들기

_____ 운동하기

_____ 새로운 방식으로 아이디어 모으기

_____ 다른 사람들을 편안하게 하기

_____ 기존의 방법에 의문을 제기하고 새로운 방법을 상상하기

_____ 자녀 양육하기(동기 부여, 격려, 징계, 제공 또는 사랑)

_____ 갈등 해결하기

_____ 결정하기 전에 몇 가지 선택지를 고려해 보기

_____ 문제 해결하기, 장애물 극복하기

_____ 개인적인 약점을 발견하기 및 개선 방법 찾기

_____ 관계 강화하기

_____ 궁지에서 탈출한 방법에 대해 이야기하기

_____ 이야기하기

_____ 복잡한 아이디어를 단순화하기

_____ 부정적인 것을 긍정적으로 바꾸기

_____ 실수나 죄책감을 성장으로 이끌기

_____ 편지, 이야기, 보고서, 책 등 글쓰기

당신의 삶에서 창의성은 다양한 방식으로 발휘되고 있음을 알아차릴 수 있을 것이다. 매우 적은 사람들이 10점 만점에 10점을 얻을 수 있겠지만, 마찬가지로 매우 적은 사람들만이 0점을 받을 수 있다. 이와 같이 당신의 창의성은 이미 발현되어 있고, 더 높게 성장할 준비가 되어 있는 것이다. 아직 당신의 창의성이 낮은 영역에 대해서도 단순하게 생각해 본다면, 이는 아직 계발이 덜 된 것으로 볼 수 있다.

창의적 과정

창의적인 사람들은 주의를 기울인다. 그들은 자기 자신 밖에서 무슨 일이 일어나고 있는지 알고 있다. 그들은 모든 상황 문제와 기회, 이용 가능한 자원, 성공에 대한 장벽, 그리고 필요한 것을 본다. 또한 그들은 내면의 자원, 직감 또는 직관적인 마음의 자극, 그리고 부풀어 오르는 아이디어 등 그들 자신의 내부에서 일어나고 있는 일에 주의를 기울인다. 그리고 난 뒤 그들은 일을 하러 간다. 실제로 창의적인 사람들은 일반적으로 그들이 하고 싶은 일에 몰입하고 그 과정을 즐기기 때문에, 놀러 간다고 말

하는 것이 더 정확하다.

스트레스를 받을 때, 대부분의 사람들은 그들의 초점을 좁히고, 오래된 방식으로 시도하고, 새로운 가능성을 놓치곤 한다. 그러나 창의적인 사람들은 한 발 물러서서 새로운 가능성에 마음을 열어 새로운 것을 하기 위해 어쩌면 불가능하다고 생각되었던 한계를 돌파한다. 다음은 창의성을 키워 주는 원칙들이다.

긴장을 풀고 창의적인 과정을 신뢰하라. 창의적인 과정은 대개 시간과 인내가 필요하다. 시간이 흐르면서 뇌는 새로운 방법으로 조각들을 조직할 수 있을 때까지 필요한 정보의 조각들을 획득한다. 불합리한 마감일을 맞추라는 강압적인 압력은 창의적인 과정을 억압한다. 반대로, 합리적인 시간적 여유는 우리가 계속 일을 하게 할 수 있다. 이러한 해결책에 대한 신뢰는 대개 충분한 시간과 노력을 끓어오르게 한다.

문제를 도전이자 성장의 흥미로운 기회로 재구성하라. 부정적인 태도보다는 호기심을 가지고 환영하는 태도로 도전에 접근하라. 호기심은 창의적인 불을 부채질하는 반면, 부정성은 불을 꺾는다.

관찰하라. 착념하라. 어떤 특정한 결과를 판단하거나 첨부하지 않고, 단순히 상황을 주목하라(무슨 일이 일어나고 있는가? 어떤 맥락에서 이런 일이 일어나고 있는가? 무엇이 도움이 될까? 어떤 자원을 이용할 수 있을까? 무엇이 부족한가?). 상황에 대한 내면의 감정을 주목하라. 예감에 주의를 기울이라. 흥미와 호기심으로 지켜보라.

일찍 시작하라. 이른 활동은 아이디어가 배양될 수 있는 시간을 허용한다. 많은 사람이 압력이 창의성을 촉진한다는 환상을 공유하지만, 지연은 그렇지 않다. 지연으로 인한 압력은 대개 창의적인 사고를 수축시키고 더 나쁜 결과를 초래한다. 이 규칙에 대한 예외는 준비된 사람이 의미 있는 작업에 완전히 주의를 기울이고 역량이 압도되지 않는 흐름 상태에 완전히 관여할 때에 발생한다.

인내를 위한 용기를 가지라. 다양한 영역에서 가장 창의적이었던 사람들의 점수를 연구한 Csikszentmihalyi는 "진정한 창의적인 성취는 거의 갑작스러운 통찰력의 결과나 어둠 속에서 번쩍이는 전구의 결과가 아니라, 수년간의 힘든 노력 후에 온다."라고 결론지었다. 창의적인 사람들은 반드시 더 높은 IQ를 가지고 있는 것은 아니지만, 그들은 지속성을 가지고 있었다. 오래 그리고 열심히 일하라. 의미 있는 노력을 기대하라. 당신의 노력이 당신에게 중요한 이유를 적어서 동기를 유지하라. 더 나은 세상을 만들거나 다른 사람들을 돕는 것의 이유는 대개 물질주의적인 동기보다는 내적인 동기가 더 많다는 것을 기억하라.

다양한 정보원을 섭렵하라. 새로운 아이디어에 마음을 열라. 전문가, 친구, 가족, 아이들 누구든 상관없이 당신이 찾을 수 있는 최고의 창의적인 사람들을 찾으라. 대부분의 사람들은 아이디어와 의견을 나누는 것을 좋아한다. 현장에서, 때로는 관련 없는 분야의 컨퍼런스를 참석하여 다른 관점을 도출하라. 다른 학문 분야와 문화, 그리고 과거의 공헌을 연구하라. 박물관을 방문하라. 전 세계 사람들이 어떻게 문제를 해결하는지 연구해 보라. 아이디어를 통합하거나 특정한 도전에 적응할 때, 그러한 노력은 나중에 당신에게 도움이 될 수 있다. 훈련과 실험을 통해 경험을 쌓으라. 미국 해군 특수부대의 신조처럼 "내 훈련은 결코 완성되지 않는다." 다시 말해, 창의성은 평생의 과정이다.

마음의 여유를 주어 자유롭게 상상할 수 있도록 하라. 집중한 후에는 마음을 쉬게 하라. 이렇게 하면 한 발짝 물러서서 사물을 새롭게 보고, 서로 전혀 다른 생각을 연결할 수 있도록 적절한 뇌의 여유를 주라. 산책, 자전거 타기, 수영 등의 운동은 Benjamin Franklin, Thomas Jefferson, Albert Einstein 및 기타 매우 창의적인 사람들이 활용하였다. 역설적으로, 마음을 비우는 것은 창의력을 증진한다.

기분이 좋게(긍정적으로) 될 수 있도록 뭔가를 매일 해 보라. 긍정적인 감정이 창의적이고 유연한 사고와 문제 해결 및 적응적 대처를 촉진한다는 증거가 많아지고 있다 (Lyubomirsky, 2007). 특히 스트레스를 받을 때, 즉 정서적으로 행복감이 가장 필요하고 효과가 있을 때, 제2장의 행복 기술의 적용과 관련한 내용을 기억하라. 모든 사람이 새로운 전략을 시도하면서 실수를 한다. 실수 후에 침착하게 '다음에는 내가 무엇을 다르게 할 수 있을까?'라고 스스로에게 질문해야 한다.

파괴적인 생각을 바꾸라.　어떤 부정적인 생각들은 창의성을 억누른다. 〈표 24-1〉은 공통의 제한적인 생각과 건설적인 대체물을 열거하고 있다. 제한적인 사고는 가능성을 배제하는 전문가의 마음과 같다. 초심자의 마음은 가능성에 열려 있다.

〈표 24-1〉 제한적 사고와 북돋는 사고

고착되고 제한적인 사고 (전문가의 마음)	유연하고 북돋는 사고 (초심자의 마음)
나는 창의적이지 않아.	모든 사람이 창의적이야. 아마도 나는 아직 이 분야에서 창의성을 발휘하지 못하고 있는 거야.
그건 불가능해. 안 될 거야.	비행하기, 음속을 돌파하기, 4분 이내에 주파하는 1마일 경기(four-minute mile), 달 위에서 걷기, 면역체계 조절, 전화, 노트북, 그리고 수많은 혁신적 발명에 대해 비웃는 사람들이 안 된다고 말했었지.
나는 못해.	어쩌면 내가 할 수 있을지도 몰라. 어쩌면 방법이 나타날지도 몰라.
나는 올바른 방법을 찾고 그 규칙을 따라야 해.	문제를 해결하는 데는 종종 몇 가지 유용한 방법이 있어. 나는 배우고 성장하기 위해 '실패'를 감수하는 등 몇 가지 위험을 감수할 용의가 있어. 다른 사람들은 오래된 방식을 보존하고 다듬지만, 어떤 해결책들은 오래된 방법을 버리고 새로운 방법으로 대체할 수도 있어.

과거의 실패는 내가 성공하지 못할 거라는 뜻이야.	과거는 현재의 원인이 아니야. Seuss 박사는 고등학교 때 미술에 실패했어. 그가 동화책 한 권을 완성하는 데 약 1년이 걸렸지만, 그는 결국 성공했어. Charles Schulz의 그림은 고등학교 졸업앨범에서 거부당했지만, 그는 계속해서 스누피(피너츠)를 만들었어.
내 자아는 위태로워. 나는 실패해서는 안 돼.	나의 결과물은 내 가치와 같지 않아. 나는 좀 더 즐기면서 이 문제에 접근하겠어.
우리는 그런 식으로 해 본 적이 없어.	어쩌면 더 좋은 방법이 있을지도 몰라. 나는 새로운 가능성에 대해 개방적이야. 한번 시도해 볼게.
나는 위험을 감수하기 전에 확신이 필요해.	대부분의 결정은 아니지만 많은 결정이 완전한 정보 없이 이루어져.
우리는 전에도 그렇게 시도해 봤어.	정확히 어떤 방식이야? 어쩌면 그 접근법을 개선할 방법이 있을지도 몰라.
나는 안전지대를 떠날 수 없어. 나는 바뀌지 않을 거야.	나의 생존을 위해서는 내 의지가 변화해야 할지도 몰라. 이 변화에 저항하는 것이 그만한 가치가 있을까? 나는 변화하지 않는 것부터 조금씩 변화하는 것, 급진적인 변화에 이르기까지 다양한 선택권을 가지고 있어.
내 방식을 따라야 해.	어쩌면 아직 보지 못하는 더 좋은 방법이 있을지도 몰라. 마음을 터놓고 있으면 내가 잃을 게 뭐가 있겠어?

창의적인 과정을 자극하기 위해 질문을 던지라. 창의적인 사람들은 종종 '만약에……' '만약 우리가 이런 식으로 시도한다면 어떻게 될까?' '왜 이런 식으로 시도하지 않았지?' '이런 시도를 하려면 어떻게 해야 할까?' '왜 과거의 시도가 통하지 않았을까?' '내가(또는 다른 사람들이) 보고 싶은 게 뭐지?'와 같은 질문을 던진다.

양극단을 동시에 살펴보라. Csikszentmihalyi(1996)에 따르면, 창의적인 사람들은 경우에 따라 극단 사이를 유연하게 넘나든다고 한다. 예를 들어, 레크리에이션이 다시 만들어지는 것을 아는 창조적인 사람은 훈련된 일과 놀이를 번갈아 한다. 여기, 창조적인 사람들이 넘나드는 다른 극단들이 있다(Csikszentmihalyi, 1996).

- 엄청난 에너지와 집중력 vs. 휴식과 게으름(적절한 휴식과 게으름은 에너지를 재충전해 준다.)
- 외향성 vs. 내향성(다른 사람들의 생각을 통합하기 위해 혼자 있는 시간을 허락하라.)
- 온전한 겸손 vs. 건전한 자부심(겸손한 사람은 "나는 모든 것을 알지 못해."라고 말하며, 자부심 있는 사람은 "나는 자신 있어."라고 말한다.)
- 현실주의(실용성) vs. 상상력(가능성 보기)
- 수렴적 사고(전념하기, 현재에 집중하기) vs. 발산적 사고(뒤로 물러나서 큰 그림을 그리고 아이디어를 창출하기)
- 야망과 공격성(일을 완수하기 위해 자신의 위안을 희생하려는 의지 포함) vs. 몰아와 협력
- 문화와 오래된 규칙에 대한 존중(이해와 존경) vs. 전통을 깨고 위험을 무릅쓰는 의지(당신이 단순히 보수적이면 변화는 없고, 반항적이기만 하면 당신의 작품은 건설적이기 어렵고 존중받기도 어렵다.)
- 일에 대한 열정 vs. 객관성(열정은 역경 동안 흥미를 지켜 주고, 객관성은 판단을 살아 있게 하고 감정을 조절하게 한다.)
- 고통 vs. 즐거움(참신성에 대한 비판은 고통이 따른다. 하지만 가치 있는 일에 온 마음을 다해 참여함으로써 그 자체에서 즐거움이 발생한다.)
- 모호성에 대한 수용("나는 있는 그대로 수용한다.") vs. 모호성에 대한 비수용("나는 더 나은 방법을 찾는다.")

창의적인 환경을 만들라. 리더라면 과도한 비판이나 경쟁을 두려워하지 않고 실험하고 위험을 감수하는 것이 안전하다고 느끼는 문화를 만들라. "잘했습니다." "당신의 아이디어에 대해 말해 보세요." "그걸 시도해 보는 게 어떨까?" 같은 견해를 밝히고 사람들을 격려하라. 그다음, 뒤로 물러나서 당신들의 팀원들이 창조적으로 활동하도록 두라.

새로운 아이디어를 존중하고 목표를 통일하는 팀을 찾으라. 물리적 환경을 구조화하는 것은 창의력에 가장 도움이 된다. 당신은 산만함이 없고 더 스파르타적인 환경

을 선호할지도 모른다. 또 다른 사람들은 음악이나 부드러운 가구 같은 것들이 있는 환경을 선호할 수도 있다. 마지막으로, 결혼생활을 풍요롭게 하라. Csikszentmihalyi (1996)에 따르면, 가장 창의적인 사람들은 안정적이고 만족스러운 결혼생활을 하는 경향이 있다고 한다.

아이디어가 떠오를 때 적으라. 그렇지 않으면 잊어버릴 것이다. 추가 아이디어가 있을 때 쉽게 접근할 수 있도록 파일로 작성해 두라.

활동 창의적인 문제 해결

오랜 방법들이 적절히 작동하고 효과적일 때는 창의성이 필요하지 않거나 요구되지 않을 수 있다. 그러나 어려운 실제 상황들은 변화를 필요로 하고, 창의적인 문제 해결은 종종 더 나은 수행을 낳을 수도 있다. 일반적으로 창의적인 문제 해결 기술이 있는 사람들은 조금 더 건강한 정신 상태를 지닐 수 있다(예를 들어, 우울, 물질남용, 불안, 무망감, 적대감으로부터 덜 고통을 받을 수 있다). 창의적인 사람들은 수많은 대처 전략을 고안해 낼 수 있기 때문이다. 이런 대처 전략들은 사람들이 소극적으로 걱정하는 상태에 빠지게 하기보다 적극적으로 문제를 해결할 수 있도록 가르쳐 준다.

1. **해결하고 싶은 문제 혹은 향상시키고 싶은 삶의 영역을 명료화하라.**: 이는 상사, 동료 혹은 가족들과의 갈등이 될 수도 있다. 이는 과체중, 수면문제, 직업불만족과 같은 문제일 수도 있다. 문제를 명료화하는 것은 삶을 윤택하게 할 수 있는 기회를 창조한다. 우리는 알 수 없는 문제들은 풀 수 없으며, 문제로부터 달아날수록 기분은 더 안 좋아진다. 특정한 불편함을 명료화할 수 없다면, 슬픔이나 불안과 같

은 감정이나 음주처럼 문제가 되는 행동을 통해 불편함을 명료화하라.

2. **최대한 다양한 관점에서 문제를 기술하라.**: 다양한 방식으로 문제를 바라볼수록, 새로운 해결책을 찾을 가능성이 높아진다. 글을 통하여 문제를 작성하면서 충분히 심사숙고하는 시간을 보내라. 예를 들어, 다양한 이유에 대해서 대답을 떠올릴 수 있는지 살펴보라. 왜 이러한 일이 일어났을까?(가능한 한 많은 원인을 생각해 보라). 정말로 무슨 일이 일어나는가? 다양한 각도에서 살펴보라. 그리고 뒤집어서 바라보는 전략을 시도해 보라(Csikszentmihalyi, 1996). 가령, 상사가 당신을 싫어하기 때문에 당신의 승진을 막은 것 같은 느낌을 받는다고 가정해 보자. 이 설명을 뒤집어 보면 "나는 상사를 싫어해."일 것이다. "나는 집에 문제가 생겨서 정신이 없다." "아마도 나는 일을 잘하는 것보다 평판에 더 신경을 쓸지도 모른다." "아마도 나는 상사가 원하는 것을 주고 있지 않을 수도 있다."와 같이 다른 가능한 설명도 있다. 다음의 내용은 다른 관점에서 문제를 보는 방법들을 소개한다.

문제를 다르게 보는 창의적인 방법

다양한 각도에서 문제를 바라보기 위하여 다음과 같은 전략들을 시도해 볼 수도 있다.

다양한 관점에서 문제를 설명해 보라.   이런 전략(Michalko, 2001)과 함께 당신의 관점에서 문제를 기술해 본 후에 최소한 다른 두 사람(예를 들어, 정부관료, 사업가, 현명한 상담사, 배우자 혹은 기자 등)의 관점에서 문제를 작성해 볼 수도 있다. 그다음에 이러한 기술들을 종합해 보라. 만약 다른 사람과 함께 일을 하고 있다면, 각 구성원들에게 문제에 대한 개인적인 관점과 이상적인 해결책을 떠올려 보도록 요청하라.

　문제에 대한 일지를 쓰고, 일지의 항목을 하나의 단어로 설명해 보라. 예를 들어, 경찰관 Don은 가정을 부양하기 위하여 두 개의 직업을 갖는 것, 수면 시간이 불충분한 것, 직장에서 문제를 겪는 것 등에 대한 부담감으로 인해 압도되는 감정을 느꼈다. Don은 TV를 너무 많이 보았고, 운동은 너무 적게 하고 있었으며, 영양섭취도 형편없이 하고 있었다. 사회적인 기술의 부족으로 직장에서도 친구가 별로 없었고, 심지어 직장 밖에서도 친구가 별로 없었다. 그는 신경을 안정시키기 위하여 알코올을 남용하고 싶은 욕구를 느꼈고, 자신의 능력을 의심하였다. 그가 고른 단어 '부적절한'은 몇 가지 가능한 해결책을 제시하였다. Michalko(2001)는 사전이나 유의어를 활용하여 단어를 더 자세히 정의 내리는 것 혹은 나의 말로 정의 내리는 것은, 더 많은 해결책을 촉발하는 데 도움을 줄 수 있을 것이라고 제안하였다.

　일상의 생각을 흔들고, 은유, 비유 혹은 상징을 만들어 내면서 문제가 어떠한지를 묘사하라. 예를 들어, 고객과 계약을 협의하는 것은 벽돌로 쌓은 벽과 대화하는 것과 같다. 벽돌은 한 번에 한 개씩 조심스럽게 제거될 수 있기 때문에, 결국에 해결책은 저절로 드러날 것이다(Biech, 1996).

　초점을 바꾸기 위하여 창의적으로 다른 용어를 사용하라. 문제 설명을 위하여 단어를 수정, 삭제, 혹은 추가하라. 예를 들어, "상사는 사탄이다. 반드시 퇴사를 해야 하는 리더십이 없는 부도덕하고 평가적인 무능력자이다."라는 원래 표현을 "상사는 불행하며 도움이 필요한 사람이다."로 바꾸어 보라.

　문제를 포착하는 질문을 만들고, 질문을 바꾸라. 예를 들어, 도요타 직원들에게 어떻게 그들이 더 생산적일 수 있는지를 물어보았을 때, 적은 수의 대답을 들었다. 이후 질문을 "어떻게 하면 일을 더 수월하게 할 수 있습니까?"라고 바꾼 후에, 경영진은 감당할 수 없이 많은 아이디어를 주었다(Michalko, 2001, p. 33). 질문의 동사를 바꾸어 무엇이 촉발되는지 보라. 예를 들어, '판매를 어떻게 하면 늘릴 수 있을까?'는 '판매를 어떻게 끌어들일 수 있을까?' 혹은 '판매를 되풀이할 수 있을까?' 혹은 '판매를 확대할 수 있을까?'가 될 수 있을 것이다.

다음 질문에 대하여 물어보고 응답하라.

- (낮은 자아존중감 혹은 사회적 기술의 부족과 같이) 해결해야 하는 더 중요한 문제에서 눈에 띄게 불편한 부분인가?
- 얼마나 안 좋은가? 지금으로부터 몇 년간 안 좋을 것인가? 장기적인 계획에서 보았을 때 그렇게 큰 문제가 아닐 가능성이 있는가?
- 아무것도 안 한다면 무슨 일이 발생하는가? 아무것도 안 하는 것의 비용은 어떻게 되는가?
- 내가 어떻게 문제의 원인이 될 수 있을까?
- 어떠한 장해물이 진전을 가로막고 있는가?
- 이 문제에서 발견할 수 있는 아름다운 혹은 흥미로운 부분이 있는가?(Michalko, 2001, p. 48)

예술적인 표현을 통하여 문제를 묘사해 보라. 색칠하기, 그리기, 조각하기, 그 밖의 다른 예술적인 행위는 언어적인 표현이 하지 못하는 통찰을 이끌 수 있다. 예술의 질은 걱정하지 말라.

가능한 한 많은 자료를 통하여 정보를 수집하라. 책, 인터넷, 지인들, 전문가들 등을 통하여 이해, 충고, 그리고 가능한 해결책들을 구하라.

결과를 상상해 보라. 무슨 일이 벌어지는지 상상해 볼 수 있는가? 무엇이 수용 가능한 결과인가? 무엇이 이상적인가? 결과를 명료히 하는 것은 결과에 도달하는 길을 보여 줄 수 있다. 다음 전략들은 이를 촉진할 수 있다.

- **의도를 말하라.**: 해결중심 심리치료사들은 "나는 _____[상사와 잘 지내기, 친구를 많이 사귀기와 같이 원하는 결과를 말한다]를 어떻게 할지 알게 되면 기쁠 것이다."와 같은 문장 채우기를 제안한다. 이 고무적이고 낙관적인 발언은 문제 해결 과정에 대한 긍정적인 접근 방식을 유도하고 해결책이 발견될 가능성을 높인다.

- **문제가 해결된 상태를 시각화하라.**: 당신이 잠자리에 들었다가 일어날 때 변화가 발생했다고 가정해 보자. 당신은 장벽을 넘어섰거나 둘러섰다. 당신이 첫 번째로 알아차리는 것은 무엇이 될 수 있을까? 당신이 알아차릴 수 있는 또 다른 긍정적인 신체적 혹은 정서적인 반응은 무엇일까? 당신과 타인에게 삶은 어떻게 더 나아졌는가? 문제가 해결된 상황을 상상해 보고 문제 해결 과정에 대한 긍정적인 정서를 느끼는 것은 문제 해결 과정을 촉진한다(Echterling, Presbury, & McKee, 2005). 때로는 단순히 문제를 바라보는 시각이나 그 문제에 대한 우리의 감정을 바꾸는 것이 가장 실행 가능한 전략이다. 왜냐하면 어떤 상황들은 '고칠 수 없기' 때문이다.

- **원하는 결과가 어떻게 느껴지고 보이는지를 그리거나 색칠하거나 조각하라.**: 다시 한번 말하자면, 예술적인 표현은 언어적 표현이 불러오지 못하는 통찰을 일으킬 수 있다.

가능한 해결책들을 생성하라.   같은 행동을 반복하면서 다른 결과를 기대하는 것은 비이성적인 행동이다. 오래된 방식이 작동하지 않을 때는 할 수 있는 다양한 새로운 가능성들을 떠올려 보라. 더 많은 문제 해결 전략을 고안할 수 있으면, 가능한 최선의 선택들을 조금 더 찾을 수 있을 것이다. 해결책들을 생성하는 몇 가지 전략이 있다.

- **브레인스토밍을 하라.**: 가능한 한 많은 해결책을 생성하는 과정이다. 비록 개인들이 브레인스토밍을 혼자 할 수 있지만, 이 과정은 많은 사람의 아이디어와 지원이 가능한 팀에서 가장 잘 작동한다. 각 사람은 문제 해결의 열쇠 혹은 퍼즐 조각을 쥐고 있는 동일한 동료로서 고려된다. 브레인스토밍을 하기 한 주 혹은 두 주

전에 각 팀원은 문제를 생각해 보고 해결책을 가지고 오도록 요청받는다. 이는 아이디어를 준비할 시간을 제공한다. 브레인스토밍 세션에서는 모든 아이디어가 목록으로 작성되고 화이트보드에 적힌다. 이 목록에 모든 사람이 자발적으로 떠오르는 해결책을 추가한다. 이것은 무엇이든지 다 가능한 자유로운 과정이다. 모든 아이디어는 평가, 토론, 판단이나 비판 없이 기록된다. 이것들은 모두 창의적인 과정을 억압한다. 하나의 아이디어는 다른 아이디어를 불러올 수 있다. 심지어 예상하지 못한 생각들도 더 많은 아이디어를 제안할 수 있다. 브레인스토밍 세션을 가볍게 가지면서 진행되도록 노력하라. 아이디어가 정체될 때, "우리가 다섯 가지 해결책을 더 내놓지 않으면 주식시장은 폭락할 것이다."와 같은 말을 해 보라. 제안들을 혼합할 방법을 모색하라. 즉, (직장에 대한 고민이 있었다면) 상사를 좋아하는 방법을 배울 수도 있고, 상사의 요구에 더 많은 관심을 기울이거나, 일에 대한 내재적인 동기 부여에 더 집중하거나, 새로운 일로 전환을 하거나, 일이 돌아가는 방식을 받아들이거나, 일 밖에서 더 많은 만족을 얻는 것을 배울 수 있다.

- **반전을 꾀하라.**: 상사와의 관계를 개선하고 싶다고 가정해 보자. 이제, 당신의 상사와 멀어질 수 있는 방법을 생각해 보자(예를 들어, 상사를 무시하거나 상사에게 냉담하게 대하거나 과제를 잊거나 충성심을 보이지 않는 것들이 있을 수 있다). 이러한 목록들은 역설적으로 원문제에 대한 해결책을 제시할 수 있다.

- **척도질문을 사용하라.**: 이 기술(Walter & Peller, 1992)은 때때로 해결책을 찾는 데 도움을 줄 수 있다. 시작은 1부터 10까지의 척도에서 그 상황이 어느 정도인지 파악하는 것이다. 여기서 10은 이상적인 해결책이다. 높은 숫자로 올라갈수록 무엇이 다르게 일어날까? 몇 점의 점수에서 당신이 통제 상황에 있다고 느끼는가? 더 높은 점수로 가기 위한 다음 단계는 무엇인가?

- **다른 사람의 관점을 취하라.**: '(노련하거나 존경받는) 다른 사람들은 어떻게 할 것인가?'를 물어보라.

선택지를 평가하라. 가능한 해결책들을 생성한 후에 각각의 해결책을 평가하라. 각각의 찬반을 저울질해 보라. '어떻게 이것이 도움이 되는가?' '왜 도움이 되는가?' '어떻게 이것이 안 좋은 아이디어인가?'와 같이 질문을 해 보라. (마치 당신의 적이 된 것처럼 생각하는 것은 당신이 해결책을 보완하는 데 도움이 될 수 있다.) 팀 구성원이 추가로 선택사항을 평가하고, 어떻게 구현되는지를 평가할 수 있도록 생각하는 시간을 줄 수 있다.

'가장 좋은' 계획(혹은 계획들의 조합)을 선택하라. 적용하고, 진전사항을 평가하라. 행동계획(action plan)을 만들면서 누구, 무엇을, 어디서, 언제, 왜 같은 질문을 고려해 보라. 구체적으로 작성하라. 당신의 진전사항을 확인할 수 있도록 일정을 기록하며, 계획을 조정할 필요성에 대하여 열려 있으라.

북부 베트남 전쟁 포로 수용소에서 창의성 발휘

하노이 힐튼에서, 미국 전쟁 포로들에 의해 발휘된 창의성은 많은 사람이 살아남는 것을 도왔다. Larry Chesley(1973)는 그와 그의 동료 수감자들은 다음과 같은 주제를 가르치는 교육 프로그램을 마련했다고 한다. 미국의 역사, 사회학, 심리학, 종교, 언어, 삼각함수, 무용 등이 그것이다. 그들은 심지어 벽돌 한 조각으로 바닥에 그려진 상상 속의 피아노 건반을 통하여 음악 레슨도 받았다. 수감자들 각자마다 건반(key)과 음조(pitch)가 주어졌다. 수감자들은 건반을 오르락내리락하며 간단한 곡을 연주했다. 그들은 각각 서너 개 건반에 동시에 서서 화음을 배웠다. 저녁에는 취미, 특별한 관심사, 더 나은 배우자 및 아버지가 되는 방법에 대해 토론했다. Chesley는 Henley의 <Invictus>와 Kipling의 <If> 같이 영혼에 생기를 불어넣는 시를 시편 23편과 함께 암송하였는데, 이는 신이 그들을 잊지 않았다는 것을 자각하게 했다.

📖 결론

유연성과 창의성은 길러질 수 있는 굉장히 유용한 기술이다. 유연성과 창의성은 삶에서 강조되는 문제들에 대하여 다양한 가능성이 있다고 주장한다. 해결책이 보이지 않으면, 당신의 관점이나 반응을 바꾸어 보라. 여기서 아이디어는 초심자 혹은 아이들이 하는 것처럼 열린 태도를 갖는 것이다. 창의성에 대한 다음의 생각들을 끝으로 이 장을 마무리하고자 한다.

창의성은 추가적으로 선택하는 장치가 아니다. 그것은 내재된 잠재력이고, 인간의 인격에 깊이 뿌리내린 나무이다. 그리고 다른 인간의 가능성과 마찬가지로, 창의성은 성장하고 번영하는 데 도움을 줄 수 있다. —Thomas Kinkade

우리는 현실의 피해자이거나 창조자이다. —미상

우리는 이상주의자로 태어났지만, 훈련에 의해 현실주의자가 된다. —미상

| 제25장 | 조기 치료 수용성 높이기 |

압도되는 경험을 하게 되면, 소수의 사람들은 확실히 전문적인 도움이 필요한 정도의 심각한 정신상태에 이르게 된다. 리질리언스가 높은 사람들은 스트레스에서 회복하는 데 대가들이다. 또한 그들은 PTSD나 기타 스트레스와 관련된 정신장애에 누구도 면역이 되지 않는다는 것을 알고 있으며, 회복을 위해서는 언제 도움을 요청해야 할지 알고 있다. 그들은 강하게 보이는 것 대신, 치료받고(다시 온전해지는 것), 자기 자신과 친구들, 가족들을 위해 100% 함께 있어 주는 것에 더 관심을 갖는다. 리질리언스가 높은 사람들은 시간이 마음의 상처를 낫게 해 줄 것이라며 기다리고 바라는 대신, 적극적으로 도움을 요청한다.

📖 왜 조기 치료가 중요한가

PTSD는 가장 복잡한 스트레스 관련 정신장애이며, PTSD를 이해하는 것은 다른 스트레스 관련 정신장애를 이해하는 데 도움을 준다는 사실을 떠올려 보라. 이 장에서는 PTSD에 대한 조기 치료에 집중할 것이다. 이를 위해 다음의 것들을 이해하는 것이 매우 중요하다.

- **시간이 지남에 따라 저절로 회복되는 것이 아니며, 위기 사건이 발생하고 몇십 년 후에도 고통을 받을 수 있다.**: 몇몇에게는 외상 사건이 일어난 몇 달 혹은 몇 년 후에 증상이 처음 발생하기도 한다.

- **PTSD는 다른 장애와 동반되는 비율이 높다.**: 다양한 의학적·심리학적 증상이 PTSD와 함께 나타난다(예: 우울증, 불안, 물질 남용, 분노, 적대감, 심혈관계 질병, 암, 당뇨, 위장병, 두통, 만성적인 통증, 피부병, 자가면역질환, 자살사고, 사고, 낮은 지질성분, 부정적 정서의 증가, 높은 사망률). PTSD를 지닌 사람들은 병원을 더 많이 이용하며, 가족 구성원들에게 긴장을 불러온다. 가족은 그들 앞에서 조심조심하며 지내거나, 그들과 비슷한 증상을 보이기도 한다.

- **PTSD 치료는 매우 효과적이다.**: 조기 치료는 외상 후 스트레스 증상이 PTSD로 이어지는 것을 막을 수 있다. 매우 효과적인 치료의 경우에는 트라우마 사건에 노출된 지 한참이 지난 후에도 여전히 효과를 지니는 것으로 나타났다(Creamer et al., 2006). 그러나 효과적인 치료 전략이 있을 때 굳이 몇십 년간 고통받을 필요가 없다. 숙련된 트라우마 상담사들은 생존자들에게 그들에게 적합한 치료나 복합적인 치료 방법들을 찾아 줄 수 있다.

- **회복 이후, 당신은 다음에 닥칠 위기에 대한 준비가 더 잘되어 있을 것이다.**: 치료는 당신의 원래 능력을 온전히 채워 줄 수 있다. 반대로, 해결되지 않은 트라우마는 다음에 위기가 닥쳤을 때 더 많은 문제를 야기할 것이다. 치료 과정은 당신에게 새로운 대처기술을 알려 줄 것이며, 이 기술들은 이후에도 도움이 될 것이다. 당신이 치료 과정에 자신감을 얻게 된다면, 도움을 필요로 하는 다른 사람들에게도 권할 수 있다.

  치료에 있어서 유연함을 가지라. 당신은 이전에 '앞으로 나아가.' '참아.' '멈추지 마.' '고통을 무시해.'와 같이 생각함으로써 위기를 극복했을지도 모른다. 그러나 위기가 지나고 나면 회복 모드로 재빨리 전환해야 한다. 이전의 생각을 멈추고 당신의 필요를 받아들이라. 마음의 짐을 내리고 마음의 상처를 치료하라. "마음의 우물에 물을 채워 넣음으로써, 당신은 앞으로 물을 길어 올릴 수 있을 것이다." 효과적인 치료는 당신이 가장 잘 기능하는 상태가 될 수 있도록 도와줄 것이다. 사람들은 당신이 도움을 요청했다는 사실을 높이 살 것이다. 도움을 요청하는 것은 부끄러운 일이 전혀 아니다.

PTSD 치료는 안정화하고 증상을 다룰 수 있도록 돕는 것을 포함한다. 여기에는 증상을 마주하고, 완화하고, 트라우마 기억을 적절히 기억해 내고, 삶에서의 균형을 되찾는 것이 포함된다. 당신이 함께 작업하기로 한 트라우마 전문가를 코치라고 생각하는 것은 도움이 될 것이다. 그 사람은 마치 골프 코치가 게임을 잘할 수 있도록 도와주는 것처럼 당신의 대처기술이 향상될 수 있도록 도울 것이다. PTSD의 특성과 치료 옵션에 대해 읽음으로써 전문 지식을 쌓으라. 이를 통해 치료 과정으로부터 더 많은 것을 얻고, PTSD를 경험하는 다른 사람들에게 더 효과적인 도움을 줄 수 있을 것이다.

📖 회복했다는 것을 어떻게 알 수 있을까

다양한 회복의 증거가 있다. 여기에 제시된 예시들은 Mary Harvey(1992)의 연구 내용을 정리한 것이다.

- 트라우마 기억을 의식적으로 기억해 내고 떨쳐 버릴 수 있다(최소한의 침투, 악몽, 회상).
- 기억과 관련된 감정에 이름을 붙이고 수용힐 수 있다.
- 우울, 불안, 슬픔, 성적 장애 문제를 견디고, 줄일 수 있다.
- 자존감, 즐거움, 삶의 의미가 회복되었다.
- 당신은 모든 감정(긍정적, 부정적, 중립적)을 편안하게 느낄 수 있다.
- 당신의 미래를 위해 전념할 수 있다.

📖 회복에 대한 미신과 오해

당신이 PTSD를 겪고 있다면, 당신은 스스로를 부서졌다고 느끼며 다시는 회복될 수 없을 것이라고 생각할 수 있다. 이는 정상화된 반응이고 꽤나 흔한 반응이다. 다행히도 적절한 치료를 받는다면, 치료와 회복이 될 가능성이 높다. 그러나 안타깝게도 PTSD를 지닌 많은 사람은 적절한 치료를 받지 못하며, 긴 시간 동안 고통을 받고 있다. 공식적으로 PTSD 진단을 받지 못한 다수의 사람도 PTSD와 유사한 증상으로 인해 어려움을 겪고 있는데, 이들 또한 치료를 통해 나아질 수 있다.

다양한 이유로 인해 다수의 사람이 꼭 필요한 치료를 받지 못한다. 어떤 이들은 치료를 어디서 받아야 할지 모르고, 어떤 이들은 치료가 자신들의 경력이나 평판을 망칠 것이라고 생각한다. 또한 흔한 미신이나 오해 때문에 치료를 거부하기도 한다. 다음은 미신과 오해 그리고 이에 대한 반박의 내용을 담고 있다.

- **치료를 받는 사람들은 약하고 의존적이다.**: 도움이 필요한 영역을 알아차리는 것은 우리를 강하게 만들어 준다. 현명한 치료 계획은 자립을 돕고, 치료를 통해 자립을 이룰 수 있다. PTSD 치료는 인생의 발전이나 즐거움을 방해하는 다양한 PTSD 동반 증상을 낮게 하는 데에도 효과적이다.
- **나는 이 힘든 싸움을 혼자 해 나가야 한다.**: 왜 혼자 해 나가야 하는가? 절대 도움을 받아서는 안 된다고 누가 이야기했는가? 만약 도움이 우리를 궁극적으로 강하게 만들어 줄 수 있다면, 도움을 요청하는 것이 과연 약하다는 뜻일까, 혹은 도움을 요청하는 것이 강함과 지혜를 의미할까?
- **내가 감정을 표출한다면, 나는 통제를 잃을 것이다.**: 오히려 감정을 건강하지 못한 방식으로 억누를 때 통제를 잃게 될 가능성이 더 높다. 마치 장례식장에서 그러는 것처럼 슬픔, 두려움, 고통, 눈물을 보일 수 있다는 것은 자유로운 경험이며, 감정을 보이고 다시 돌아와서 기능할 수 있도록 돕는다. 감정적 유연성을 지닌다면 생활에서 통제를 잃을 가능성이 낮아진다. 감정에 대한 연약함을 인정함으로써

오히려 그 영역에서 강해질 수 있다. 격언에서 이야기하는 것처럼, 회복되기 위해서는 먼저 그것을 느껴야 한다.

- **나는 엄하고 무서워야 한다.**: 강한 사람들은 대개 인정이 많기도 하다. 대부분의 사람들은 강하면서도 마음이 따뜻한 사람과 함께하고 싶을 것이다. 따뜻함과 정을 보여 주고 원하는 것은 괜찮은 일이다.

- **나는 방심하지 말아야 하며 절대 쉬어서는 안 된다.**: 늘 팽팽하게 당겨져 있는 고무줄은 끊어지고 만다. 필요할 때는 경계를 잔뜩 하되, 안전해지고 나면 충분히 휴식을 취함으로써 기능을 잘 할 수 있도록 충전하라.

- **시간이 지남에 따라 증상이 사라질 것이다.**: 그럴 수도 있지만, 증상이 심각한 경우에는 그러지 않을 가능성이 높다.

- **내가 트라우마 사건에 대해 이야기하기 시작하면, 나는 다시는 회복될 수 없을 것이다. 나는 트라우마 사건에 대해 이야기하는 고통을 견뎌 낼 수 없다.**: 말로 표현하는 것은 트라우마 기억을 통합하고 완화하는 데 도움을 준다. 트라우마 사건에 대해 이야기하는 것은 처음에는 불편할 수 있지만, 적절한 환경에서 이야기를 반복함에 따라 점점 더 나아질 것이다. 숙련된 트라우마 전문가는 당신이 준비되었을 때, 당신이 받아들일 수 있는 속도로 이야기할 수 있도록 도와줄 것이다.

- **트라우마에 대해 이야기하는 것은 문제를 더 심각하게 할 것이다.**: 앞의 내용을 참고하라.

- **감정을 부정하는 것은 고통을 사라지게 한다. 감정으로부터 거리를 두거나 술을 마시는 것은 도움이 된다.**: 억눌린 고통은 쌓여서 결국은 해로운 방향으로 폭발하게 될 것이다.

- **나는 고통받아서는 안 된다. 나는 회복을 위해 노력할 필요가 없다.**: 모두가 힘들어하는데 왜 당신은 예외라고 생각하는가? 당신이 문제 해결을 위해 노력함에 따라 고통에 대한 더 부드럽고 수용적인 반응을 택할 수 있을 것이다. 온라인 자료 문항 13을 읽도록 한다(http://www.newharbinger.com/39409). 이 온라인 자료들은 회복탄력적인 고통에 대해 이야기하고 있다.

- 나는 회복을 위해 필요한 시간을 요청할 수 없다.: 회복을 위한 시간이 필요하다면 용기를 내서 요청하라.

- 나는 강하게 보여야 하고, 사람들이 나를 약하다고 생각해서는 안 된다. 나는 증상을 보이는 것을 부끄러워해야 한다.: 이러한 생각은 많은 사람으로 하여금 도움을 받지 못하게 하며, 증상을 숨기기 위해 자기치료를 하게 만든다. 당신은 강하게 '보이고' 싶은가, 혹은 강하게 '느끼고' '강하기' 위해 투자하고 싶은가?

- 이제쯤은 극복했어야 한다.: 회복에는 시간이 걸린다. 필요한 만큼 시간을 써야 한다. 치료가 천천히 진행되는 만큼 회복은 오히려 빨리 이루어질 수 있다.

- 의지만 있으면 모든 문제는 해결될 수 있고 회복될 수 있다.: 당연히 많은 PTSD 사례에서 그렇지 않다. 증상들은 새로운 접근이 시도되기 전까지 몇십 년이고 지속될 수 있기 때문이다.

- 정신건강 전문가들은 쓸모없다. 그들은 내가 겪은 것을 공감할 수 없고 무의미한 표현만 많이 할 뿐이다.: 다른 모든 전문가와 마찬가지로, 어떤 외상 전문가는 효과적이고 어떤 외상 전문가는 그렇지 않다(Artwohl & Christensen, 1997). 누군가는 당신이 겪은 것을 경험해 보았을 수 있고, 누군가는 당신의 경험을 이해하기 위해 노력을 충분히 기울이지 않았을 수 있다. 또 누군가는 경험해 보지 않았어도 그것에 마음을 쏟고 도울 수 있는 역량을 지녔을 수 있다. 당신이 존중하고 공감하고 함께 작업할 수 있는 전문가를 찾을 때까지 다양한 곳을 방문하라.

- 내가 한 짓은 너무 나쁜 짓이어서 나는 절대 회복될 수 없을 것이다.: 정말 나쁜 사람이라면 당신처럼 죄책감을 느낄까? 인간은 양심의 소리에 귀 기울일 수 있고, 변화를 일으킬 수 있으며, 죄책감으로부터 벗어날 수 있다. 결국 죄책감은 줄어들 것이다.

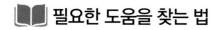 필요한 도움을 찾는 법

다행히 PTSD에 대해 도움이 될 다양한 자료가 있다(추천 자료를 살펴보라). 예를 들어, Sidran Institute는 자신의 지역에 있는 외상 전문가를 찾는 것을 도와준다(PTSD 치료의 복잡성 때문에 PTSD에 대한 전문성이 필요하다. 정신건강 전문가를 찾을 때 외상 전문가를 찾는 것이 중요하다). 『외상후 스트레스 장애 소스북(Post-Traumatic Stress Disorder Sourcebook)』(Schiraldi, 2016a)은 PTSD의 특성과 치료 옵션을 명확하고 통합적인 방식으로 설명한다. 또한 이 책에는 추가 자료에 대한 자세한 목록도 포함되어 있다.

증상이 지속되고 삶의 영역을 어렵게 만들고 스스로 통제하는 것이 어렵다면, 외상 전문가를 찾는 것을 고려해 보라. 현명한 소비자가 되라. PTSD에 대해 최대한 많이 읽어 보고 전문가를 찾으라. 어떤 치료 방법이 당신에게 적합해 보이는지 미리 생각해 보라. 전문가와 그들이 어떠한 치료 방법을 쓰는지 이야기해 보고, 당신이 그것을 전문가와 함께 작업하는 것이 편안할지 충분히 생각해 보라.

결론

대부분의 사람들은 트라우마 사건의 후유증 및 스트레스 관련 증상들을 겪고 싶어 하지 않는다. 당신은 회복과 치료를 위한 단계를 밟아 나감으로써 고통을 줄일 수 있다. 치료 과정에서 당신은 새로운 대처 기술을 배우게 될 것이며, 이는 앞으로의 인생에서 도움을 줄 것이다. 이 과정을 통해 고통은 당신을 더 회복탄력적으로 만들 것이다.

총정리

이 책을 마친 것을 축하한다! 보람 있는 여정이었기를 진심으로 바란다.

잠시 동안 당신이 탐색한 많은 중요한 기술을 떠올려 보라. 제1부는 기분을 끌어올리고 리질리언스의 다른 기술들을 수행하는 데 도움을 주는 뇌를 강화시키는 방법들로 시작했다. 그리고 신체적인 스트레스 수준과 힘든 감정을 관리하여 최선으로 느끼고 기능할 수 있도록 하는 도구들을 배웠다.

행복은 그 자체로 보상이다. 하지만 긍정심리학은 행복한 사람이 더 회복탄력적인 사람이라는 것을 보여 주었다. 제2부에서 우리는 행복을 증가시키는 검증된 방법들을 탐구해 보았다. 이 모든 방법이 워크북의 마지막 부분인 제3부의 리질리언스를 누릴 수 있는 기술을 학습할 수 있도록 준비해 주었다.

요약 및 결론에서 몇 가지 사항을 고려하라.

- 당신은 이미 놀라운 리질리언스의 씨앗을 가지고 있다. 그 씨앗의 강점은 키울 수 있다는 것이다.
- 지식보다는 기술들을 연습하는 것이 리질리언스를 강화하는 핵심 요소이다.
- 강점을 키우는 것은 평생에 걸친 과정이다.
- 리질리언스 증대를 위한 길을 인내심 있게 추구한다면, 성장이 일어날 것이다. 아마도 점차적으로 그리고 거의 눈에 띄지 않을 수 있지만, 그렇게 될 것이다.

리질리언스 기술을 더 많이 연습할수록, 리질리언스와 관련된 뇌의 신경회로가 더 발달하게 된다. 그리고 리질리언스 기술은 어려움 속에서 더 잘 발휘될 수 있다. 반대로, 사용하지 않으면 이러한 회로가 희미해질 수 있다. 따라서 리질리언스 기술을 기억하고 연습하는 것이 중요하다.

아마도 몇몇 기술의 경우 거의 노력하지 않고도 기억날 것이다. 아마도 당신은 인생 가운데 고난이 닥칠 때면 다시 이 책으로 돌아와 리질리언스 기술을 복습하게 될 것이다. 엘리트 운동선수처럼 기술을 습득하고 유지하기 위해서는 연습하는 데 시간이 걸린다는 것을 알고 있을 것이다.

마지막 활동은 학습한 내용을 강화하는 데 도움이 될 것이며, 가장 중요한 원칙과 기술을 기억하도록 도와줄 것이다.

활동) 학습 내용 기억하기

이 책에서 당신이 가장 얻고 싶은 것은 무엇인가? 먼저, 책 전체를 한 번 훑어보라. 그리고 당신이 가장 기억하고 싶은 아이디어(또는 원칙)와 기술을 적으라. 또는 어려운 시기에 쉽게 참조할 수 있도록 쪽 번호를 메모할 수도 있다. 이 활동을 끝내면 좋아하는 기술을 매주 연습할 수 있는 연간 계획을 세우는 것도 좋은 방법이다. 제일 중요한 것은, 어떤 계획이 당신에게 효과적인지 알아야 한다는 것이다.

내가 가장 기억하고 싶은 아이디어

_____

_____

_____

_____

내가 가장 기억하고 싶은 기술

결론

　가르치는 것은 배우기 위한 가장 좋은 방법이다. 리질리언스 기술을 생생하게 유지하는 한 가지 방법은 서로를 가르치는 모임(예: 가족, 이웃, 또는 작업팀)을 만들고 자주 만나는 것이다. 구성원 중 한 명이(대개 각 만남마다 다른 사람이) 각 만남에서 서로 다른 기술을 담당하여 모임을 진행할 수 있다. 또는 구성원 중 누군가가 도전적인 시나리오를 고안하여 다른 구성원들에게 시나리오 상황 이전, 상황 중, 상황 이후에 유용한 기술 조합을 찾아내고 적용해 보도록 요청할 수 있다. 그리고 당신의 리질리언스를 강화하기 위한 평생 학습을 고려해 보라(아이디어에 대한 추천 자료 참조). 이 워크북이 제공하는 무료 온라인 자료는 당신의 평생학습에 도움이 될 수 있는 중요한 추가 자료이다. http://www.newharbinger.com/39409을 방문하여 이러한 자료를 활용하라.

　앞으로 어려운 시기가 닥쳤을 때 많은 강점과 기술 및 자원을 활용해야 한다는 점을 기억하기를 바란다. 당신이 자신감 있고, 계속해서 배우며, 더 회복탄력적인 사람이 되어 가기를 바란다.

온라인 자료

평생학습은 리질리언스를 증가시킨다. 추천 자료 섹션은 추가적 보조 자료를 제 공한다. 이 워크북을 포함하는 무료 온라인 웹사이트(http://www.newharbinger. com/30409) 또한 중요하고 유용한 도구이다.

리질리언스 기본

1. 두뇌 식단(The MIND Diet)은 두뇌를 강화하는 유망한 지중해식 식단이다.
2. 리질리언스 전략 기록지(Log Sheet for Resilience Strategies)를 복사하여 당신이 얼마 나 발전했는지를 기록할 수 있다.
3. 일일 사고기록지(Blank Daily Thought Record)를 인지 재구조화를 연습하는 데 사 용할 수 있다.

행복

4. 낙관주의 질문지(Optimism Questionnaire)는 당신이 사고하는 방식이 얼마나 중요 한지 경각심을 자각시키고, 당신이 선택할 수 있는 낙관적 생각의 선택의 범위 를 제안한다.
5. 사회성 체크업(Sociability Checkup)은 사회적 지능의 여러 차원을 식별한다.
6. 사회적 지능은 대인관계를 개선하기 위한 많은 원칙과 기술을 제시한다.
7. 돈에 대한 태도와 관리는 보통 부보다 행복에 더 많은 영향을 미친다.
8. 종교와 영성은 리질리언스와 행복을 추구하는 데 강하게 연관되어 있다.
9. 용서 편지(Forgiveness Letter)는 이 책의 제20장과 관련된 빈 템플릿이다.
10. 명상은 행복을 포함한 많은 혜택과 관련이 있다. 여기서는 추가적인 방법들을

다루고 있다.

미리 보기: 어려운 시기를 위한 정서적 준비

11. 위기에 대한 정서적 준비는 정서적 예방 접종의 강력한 원리를 소개한다.

12. 위기 이후의 스트레스 증상에 대비하는 것은 고통스러운 상황 이후 찾아오는 놀람에 사로잡히지 않게 한다.

13. 회복탄력적인 고통은 고통스러운 시기를 헤쳐 나가는 데 도움이 되는 관점을 탐구한다.

14. 응급 대응 전문가를 위한 정서 예방 접종은 고위험군(군, 경찰, 소방관 등)과 이를 지원하는 사람들에게 특히 유용한 고려사항을 포함한다.

추가적인 리질리언스 성찰

온라인 참고문헌

부록 A: 두뇌 건강 계획 양식

다음 페이지에 얼마만큼 먹고 마실지에 대한 양을 포함하여 당신이 매일 먹고 마실 계획을 적어 보라. 계획을 제1장의 영양 지침과 비교대조하여 두뇌가 필요로 하는 영양소를 얻도록 하라.

	월	화	수	목	금	토	일
아침							
간식							
점심							
간식							
저녁							
간식							

부록 B: 초기 14일 약속

다음 페이지에 당신이 14일 동안 건강 계획을 얼마나 잘 지키는지를 눈으로 보기 위해서 기록을 남기라. 14일 동안 조정이 필요한 부분이 있다면 필요한 조정을 하고, 이 책의 나머지를 읽는 동안 계획을 지속하라.

일	날짜	활동 (분 단위)	식사 횟수 (하루 동안의 식사가 제1장의 영양 지침과 얼마나 일치하는지 1~10점으로 평가)	수면		
				수면 시간	취침 시각	기상 시각
1.						
2.						
3.						
4.						
5.						
6.						
7.						

일	날짜	활동 (분 단위)	식사 횟수 (하루 동안의 식사가 제1장의 영양 지침과 얼마나 일치하는지 1~10점으로 평가)	수면		
				수면 시간	취침 시각	기상 시각
8.						
9.						
10.						
11.						
12.						
13.						
14.						

부록 C: 리질리언스 기록지

이 책에 제시된 기술 훈련에 대한 수행이나 진도 기록을 남기는 것은 참여 동기를 높이는 데 매우 도움이 된다. 이 기록지는 무엇이 효과적이었는지 알 수 있도록 하며, 다양한 기술 훈련의 효과를 비교할 수 있게 한다. 다음에 제시된 기록지를 여러 장 복사하거나 이 책의 웹사이트에서 다운로드해서 쓸 수 있다. 이 기록지의 '효과' 칸에 당신이 수행한 기술의 효과(통상적으로 10점 척도) 점수를 기입할 수 있다.

수행한 기술훈련 제목: _____

일자	시간	상황	효과 신체적	효과 정서적

일자	시간	상황	효과	
			신체적	정서적

추천 자료

항콜린제(Anticholinergic Drugs)

Aging Brain Care Program of the Indiana University Center for Aging Research. 2012. *Anticholinergic Cognitive Burden Scale*. Regenstrief Institute. http://www.agingbraincare. org/uploads/products/ACB_scale_-_legal_size.pdf. 이 척도는 항콜린제 투약에 관한 것이다.

리질리언스 일반(General Resilience)

Ashe, A., and A. Rampersad. 1993. *Days of Grace: A Memoir*. New York: Ballantine.
비극적인 상황에도 불구하고 내면의 평화와 낙관성을 유지하는 것에 대한 이야기이다. 심장 개복 수술로 에이즈에 감염되었지만 품위 있었던 테니스 챔피언의 사례를 제시한다.

Frankl, V. 2014. *Man's Search for Meaning*. Boston: Beacon Press.
고통으로부터 삶의 의미를 발견하는 고전 작품이다. 로고테라피를 창시한 홀로코스터 생존자가 저술한 책이다.

Geisel, T. S. 1990. *Oh, the Places You'll Go!* New York: Random House.
Dr. Seuss 시리즈 중 일부이다. 인간의 성장과 실수 가능성에 대한 재기발랄하고 유머 있는 책이다.

Gonzales, L. 2004. *Deep Survival: Who Lives, Who Dies, and Why*. New York: W. W. Norton.
상황 수용, 합리적인 행동, 침착한 책임감과 끈기 등을 포함한 일상으로 돌아가기 위한 생존 기술을 담고 있다.

Kushner, H. S. 2004. *When Bad Things Happen to Good People*. New York: Anchor Books.
고통에 대한 랍비의 깊은 통찰력을 제공한다.

Lewis, C. S. 2015. *A Grief Observed*. New York: HarperCollins.

사랑하는 사람을 잃고도 견디고 회복할 수 있는 통찰력에 관한 책이다.

Marx, J. 2004. *Season of Life: A Football Star, a Boy, a Journey to Manhood*. New York: Simon and Schuster.

Viktor Frankl에 영감을 받은 NFL 스타 Joe Ehrmann이 신예 운동선수들에게 남성성은 운동 기량, 성적 착취, 물질주의에서 오는 것이 아니라 사랑과 의미에서 찾을 수 있다고 가르친다.

Nhat Hanh, T. 2013. *Peace Is Every Step: The Path of Mindfulness in Everyday Life*. New York: Bantam.

내면의 평화, 기쁨, 평온, 균형을 기르기 위한 수련의 실천적 방법을 안내한다.

Opdyke, I. G., and J. Armstrong. 2001. *In My Hands: Memories of a Holocaust Rescuer*. New York: Anchor Books.

헤아릴 수 없는 고통을 겪은, 마음은 여리지만 용감한 홀로코스트 구조자의 감동적인 이야기이다.

Petrie, A., and J. Petrie. 1986. *Mother Teresa*. DVD documentary directed by Annand Jeanette Petrie. New York: Petrie Productions.

무조건적인 사랑, 용서, 믿음의 강력한 모델링과 세계적인 메시지를 전한다.

Schiraldi, G. R. 2007. *10 Simple Solutions for Building Self-Esteem: How to End Self-Doubt, Gain Confidence, and Create a Positive Self-Image*. Oakland, CA: New Harbinger Publications.

인지행동, 마음챙김, ACT 전략을 결합하여 제시한다. 메릴랜드 대학교의 효과적인 '9/11을 넘어 스트레스, 생존, 대처' 강좌를 기반으로 한다.

Schiraldi, G. R. 2007. *World War II Survivors: Lessons in Resilience*. Ellicott City, MD: Chevron Publishing.

41명의 전투 생존자는 어떻게 정신을 유지했는지와 다양한 형태의 극심한 압박 속에서 기능할 수 있는 능력에 관해 설명한다. 이들의 교훈은 오늘날 우리 모두에게 적용된다.

Schiraldi, G. R. 2016. *The Self-Esteem Workbook*. 2nd ed. Oakland, CA: New Harbinger Publications.

메릴랜드 대학교의 '스트레스와 건강한 정신' 강좌를 바탕으로 많은 효과적인 기술에 관한 자세한 설명을 제공한다.

ten Boom, C., E. Sherrill, and J. Sherrill. 2006. *The Hiding Place*. 35th anniversary ed.

Grand Rapids, MI: Chosen Books.

　　유대인 구출을 위해 독일 강제수용소에 수감된 Corrie ten Boom은 증오의 세계에서 연민과 용기를 가지고 사는 것에 대해 이야기한다.

Vaillant, G. E. 2003. *Aging Well: Surprising Guideposts to a Happier Life from the Landmark Harvard Study of Adult Development*. New York: Little, Brown.

　　생애 발달에 대한 섬세한 종단 연구로서 정신, 육체, 사회적 안녕에 관하여 모든 연령의 대상에게 따뜻하고 강한 통찰력을 제공한다. 또한 Vaillant의 『Adaptation to Life』(1998), 『Spiritual Evolution: A Scientific Defense of Faith』(2008)도 유사한 내용의 저서이다.

Wooden, J., and J Carty. 2005. *Coach Wooden's Pyramid of Success: Building Blocks for a Better Life*. Ventura, CA: Regal Books.

　　Wooden은 99세에 세상을 떠난 매우 성공적이고 사랑받는 운동선수이자 코치로서 긍정심리학의 원리를 능숙하게 활용하였다. 또한 N. L. Johnson의 성공 피라미드(2003년)는 많은 감동적인 원리와 지혜를 포함하고 있다.

행복(Happiness Books)

Brooks, A. C. 2008. *Gross National Happiness: Why Happiness Matters for America—and How We Can Get More of It*. New York: Basic Books.

　　뛰어난 연구자가 최근의 연구와 크고 방대한 데이터베이스를 기반으로 정치에서부터 가족, 종교적 가치까지 행복과 관련된 주제에 대한 결론을 도출하고자 한 책이다.

Dalai Lama, and H. C. Cutler. 2009. *The Art of Happiness: A Handbook for Living*. 10th anniversary, updated ed. New York: Riverhead Books.

　　자존감과 동정심에 대한 깊은 통찰을 제공한다.

Emmons, R. 2007. *Thanks! How the New Science of Gratitude Can Make You Happier*. New York: Houghton Mifflin.

　　과학적 · 종교적 도대를 제공히고 모든 상황에서 축복을 얻는 실질적인 지침을 제공한다.

Lyubomirsky, S. 2007. *The How of Happiness: A Scientific Approach to Getting the Life You Want*. New York: Penguin Books.

　　견실한 연구와 실용적이고 검증된 방법의 훌륭한 조합을 통해 행복감을 높이는 방안을 제시하는 책이다.

심박일관성(Heart Coherence)

HeartMath® Institute (800-711-6221; info@heartmath.com; http://www.heartmath.org/; http://www.heartmathstore.com).

> 캘리포니아주 보울더 크릭에 위치한 기관으로서, HeartMath 기술을 수련하면서 심장 박동을 실시간으로 모니터링할 수 있는 emWave 제품을 제공할 뿐만 아니라 심박일관성과 관련된 책, 비디오, 음악 및 기타 제품도 제공한다.

마음챙김 기반 스트레스 감소(Mindfulness-Based Stress Reduction: MBSR)

> '마음챙김' 또는 '마음챙김 기반 스트레스 감소'라는 용어를 사용하여 인터넷 검색을 수행하여 지역 센터들을 검색할 수 있다. Jon Kabat-Zinn(http://www.stressreductiontapes.com)이 제작한 마음챙김 명상 CD과 테이프도 있다. 매사추세츠 대학교 의과대학, 마인드풀니스센터(https://www.cfmhome.org)는 교육을 주최하고 MBSR 수업이 가능한 장소들을 안내한다.

마음챙김 서적(Mindfulness Books)

Brach, T. 2003. *Radical Acceptance: Embracing Your Life with the Heart of a Buddha*. New York: Bantam Books.

> 마음에 위로가 되는 안내서이다.

Kabat-Zinn, J. 1990. *Full Catastrophe Living: Using the Wisdom of Your Body and Mind to Face Stress, Pain, and Illness*. New York: Bantam Dell.

> 고전적인 저서이다.

Schiraldi, G. R. 2007. *10 Simple Solutions for Building Self-Esteem: How to End Self-Doubt, Gain Confidence, and Create a Positive Self-Image*. Oakland, CA: New Harbinger Publications.

> 자아존중감 향상이라는 맥락에서 마음챙김 명상에 대한 지침을 제공한다.

도덕적 강점(Moral Strength)

O'Malley, W. J. 2010. *Building Your Own Conscience (Batteries Not Included)*. Allen, TX: Tabor Publishing.

자각을 높이고 평화로운 의식 상태를 능숙하게 증진하는 원칙, 활동, 인용을 안내한다.

영양(Nutrition)

영양 데이터 웹사이트(http://nutritiondata.com)는 일상 음식과 식당 및 패스트푸드 체인점에서 볼 수 있는 칼로리를 계산하는 사용자 친화적인 방법을 제공한다.

USDA 사용자 친화적인 https://www.ChooseMyPlate.gov은 탄탄한 연구에 기반을 두고 있으며, 당신의 필요에 따라 식사 계획을 조정할 수 있도록 많은 유용한 정보를 제공한다.

신체적 건강상태(Physical Fitness)

Christensen, A. 1999. *The American Yoga Association's Easy Does It Yoga: The Safe and Gentle Way to Health and Well-Being*. New York: Touchstone.

노약자, 부상자, 활동하지 않는 노인을 위한 편한 자세에 대한 설명이다. 많은 것은 책상에서 할 수 있기 때문에, 휴식을 취하고, 유연성을 높이는 데 있어서 모두에게 도움이 된다.

Ross, D. D., and C. J. McPhee. 2008. *Flow Motion: The Simplified T'ai Chi Workout*. DVD. Directed by D. D. Ross and C. J. McPhee. Los Angeles: Lightworks Audio and Video.

혈압을 낮추고 체력을 향상시키는 초보용 태극권 운동을 제시한다.

공인 피트니스 강사 명단을 보려면 미국운동협회(http://www.acefitness.org)와 미국 스포츠의학대학(http://www.acsm.org)을 방문할 수 있다.

긍정심리학(Positive Psychology)

Fredrickson, B. 2009. "Positivity." http://www.positivityratio.com.

Fredrickson의 20문항 자가 테스트는 일일 긍정성 비율이 긍정적인 감정과 부정적인 감정의 3:1 목표를 초과하는지 보여 준다. 우리는 그 비율을 높일 수 있다.

Sicgel, R. D., and S. M. Allison, EDs. 2009. *Positive Psychology: Harnessing the Power of Happiness, Mindfulness, and Personal Strength*. Boston: Harvard Health Publications.

매우 효과적이고 간결하게 긍정심리학의 역사를 추적하고, 주요 발견의 개요를 설명하며, 많은 실용적인 기술을 제시한다.

University of Pennsylvania. n.d. "Authentic Happiness." http://www.authentichappiness.sas.upenn.edu.

24개의 캐릭터 강점 중 상위 5개를 식별하는 VIA를 포함한 다양한 행복 설문지가 포함되어 있다. (24가지 장점을 모두 평가하려면 http://www.viacharacter.org을 방문하라.)

보호자(Protectors)

Gilmartin, K. M. 2002. *Emotional Survival for Law Enforcement: A Guide for Officers and Their Families*. Tucson, AZ: E−S Press.
현실적이고, 유머로 가득 찬 책이다.

Grossman, D., and L. W. Christensen. 2008. *On Combat: The Psychology and Physiology of Deadly Conflict in War and in Peace*. 3rd ed. Millstadt, IL: Warrior Science Publications.
필요할 때 무엇을 예상하고 어떻게 죽음을 준비해야 하는지 알기 위한 매우 사려 깊은 글이다. Grossman의 『On Killing』(2009)도 추천할 수 있다.

Kirschman, E. 2006. *I Love a Cop: What Police Families Need to Know*. Rev. ed. New York: Guilford Press.
아무도 말하지 않는 스트레스의 균형 잡힌 대처법과 다양한 실용적인 요령들을 제공한다. 이는 경찰과 그들 가족에게 유용하다. 또한 저자는 소방관들과 가족들에게 매우 유용한 『I Love a Fire Fighter』(2004)를 썼다.

Schiraldi, G. R. 2012. *The Resilient Warrior: Before, During, and After War*. Ashburn, VA: Resilience Training International.
전쟁을 준비하고 전쟁터에서 복무 중이거나 전쟁터에서 귀환한 장병과 그들의 가족에게 필수적인 가이드이다.

Tick, E. 2005. *War and the Soul: Healing Our Nation's Veterans from Post-Traumatic Stress Disorder*. Wheaton, IL: Quest Books.
Tick은 PTSD가 정체성 장애와 영혼의 상처로 가장 잘 이해할 수 있으며, 도덕적 고통이 근본 원인이라고 주장한다. 이 책에서 명예로운 전사 마음이 어떻게 치유되고 회복되는지에 묘사한다.

외상 후 스트레스 장애(PTSD)

Schiraldi, G. R. 2016. *The Post-Traumatic Stress Disorder Sourcebook: A Guide to Healing, Recovery and Growth*. 2nd ed. revised. New York: McGraw-Hill.

PTSD 증상을 명확하게 설명하고 정상화하며 치료 선택 범위를 설명한다(예: 집단 상담, 전문가 개인상담, 자기관리). 그리고 각 치료 선택지를 찾는 방법을 비롯하여 포괄적인 자료 정보를 제공한다. 『국제긴급정신건강저널(International Journal of Emergency Mental Health)』의 창립 편집자인 George Everly는 "지금까지 본 PTSD에 대한 설명서 중 가장 가치 있고 사용하기 쉬운 것"이라며 "피해자, 그들의 가족, 그리고 치료사가 반드시 읽어야 한다."고 말했다.

트라우마 전문가 찾기(Finding a Trauma Specialist)

Anxiety and Depression Association of America (240-485-1001; http://www.adaa.org). In Silver Spring, MD.

스트레스 관련 질환의 치료를 전문으로 하는 전문가 목록을 구성원에게 제공한다. 또한 각 지역의 자기 계발이나 지지 집단에 관한 정보도 제공한다. 이용 가능한 팸플릿, 서적, 오디오 자산의 카탈로그를 제시하고 있으며, 뉴스레터를 발행하고 연차대회를 개최한다.

Intensive Trauma Therapy, Inc. (304-291-2912; http://www.traumatherapy.us). In Morgantown, WV.

최면술, 영상기술, 미술치료를 1~2주간의 집중적인 프로그램으로 구성하여 의미 있는 성과를 내고, 집중적인 트라우마 치료자도 양성하고 있다.

Mental Health America (formerly the National Mental Health Association) (703-684-7722; 800-969-NMHA; crisis line 800-273-TALK; http://www.NMHA.org).

버지니아주 알렉산드리아에서 자조집단, 치료 전문가 및 커뮤니티에 대한 자원 및 정보를 제공할 수 있는 지역사회의 정신건강 기관 목록을 제공한다. 클리닉 부분을 참조하도록 한다.

Seeking Safety (http://www.seekingsafety.org).

PTSD 및 약물 남용의 이중 진단의 치료 방법에 대한 정보를 제공한다.

SIDRAN Institute (410-825 8888; help@sidran.org; http://www.sidran.org).

메릴랜드주 볼티모어시에서 PTSD를 전문으로 하는 심리치료사를 검색하고, 관련 자료들을 제공하고 있다.

회복탄력적인 커플 및 가족을 위한 기술(Resilient Couples and Family Skills)

Garcia-Prats, C. M., J. A. Garcia-Prats. 1997. *Good Families Don't Just Happen: What We Learned from Raising Our 10 Sons and How It Can Work for You*. Holbrook, MA: Adams Media Corporation.

배우자 간 존중에서 출발하여 원칙에 입각한 적응 기술을 안내한다.

Lundberg, G. B., and J. S. Lundberg. 2000. *I Don't Have to Make Everything All Better: Six Practical Principles that Empower Others to Solve Their Own Problems While Enriching Your Relationships*. New York: Viking.

대인관계 방법을 정리한 보물 같은 책이다. 분쟁이나 비난보다는 다른 사람들과 정서적으로 잘 지내는 방식을 배운다.

Lundberg, G. B., and J. S. Lundberg. 2002. *Married for Better, Not Worse: The Fourteen Secrets to a Happy Marriage*. New York: Penguin Books.

만족스러운 결혼생활을 제안하는 현실적인 좋은 서적이다.

Markman, H., S. Stanley, and S. L. Blumberg. 2001. *Fighting for Your Marriage: Positive Steps for Preventing Divorce and Preserving a Lasting Love*. San Francisco: Jossey-Bass.

갈등 해결부터 흥미 증진을 포함한 실용적이고 탄탄한 연구를 바탕으로 한다.

Prevention and Relationship Enhancement Program (PREP), Greenwood Village, CO (800-366-0166; https://www.prepinc.com).

커뮤니케이션 능력 향상, 문제 해결, 친밀감 증진에 도움이 되는 실용적인 DVD를 비롯하여『결혼생활을 위한 분투(Fighting for Your Marriage)』및 다른 서적 등 사랑과 결혼을 위한 자료를 제공한다. PREP 프로그램은 상당한 연구 기반을 지니고 있고 인정받고 있다.

수면(Sleep)

American Academy of Sleep Medicine(http://www.aasmnet.org; http://www.sleepeducation.com)

수백 개의 공인 센터와 인증 수면 전문가 목록이 제시되어 있다.

사고장 요법(Thought Field Therapy)

사고장 요법의 창시자인 Roger Callahan의 웹사이트: http://www.tfttapping.com/

트라우마 구호 단체(Trauma Relief Organizations)

Outward Bound (866-467-7651; http://www.outwardbound.org)

콜로라도 골든에서는 1941년부터 자기 존중을 고취하고, 타인, 커뮤니티, 환경에 대한 관심과 돌봄을 지지하기 위하여 정서적 지지와 함께 다양한 야생 환경에서의 프로그램을 제공한다. 이 프로그램은 폭력, 전쟁, 성폭행, 근친상간, 암, 약물사용장애, 가벼운 외상성 뇌손상 및 애도 생존자를 위하여 맞춤 제공될 수 있다.

Serve and Protect (615-373-8000, a 24/7 confidential hotline; http://www.serveprotect. org). In Brentwood, TN.

공공 서비스 직원(경찰, 기타 응급 서비스 요원 및 참전용사)을 외상 치료사, 시설 및 기타 치료(장비 및 반려견 등)에 연계한다.

참고문헌

Adamshick, M. 2013. Chief of Staff of the Army Leader *Development Task Force Final Report*. Washington, DC: Department of the Army. Retrieved from cape.army.mil/ repository/CSA%20LDTF%20Final%20Report%20062113.pdf.

Amatenstein, S. 2010. *The Complete Marriage Counselor: Relationship-Saving Advice from America's Top 50+ Couples Therapists*. Avon, MA: Adams Media.

American Psychological Association. 2001. "Helping a Nation Heal: The Pentagon." *Monitor on Psychology* 32: 16. Retrieved from http://www.apa.org/monitor/nov01/ pentagon.aspx.

Artwohl, A., and L. W. Christensen. 1997. *Deadly Force Encounters: What Cops Need to Know to Mentally and Physically Prepare for and Survive a Gunfight*. Boulder, CO: Paladin Press.

Ashe, A., and A. Rampersad. 1993. *Days of Grace: A Memoir*. New York: Ballantine Books.

Austenfeld, J. L., A. M. Paolo, and A. L. Stanton. 2006. "Effects of Writing About Emotions Versus Goals on Psychological and Physical Health Among Third-Year Medical Students." *Journal of Personality* 74: 267–286.

Baker, D., C. Greenberg, and I. L. Yalof. 2007. *What Happy Women Know: How New Findings in Positive Psychology Can Change Women's Lives for the Better*. New York: Rodale.

Barker, D. B. 2007. "Antecedents of Stressful Experiences: Depressive Symptoms, Self-Esteem, Gender, and Coping." *International Journal of Stress Management* 14: 333–349.

Barrett, D., ed. 1996. *Trauma and Dreams*. Cambridge, MA: Harvard University Press.

Baylis, N. 2009. *The Rough Guide to Happiness*. London: Rough Guides.

Bergin, M. S. 2009. "Making Dinner Together Time." *BYU Magazine,* Winter, 24–25.

Biech, E. 1996. *Creativity and Innovation: The ASTD Trainer's Sourcebook.* New York: McGraw-Hill.

Boscarino, J. A., and R. E. Adams. 2008. "Overview of Findings from the World Trade Center Disaster Outcome Study: Recommendations for Future Research After Exposure to Psychological Trauma." *International Journal of Emergency Mental Health* 10: 275–290.

Boscarino, J. A., R. E. Adams, and C. R. Figley. 2005. "A Prospective Cohort Study of the Effectiveness of Employer-Sponsored Crisis Interventions After a Major Disaster." *International Journal of Emergency Mental Health* 7: 9–22.

Bray, R. L. 2017. "Thought Field Therapy of San Diego." Retrieved from http://www.rlbray.com.

Brooks, A. C. 2008. *Gross National Happiness: Why Happiness Matters for America—and How We Can Get More of It.* New York: Basic Books.

Carrier, C. 2000. "From Darkness to Light." *Reader's Digest,* May, 100–106.

Chaffee, J. 1998. *The Thinker's Way: 8 Steps to a Richer Life.* New York: Little, Brown.

Chesley, L. 1973. *Seven Years in Hanoi: A POW Tells His Story.* Salt Lake City, UT: Bookcraft.

Childre, D. L., and D. Rozman. 2003. *Transforming Anger: The HeartMath Solution for Letting Go of Rage, Frustration, and Irritation.* Oakland, CA: New Harbinger Publications.

Childre, D. L., and D. Rozman. 2005. *Transforming Stress: The HeartMath Solution for Relieving Worry, Fatigue, and Tension.* Oakland, CA: New Harbinger Publications.

Cicchetti, D., F. A. Rogosch, M. Lynch, and K. D. Holt. 1993. "Resilience in Maltreated Children: Processes Leading to Adaptive Outcome." *Development and Psychopathology* 5: 629–647.

Creamer, M., P. Elliott, D. Forbes, D. Biddle, and G. Hawthorne. 2006. "Treatment for Combat-Related Posttraumatic Stress Disorder: Two-Year Follow-Up." *Journal of Traumatic Stress* 19: 675–685.

Csikszentmihalyi, M. 1996. *Creativity: Flow and the Psychology of Discovery and*

Invention. New York: HarperCollins.

Diener, E., and R. Biswas-Diener. 2008. *Happiness: Unlocking the Mysteries of Psychological Wealth*. Malden, MA: Blackwell Publishing.

Diener, E., and M. Diener. 1995. "Cross-Cultural Correlates of Life Satisfaction and Self-Esteem." *Journal of Personality and Social Psychology* 68: 653–663.

Doidge, N., 2007. *The Brain That Changes Itself: Stories of Personal Triumph from the Frontiers of Brain Science*. New York: Penguin.

Dumont, M., and M. A. Provost. 1999. "Resilience in Adolescents: Protective Role of Social Support, Coping Strategies, Self-Esteem, and Social Activities on Experience of Stress and Depression." *Journal of Youth and Adolescence* 28: 343–363.

Echterling, L. G., J. H. Presbury, and J. E. McKee. 2005. *Crisis Intervention: Promoting Resilience and Resolution in Troubled Times*. Upper Saddle River, NJ: Pearson.

Emmons, R. A. 1986. "Personal Strivings: An Approach to Personality and Subjective Well-Being." *Journal of Personality and Social Psychology* 51: 1058–1068.

Emmons, R. A. and M. E. McCullough. 2003. "Counting Blessings Versus Burdens: An Experimental Investigation of Gratitude and Subjective Well-Being in Daily Life." *Journal of Personality and Social Psychology* 84: 377–389.

Enright, R. 2012. *The Forgiving Life: A Pathway to Overcoming Resentment and Creating a Legacy of Love*. Washington, DC: American Psychological Association.

Eyre, L., and R. Eyre. 1980. *Teaching Children Joy*. Salt Lake City, UT: Deseret Books.

Felitti, V. J. 2002. "The Relation Between Adverse Childhood Experiences and Adult Health: Turning Gold into Lead." *Permanente Journal* 6: 44–47.

Follette, V. M., and J. Pistorello. 2007. *Finding Life Beyond Trauma: Using Acceptance and Commitment Therapy to Heal from Post-Traumatic Stress and Trauma-Related Problems*. Oakland, CA: New Harbinger Publications.

Frankl, V. 1963. *Man's Search for Meaning*. New York: Pocket Books.

Franzini, L. R. 2002. *Kids Who Laugh: How to Develop Your Child's Sense of Humor*. Garden City Park, NY: Square One Publishers.

Fredrickson, B. L. 2009. *Positivity: Top-Notch Research Reveals the 3 to 1 Ratio That Will Change Your Life*. New York: Three Rivers Press.

Fredrickson, B. L. 2013. *Love 2.0: How Our Supreme Emotion Affects Everything We Feel, Think, Do, and Become*. New York: Hudson Street Press.

Fredrickson, B. L., M. M. Tugade, C. E. Waugh, and G. R. Larkin. 2003. "What Good Are Positive Emotions in Crises? A Prospective Study of Resilience and Emotions Following the Terrorist Attacks on the United States on September 11th, 2001." *Journal of Personality and Social Psychology* 84: 365–376.

Gardener, H., C. B. Wright, C. Dong, K. Cheung, J. DeRosa, M. Nannery, Y. Stern, M. S. V. Elkind, and R. L. Sacco. 2016. "Ideal Cardiovascular Health and Cognitive Aging in the Northern Manhattan Study." *Journal of the American Heart Association* 5: e002731.

Gauthier, J., D. Pellerin, and P. Renaud. 1983. "The Enhancement of Self-Esteem: A Comparison of Two Cognitive Strategies." *Cognitive Therapy and Research* 7: 389–398.

Goldman, L. 2005. "Building Resiliency in Traumatized Kids: Coping with 21st Century Realities." *Healing Magazine*, Fall/Winter: 19–20.

Grossman, D., and L. W. Christensen. 2004. *On Combat*. Millstadt, IL: PPCT Research Publications.

Harter, S. 1986. "Cognitive-Developmental Processes in the Integration of Concepts About Emotions and the Self." *Social Cognition* 4: 119–151.

Harter, S. 1999. *The Construction of the Self*. New York: Guilford Press.

Harvey, M. 1992. "Cambridge Hospital Victims of Violence Program Resolution Criteria." In "Date Rape," ed. M. P. Koss, *Harvard Mental Health Letter* 9, September 6.

Hillenbrand, L. 2012. *Unbroken: A World War II Story of Survival, Resilience, and Redemption*. New York: Random House.

Hobfoll, S. E., and P. London. 1986. "The Relationship of Self-Concept and Social Support to Emotional Distress Among Women During War." *Journal of Social and Clinical Psychology* 4: 189–203.

Hobfoll, S. E., and S. Walfisch. 1984. "Coping with a Threat to Life: A Longitudinal Study of Self-Concept, Social Support, and Psychological Distress." *American Journal of Community Psychology* 12: 87–100.

Jacob, J. I., S. Allen, E. J. Hill, N. L. Mead, and M. Ferris. 2008. "Work Interference with

Dinnertime as a Mediator and Moderator Between Work Hours and Work and Family Outcomes." *Family and Consumer Sciences Research Journal* 36: 310–327.

Johnson, C., M. Shala, X. Sejdijaj, R. Odell, and K. Dabishevci. 2001. "Thought Field Therapy: Soothing the Bad Moments of Kosovo." *Journal of Clinical Psychology* 57: 1237–1240.

Kessler, R. C., P. Berglund, O. Demler, R. Jin, K. R. Merikangas, and E. E. Walters. 2005. "Lifetime Prevalence and Age-of-Onset Distributions of DSM–IV Disorders in the National Comorbidity Survey Replication." *Archives of General Psychiatry* 62: 593–602.

Kessler, R. C., K. A. McGonagle, S. Zhao, C. B. Nelson, M. Hughes, S. Eshleman, H. U. Wittchen, and K. S. Kender. 1994. "Lifetime and 12–Month Prevalence of DSM–III–R Psychiatric Disorders in the United States." *Archives of General Psychiatry* 51: 8–19.

King, L. A. 2001. "The Health Benefits of Writing About Life Goals." *Personality and Social Psychology Bulletin* 27: 798–807.

Kirschman, E. 2004. *I Love a Fire Fighter: What the Family Needs to Know.* New York: Guilford Press.

Klein, A. 1989. *The Healing Power of Humor: Techniques for Getting Through Loss, Setbacks, Upsets, Disappointments, Difficulties, Trials, Tribulations, and All That Not-So-Funny Stuff.* New York: Jeremy P. Tarcher/Putnam.

Kovacs, L. 2007. *Building a Reality-Based Relationship: The Six Stages of Modern Marriage.* Lincoln, NE: iUniverse.

Levine, P. A. 2010. *In an Unspoken Voice: How the Body Releases Trauma and Restores Goodness.* Berkeley, CA: North Atlantic Books.

Lewinsohn, P., R. Muñoz, M. A. Youngren, and A. M. Zeiss. 1986. *Control Your Depression.* New York: Prentice Hall.

Litz, B. T., L. Lebowitz, M. J. Gray, and W. P Nash. 2016. *Adaptive Disclosure: A New Treatment for Military Trauma, Loss, and Moral Injury.* New York: Guilford Press.

Lyubomirsky, S. 2007. *The How of Happiness: A Scientific Approach to Getting the Life You Want.* New York: Penguin Books.

Lyubomirsky, S., and M. D. Della Porta. 2010. "Boosting Happiness, Buttressing Resilience: Results from Cognitive and Behavioral Interventions." In *Handbook of Adult Resilience:*

Concepts, Methods, and Applications, edited by J. W. Reich, A. J. Zautra, and J. S. Hall, 450–464. New York: Guilford Press.

Martin, R. A. 2007. *The Psychology of Humor: An Integrative Approach*. Boston: Elsevier Academic Press.

McCraty, R. and D. Childre. 2004. "The Grateful Heart: The Psychophysiology of Appreciation." In *The Psychology of Gratitude* (Series in Affective Science), Edited by R. A. Emmons and M. E. McCullough. Eds. New York, Oxford University Press, 230–256.

McCraty, R. and D. Tomasino. 2004. "Heart Rhythm Coherence Feedback: A New Tool for Stress Reduction, Rehabilitation, and Performance Enhancement." Proceedings of the First Baltic Forum on Neuronal Regulation and Biofeedback, Riga, Latvia. November 2–5. https://www.heartmath.org/assets/uploads/2015/01/hrv-biofeedback.pdf.

McGhee, P. E. 1999. *Health, Healing and the Amuse System: Humor as Survival Training*. 3rd ed. Dubuque, IA: Kendall Hunt.

Medoff, M. 1986. "In Praise of Teachers." *New York Times Magazine,* November 9. http://www.nytimes.com/2+9+/11/09/magazine/in-praise-of-teachers.html.

Michael, R. T., J. H. Gagnon, E. O. Laumann, and G. Kolata. 1994. *Sex in America: A Definitive Survey*. Boston: Little, Brown.

Michalko, M. 2001. *Cracking Creativity: The Secrets of Creative Genius*. Berkeley, CA: Ten Speed Press.

Miller-Karas, E. 2015. *Building Resilience to Trauma: The Trauma and Community Resiliency Models.* New York: Routledge.

Monson, T. S. 2005. "The Profound Power of Gratitude." Ensign, September 4. https://www.lds.org/ensign/2005/09/the-profound-power-of-gratitude?lang=eng.

Nakamura, J., and M. Csikszentmihalyi. 2003. "The Construction of Meaning Through Vital Engagement." In *Flourishing: Positive Psychology and the Life Well-Lived*, edited by C. L. M. Keyes and J. Haidt, 83–104. Washington, DC: American Psychological Association.

National Institute on Aging. n. d. "About Alzheimer's." https://www.nia.nih.gov/alzheimers.

Neff, K. 2011. *Self-Compassion: The Proven Power of Being Kind to Yourself.* New York: William Morrow.

Nelson, A. P., ed. 2008. *Improving Memory: Understanding Age-Related Memory Loss.* Boston, MA: Harvard Health Publications.

Nixon, R. 2008. "Mind Your Body: Quit While You're Behind; Persistence Doesn't Always Pay: The Benefits of Plan B." *Psychology Today*, May/June, 57. https:www. psychologytoday.com/articles/200805/mind-your-body-quit-while-youre-behind.

Ogden, P., and J. Fischer. 2015. *Sensorimotor Psychotherapy: Interventions for Trauma and Attachment.* New York: W. W. Norton.

Ogden, P., K. Minton, and C. Pain. 2006. *Trauma and the Body: A Sensorimotor Approach to Psychotherapy.* New York: W. W. Norton.

Pennebaker, J. W. 1997. *Opening Up: The Healing Power of Expressing Emotions.* New York: Guilford Press.

Pennebaker, J. W., and J. F. Evans. 2014. *Expressive Writing: Words That Heal.* Enumclaw, WA: Idyll Arbor.

Pennebaker, J. W., and J. M. Smyth. 2016. *Opening Up by Writing It Down: How Expressive Writing Improves Health and Eases Emotional Pain.* 3rd ed. New York: Guilford Press.

Peterson, C., and L. M. Bossio. 1991. *Health and Optimism: New Research on the Relationship Between Positive Thinking and Physical Well-Being.* New York: Free Press.

Petrie, A., and J. Petrie. 1986. *Mother Teresa.* DVD documentary directed by Ann and Jeanette Petrie. New York: Petrie Productions.

Porges, S. W. 2011. *The Polyvagal Theory: Neurophysiological Foundations of Emotions, Attachment, Communication, and Self-Regulation.* New York: W. W. Norton.

Prigerson, H. G., A. J. Bierhals, S. V. Kasl, C. F. Reynolds 3rd, M. K. Shear, N. Day, L. C. Beery, J. T. Newsom, and S. Jacobs. 1997. "Traumatic Grief as a Risk Factor for Mental and Physical Morbidity." *American Journal of Psychiatry* 154: 616–623.

Ripley, A. 2008. *The Unthinkable: Who Survives When Disaster Strikes—and Why.* New York: Crown.

Sakai, C. E., S. M. Connolly, and P. Oas. 2010. "Treatment of PTSD in Rwandan Child Genocide Survivors Using Thought Field Therapy." *International Journal of Emergency Mental Health* 12: 41–50. http://:www.tftcenter.com/articles_treatment_of_ptsd_rwanda.html.

Sanders, T. 2005. *The Likeability Factor: How to Boost Your L-Factor and Achieve Your Life's Dreams.* New York: Crown.

Schiraldi, G. R. 2007a. *10 Simple Solutions for Building Self-Esteem: How to End Self-Doubt, Gain Confidence, and Create Positive Self-Image.* Oakland, CA: New Harbinger Publications.

Schiraldi, G. R. 2007b. *World War II Survivors: Lessons in Resilience.* Ellicott City, MD: Chevron Publishing.

Schiraldi, G. R. 2016a. *The Post-Traumatic Stress Disorder Sourcebook: A Guide to Healing, Recovery, and Growth.* 2nd ed. New York: McGraw-Hill.

Schiraldi, G. R. 2016b. *The Self-Esteem Workbook.* 2nd ed. Oakland, CA: New Harbinger Publications.

Schiraldi, G. R., and M. H. Kerr. 2002. *The Anger Management Sourcebook.* New York: McGraw-Hill.

Schiraldi, G. R., T. K. Jackson, S. L. Brown, and J. B. Jordan. 2010. "Resilience Training for Functioning Adults: Program Description and Preliminary Findings from a Pilot Investigation." *International Journal of Emergency Mental Health* 12: 117–129.

Seligman, M. E. P. 2002. *Authentic Happiness: Using the New Positive Psychology to Realize Your Potential for Lasting Fulfillment.* New York: Free Press.

Seligman, M. E. P. 2006. *Learned Optimism: How to Change Your Mind and Your Life.* New York: Vintage Books.

Seligman, M. E. P. 2011. *Flourish: A Visionary New Understanding of Happiness and Well-Being.* New York: Free Press.

Shay, J. 2002. *Odysseus in America: Combat Trauma and the Trials of Homecoming.* New York: Scribner.

Sherwood, B. 2009. "Ben Sherwood: 'The Survivor's Club' (Grand Central)" [Interview]. By Diane Rehm. January 29. http://dianerehm.org/shows/2009-01-29/ben-sherwoodsurvivors-club-grand-central.

Siebert, A. 1996. *The Survivor Personality: Why Some People Are Stronger, Smarter, and More Skillful at Handling Life's Difficulties… and How You Can Be, Too.* New York: Perigee.

Sin, N. L. and S. Lyubomirsky. 2009. "Enhancing Well-Being and Alleviating Depressive Symptoms with Positive Psychology Interventions: A Practice-Friendly Meta-Analysis." *Journal of Clinical Psychology: In Session* 65: 467–487.

Smith, T. W. 2007. Job Satisfaction in America: Trends and Socio-demographic Correlates. Chicago: National Opinion Research Center Report, University of Chicago. http://www.news.uchicago.edu/releases/07/pdf/070827.jobs.pdf.

Smyth, L. D. 1996. *Treating Anxiety Disorders with a Cognitive-Behavioral Exposure Based Approach and the Eye-Movement Technique: Video and Viewer's Guide.* Havre de Grace, MD: Red Toad Road Publishing.

Sprott, J. B., and A. N. Doob. 2000. "Bad, Sad, and Rejected: The Lives of Aggressive Children." *Canadian Journal of Criminology* 42: 123–133.

Stewart, J. B. 2002. *Heart of a Soldier: A Story of Love, Heroism, and September 11th.* New York: Simon and Schuster.

Stoltz, P. G. 2014. *Grit: The New Science of What It Takes to Persevere, Flourish, Succeed.* San Luis Obispo, CA: ClimbStrong Press.

Sullivan, M. R., S. L. Brown, and G. R. Schiraldi. 2011. "Comprehensive Resilience Training: A Comparison of Three Approaches." Poster, International Critical Incident Stress Foundation 12th World Congress on Stress, Trauma, and Coping, Baltimore, MD, February 22–23. Armed Forces Public Health Conference, Hampton, VA, March 18–25.

Tannen, D. 2001. *I Only Say This Because I Love You: How the Way We Talk Can Make or Break Family Relationships Throughout Our Lives.* New York: Random House.

ten Boom, C., J. Sherrill, and E. Sherrill. 1971. *The Hiding Place.* New York: Bantam Books.

Tick, E. 2005. *War and the Soul: Healing Our Nation's Veterans from Post-Traumatic Stress Disorder.* Wheaton, IL: Quest Books.

Twain, M. 1971. *Mark Twain's Notebook.* Prepared for publication with comments by Albert Bigelow Paine. [2nd ed.] New York, Harper, 1935. Reprinted St. Clair Shore, MI: Scholarly Press.

U.S. Department of Health and Human Services and U.S. Department of Agriculture. *2015– 2020 Dietary Guidelines for Americans.* http://health.gov/dietaryguidelines/2015/ guidelines/.

Vaillant, G. E. 1977. *Adaptation to Life.* Boston: Little, Brown.

Van der Kolk, B. A. 2014. *The Body Keeps the Score: Brain, Mind, and Body in the Healing of Trauma.* New York: Viking.

Verdelle, C. L. 1960. "Effect of Mental Practice on the Development of a Certain Motor Skill." *Research Quarterly of the American Association for Health, Physical Education and Recreation* 31: 560–569.

Waite, L. J., D. Browning, W. J. Doherty, M. Gallagher, Y. Luo, S. M. Stanley. 2002. *Does Divorce Make People Happy? Findings from a Study of Unhappy Marriages.* New York: Institute for American Values.

Walter, J. L., and J. E. Peller. 1992. *Becoming Solution-Focused in Brief Therapy.* New York: Brunner/Mazel.

Watkins, P. C., L. Cruz, H. Holben, and R. L. Kolts. 2008. "Taking Care of Business? Grateful Processing of Unpleasant Memories." *Journal of Positive Psychology* 3: 87– 99.

Werner, E. E. 1992. "The Children of Kauai: Resiliency and Recovery in Adolescence and Adulthood." *Journal of Adolescent Health* 13: 262–268.

Wolin, S. J., and S. Wolin. 1993. *The Resilient Self: How Survivors of Troubled Families Rise Above Adversity.* New York: Villard Books.

Wood, S. G. 2003. *IceboxTM: The Ultimate Mental Skills and Toughness Training System for Athletes.* CD. Peachtree City, GA: Icebox Athlete.

Wooden, J. R. 2003. *John Wooden: Values, Victory, and Peace of Mind.* DVD. Steve Jamison, Executive Producer. Albuquerqu, NM: Santa Fe Productions.

Wrzesniewski, A., C. R. McCauley, P. Rozin, and B. Schwartz. 1997. "Jobs, Careers, and Callings: People's Relations to Their Work." *Journal of Research in Personality* 31: 21–

33.

Yalom, I. D. 1980. *Existential Psychotherapy*. New York: Basic Books.

Zhang, L. 2005. "Prediction of Chinese Life Satisfaction: Contribution of Collective Self-Esteem." *International Journal of Psychology* 40: 189–200.

Zimbardo, P. G., and J. Boyd. 2008. *The Time Paradox: The New Psychology of Time That Will Change Your Life*. New York: Free Press.

 저자 소개

Glenn R. Schiraldi, Ph.D.

펜타곤과 국제 스트레스 재단에 재직하였고, 메릴랜드 대학교에서 스트레스 관리 학과 교수로 근무하며 우수 교수상 및 교육 서비스상을 받았다. 스트레스와 관련된 여러 주제에 관하여 『리질리언스 워크북(The Resilience Workbook)』『자아 존중감 워크북(The Self-Esteem Workbook)』『자아 존중감을 쌓기 위한 10가지 해결책(Ten Simple Solutions for Building Self-Esteem)』『외상 후 스트레스 장애(The Post-Traumatic Stress Disorder Sourcebook)』『분노 관리(The Anger Management Sourcebook)』 등의 저서가 있으며, 16개 이상의 언어로 번역되었다. 그는 『워싱턴 포스트(The Washington Post)』『미국 건강 증진 저널(American Journal of Health Promotion)』『마음-신체 건강 리뷰(Mind/Body Health Review)』『국제 스트레스 및 사회 뉴스레터(International Stress and Tension Control Society Newsletter)』 등을 포함한 다양한 학술 및 대중매체에 글을 싣고 인정을 받았다. 특히 스트레스 상태를 예방하고 회복을 촉진하는 동시에 정신건강 및 성과를 최적화하는 것을 목표로 전 세계의 일반인 및 임상가에게 리질리언스와 트라우마의 다양한 측면에 대해 훈련을 제공하였다. 그가 기획한 메릴랜드 대학교의 마음-신체 강좌는 우울증, 불안, 분노 증상을 낮추면서 자존감, 탄력성, 행복감, 낙관성, 호기심을 향상시키는 것으로 알려졌다. 그는 미국 육군사관학교를 졸업하고 브리검 영 대학교와 메릴랜드 대학교에서 수학하였으며, 『응급정신건강 및 인간리질리언스 국제 저널(International Journal of Emergency Mental Health and Human Resilience)』의 편집위원회와 Depression and Related Affective Disorders Association에 참여하였다.

역자 소개

김동일(Kim, Dongil)

서울대학교 사범대학 교육학과 교육상담전공 교수 및 대학원 특수교육전공 주임
교수, 서울대학교 대학생활문화원 원장, 장애학생지원센터 상담교수, 서울대학교
특수교육연구소 소장으로 재직하고 있다.

서울대학교 교육학과를 졸업하고 교육부 국비유학생으로 도미하여 미네소타
대학교 교육심리학과에서 석사 · 박사 학위를 취득하였다. Developmental
Studies Center, Research Associate, 한국청소년상담원 상담교수, 경인교육
대학교 교육학과 교수, 한국학습장애학회 회장, (사)한국교육심리학회 회장, 서울
대학교 사범대학 기획실장, 청소년보호위원회 위원, BK21 미래교육디자인연구
사업단 단장 등을 역임하였다. 국가 수준의 인터넷중독 척도와 개입연구를 진행
하여 정보화역기능예방사업에 대한 공로로 행정안전부 장관표창 및 연구논문/저
서의 우수성으로 한국상담학회 학술상(2014-2/2016)과 학지사 저술상(2012)
을 수상하였다.

현재 BK21FOUR 혁신과 공존의 교육학연구사업단 단장, SSK교육사각지대학
습자연구단 단장, 한국아동청소년상담학회 회장, 여성가족부 학교밖청소년지원
위원회(2기) 위원, 국무총리실 사행산업통합감독위원회(중독분과) 민간위원 등
으로 봉직하고 있다. 『지능이란 무엇인가』『학습장애아동의 이해와 교육』『청소년
상담학 개론』을 비롯하여 50여 권의 저 · 역서와 300여 편의 등재 전문학술논문
(SSCI/KCI)이 있으며, 기초학습기능 수행평가체제(BASA)를 포함하여 30여 개
의 표준화 검사를 개발하였다.

한국아동청소년상담학회 연구총서 9

회복력과 성장을 위한
리질리언스 워크북
– 스트레스, 트라우마, 역경을 극복하는 회복력 기술 훈련 –

The Resilience Workbook:
Essential Skills to Recover from Stress, Trauma, and Adversity

2022년 9월 20일 1판 1쇄 인쇄
2022년 9월 30일 1판 1쇄 발행

지은이 • Glenn R. Schiraldi
옮긴이 • 김동일
펴낸이 • 김진환
펴낸곳 • (주) **학지사**
　　　　04031 서울특별시 마포구 양화로 15길 20 마인드월드빌딩
대표전화 • 02)330-5114　　팩스 • 02)324-2345
등록번호 • 제313-2006-000265호

홈페이지 • http://www.hakjisa.co.kr
페이스북 • https://www.facebook.com/hakjisabook

ISBN 978-89-997-2702-3 93180

정가 22,000원

출판미디어기업 **학지사**
간호보건의학출판 **학지사메디컬** www.hakjisamd.co.kr
심리검사연구소 **인싸이트** www.inpsyt.co.kr
학술논문서비스 **뉴논문** www.newnonmun.com
교육연수원 **카운피아** www.counpia.com